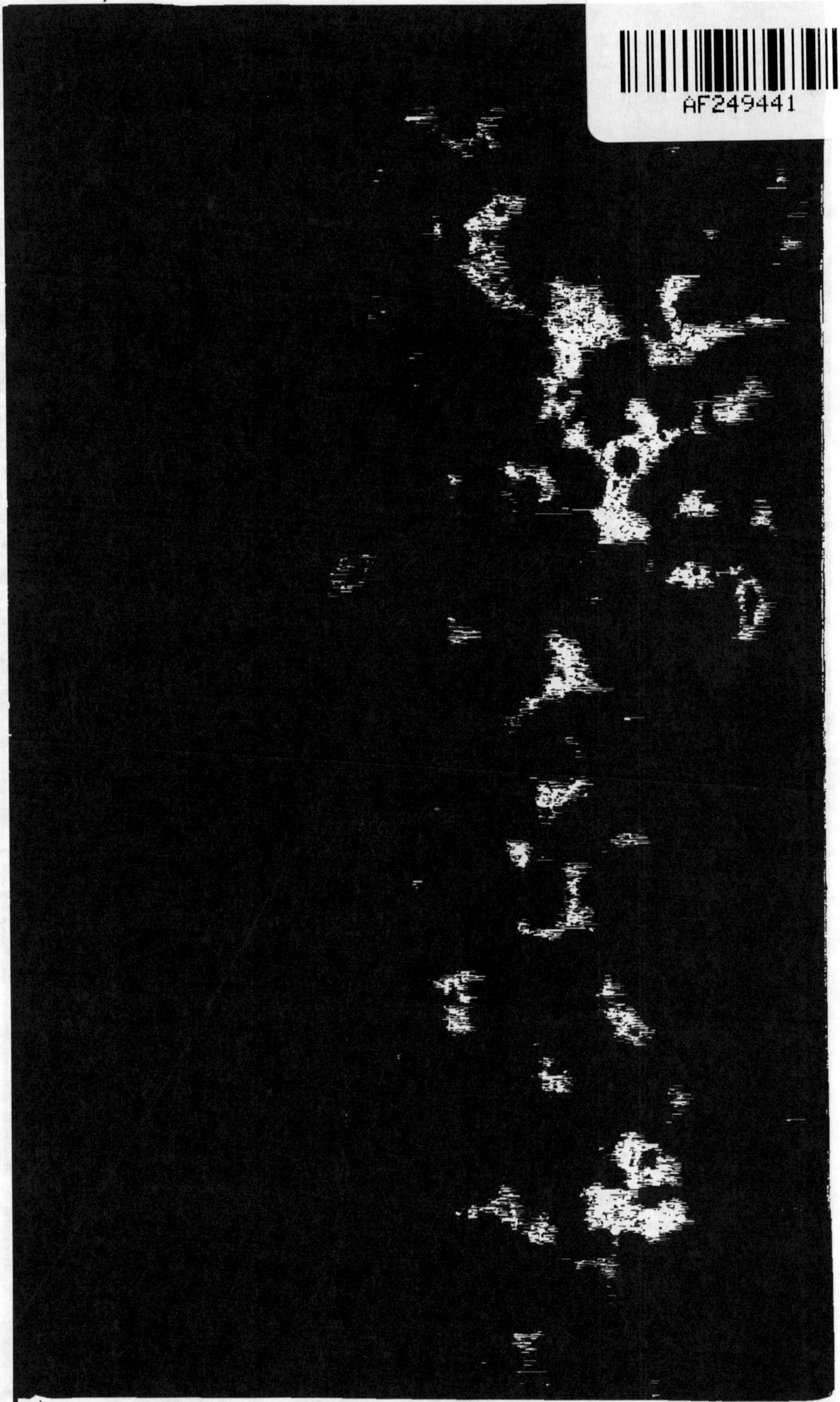

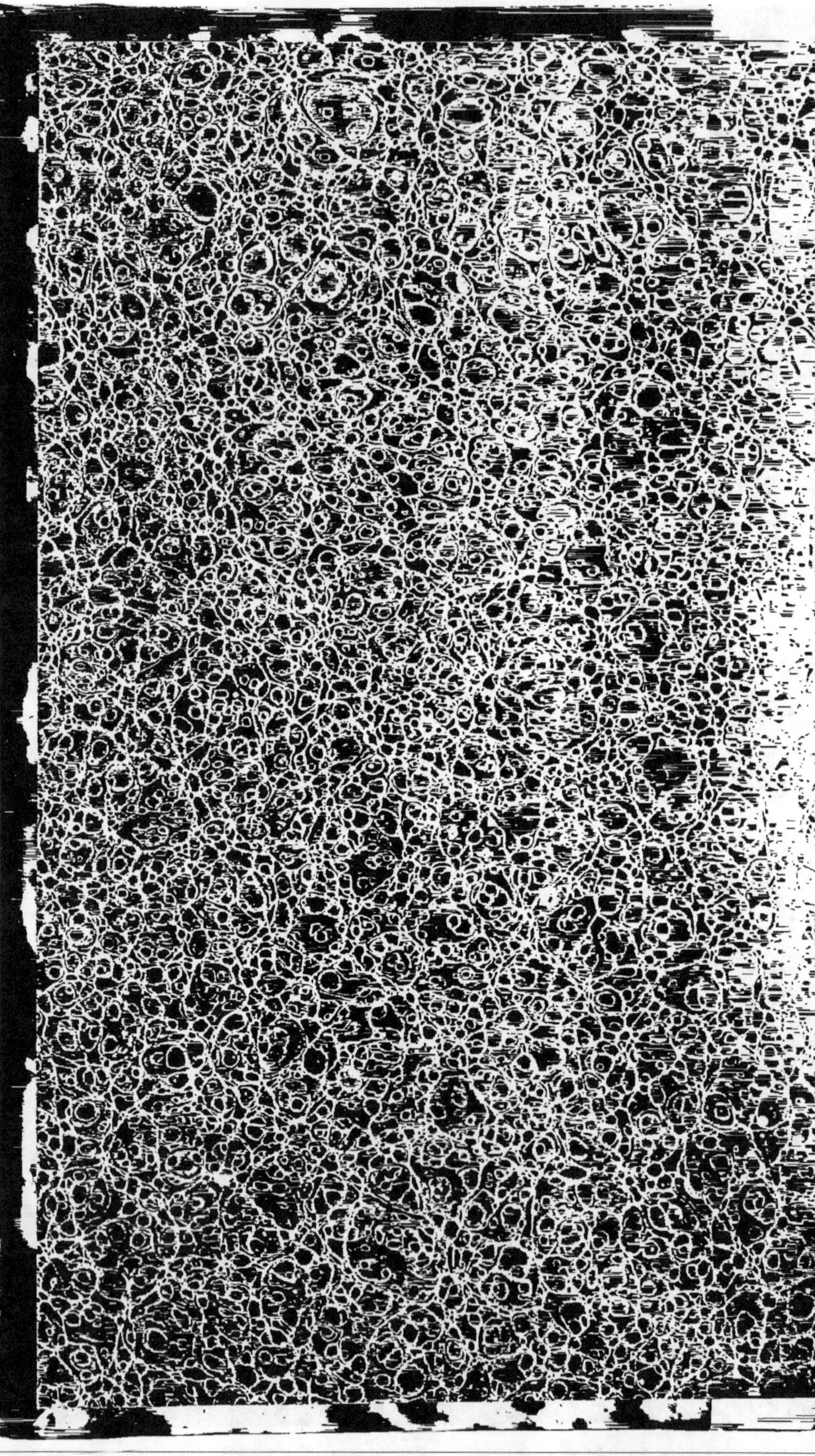

ABRÉGÉ

DE

L'HISTOIRE ANCIENNE.

TOME II.

ABRÉGÉ

DE

L'HISTOIRE ANCIENNE,

DE ROLLIN,

PAR M. L'ABBÉ TAILHIÉ, PRÊTRE.

SIXIÈME ÉDITION,

Soigneusement revue, corrigée et augmentée d'une Table géographi-
que, par l'Auteur ; avec les figures et indices nécessaires.

TOME SECOND.

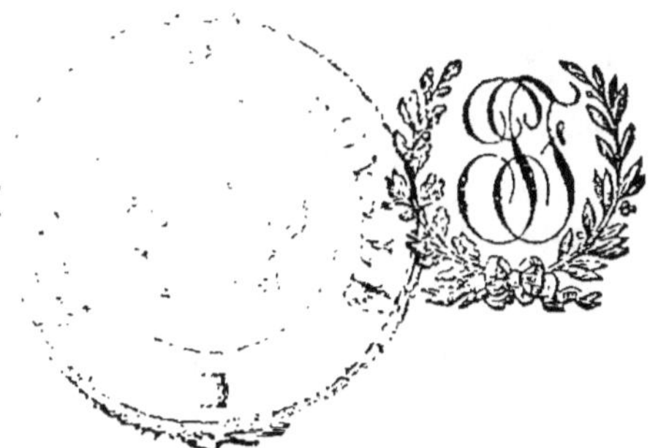

A LYON

CHEZ PERISSE FRÈRES, LIBRAIRES,
rue Mercière, n.º 33.

A PARIS,

AU DÉPÔT CENTRAL DE LIBRAIRIE,
rue du Pot-de-Fer St.-Sulpice, n.º 8,

1834.

HISTOIRE ANCIENNE.

LIVRE CINQUIÈME.

COMMENCEMENT DE L'EMPIRE DES PERSES.

Table chronologique des rois de Perse, depuis Cyrus jusqu'à Darius Codoman.

An. M.		Av. J. C.
3468	Cyrus.	536.
3475	Cambyse.	529.
3482	Smerdis le Mage.	522.
3483	Darius, fils d'Hystaspe.	521.
3519	Xerxès I.	483.
3532	Artaxerxe, surnommé Longuemain.	472.
3579	Xerxès II.	425.
	Sogdien.	
3580	Ochus, autrement Darius Nothus.	424.
3600	Artaxerxe Muémon.	404.
3642	Ochus.	362.
3666	Arsès.	338.
3668	Darius Codoman.	336.

CHAPITRE PREMIER.

Histoire de Cyrus.

Je divise l'histoire de ce prince en trois articles. Le premier contiendra l'histoire de Cyrus, depuis sa naissance jusqu'au siége de Babylone ; le second renfermera la description du siége et de la prise de cette ville, et de tout ce qui regarde ce grand événement ;

Tom. II.   A

le troisième, l'histoire de ce prince, depuis la prise de Babylone jusqu'à sa mort.

ARTICLE I.

Histoire de Cyrus, depuis son enfance jusqu'au siége de Babylone.

An. M. 3405.
Av. J. C. 599.
*Xénophon.
Cyroped. l. 1.
p. 3.*

Cyrus était fils de Cambyse, roi des Perses, et de Mandane, fille d'Astyage, roi des Mèdes. La Perse était une seule province renfermée dans ce vaste empire qui depuis a porté son nom. Les Perses ne faisaient tous ensemble que six vingt mille hommes. Mais, depuis que Cyrus eut fait la conquête de l'empire de l'Orient par sa sagesse et par sa valeur, leur nom s'étendit avec leur fortune, et comprit ce vaste pays qui s'étend du levant au couchant, depuis le fleuve Indus jusqu'au Tigre; et du septentrion au midi, depuis la mer Caspienne jusqu'à l'Océan. Le pays qui porte ce nom a encore aujourd'hui la même étendue.

Education de Cyrus

Cyrus était bien fait de corps, et encore plus estimable par les qualités de son esprit, plein de douceur, d'humanité, de désir d'apprendre, d'ardeur pour la gloire. Il ne fut jamais effrayé d'aucun péril, ni rebuté d'aucun travail, quand il s'agissait d'acquérir de l'honneur. Il fut élevé selon les lois des Perses, qui pour lors étaient excellentes par rapport à l'éducation. Le bien public, l'utilité commune, étaient le but de toutes leurs lois. L'éducation des enfans était regardée comme le devoir le plus important, et la partie la plus essentielle du gouvernement. On ne s'en reposait pas sur l'attention des pères et des mères, qu'une aveugle et molle tendresse rend souvent incapables de ce soin ; l'Etat s'en chargeait, ils étaient élevés en commun, d'une manière uniforme. Tout y était réglé : le lieu et la durée des exercices, le temps du repas, la qualité du boire et du manger, le nombre des maîtres, les différentes sortes de châtimens. Toute leur nourriture, aussi-bien pour les enfans que pour les jeunes gens, était du pain, du cresson et de l'eau ; car on voulait de bonne heure les accoutumer à la tempérance et à la sobriété ; d'ailleurs, cette sorte de nourriture simple et frugale, sans aucun mélange de sauces ni de ragoûts, leur fortifiait le corps, et leur préparait un fonds de santé capable de soutenir les plus dures fatigues de la guerre, jusque dans l'âge le plus avancé.

Dans ces écoles, on formait les enfans à la vertu, à la justice et à la reconnaissance ; et le crime qu'on y punissait le plus sévèrement, était l'ingratitude. La vue des Perses, dans tous ces sages établissemens, était d'aller au-devant du mal, persuadés qu'il vaut mieux s'appliquer à prévenir les fautes qu'à les punir ; au lieu que, dans les autres Etats, on se contente d'établir des punitions contre les méchans, ils tâchaient de faire en sorte que, parmi eux, il n'y eût point de méchans. On les formait aussi aux exercices militaires, à lancer le javelot, à tirer de l'arc. Ils accompagnaient le roi à la chasse, faisaient la garde autour de sa personne, et passaient les nuits dans les corps-de-garde, tant pour la sûreté de la ville, que pour les accoutumer à la fatigue. Cyrus fut élevé de la sorte, et Cyrop. l. p. 8. 22.

2

surpassa toujours ceux de son âge , soit par la facilité à apprendre , soit par le courage ou par l'adresse à exécuter tout ce qu'il entreprenait. Sa docilité et la grande envie qu'il avait d'apprendre , ne contribuèrent pas peu à le faire réussir dans tous ses exercices.

Voyage de Cyrus en Médie. Quand Cyrus eut atteint l'âge de douze ans, sa mère Mandane le mena avec elle chez Astyage, son grand-père, qui avait une grande envie de voir ce jeune prince, dont il avait entendu dire beaucoup de bien. Cyrus ne fut point ébloui de l'éclat et du faste qui régnaient dans cette cour ; et sans rien critiquer ni condamner, il sut se maintenir dans les principes de modération qu'il avait reçus dès son enfance. Il gagnait tous les cœurs par ses manières nobles et engageantes ; mais surtout il charmait son grand - père par des saillies pleines d'esprit et de vivacité. Je me contenterai d'en rapporter un seul trait.

Séjour de ce prince à la cour d'Astyage. Astyage, voulant faire perdre à Cyrus le désir de retourner en Perse, fit préparer un grand festin où tout fut prodigué , soit pour la quantité, soit pour la qualité des viandes. Cyrus regarda avec des yeux indifférens tout ce fastueux appareil. Et , comme Astyage en paraissait surpris, Cyrus lui exposa la raison de cette indifférence : « Les Perses, dit-il , » au lieu de tant de détours et de circuits » pour apaiser la faim, prennent un chemin » bien plus court pour arriver au même but : » un peu de pain et de cresson les y conduisent. » Son grand-père lui ayant permis de disposer à son gré de tous les mets , il les distribua sur-le-champ aux officiers du roi qui se trouvèrent présens : à l'un, parce qu'il lui apprenait à monter à cheval ; à l'autre, parce qu'il servait bien Astyage ; et à un autre, parce qu'il prenait grand soin de sa mère. Sacas, échanson du roi, fut le seul à qui il ne donna rien. Cet officier, outre la charge d'échanson, avait celle d'introduire chez le roi ceux qui devaient être admis à son audience ; et, comme il ne lui était pas possible d'accorder cette faveur à Cyrus aussi souvent qu'il le désirait, il eut le malheur de déplaire à ce jeune prince.

Astyage, témoignant quelque peine qu'on eût fait cet affront à un officier pour qui il avait une considération particulière, et qui avait une adresse merveilleuse pour lui servir à boire, Cyrus lui répondit : « Ne faut-il » que cela, mon papa, pour mériter vos bonnes grâces ? je les aurai bientôt gagnées, » car je me fais fort de vous servir mieux que » lui. » Aussitôt on équipe le petit Cyrus en échanson. Il s'avance d'un pas grave, tenant la coupe délicatement de trois doigts, et la présente au roi avec une dextérité et une grâce qui charmèrent Astyage et Mandane. Quand cela fut fait, il se jeta au cou de son grand-père, et, en le baisant, il s'écria plein de joie : *O Sacas, pauvre Sacas, te voilà perdu : j'aurai ta charge !* Astyage lui témoigna beaucoup d'amitié. « Je suis très-content, » mon fils, lui dit-il ; on ne peut pas mieux » servir. Vous avez cependant oublié une cé- » rémonie qui est essentielle, c'est de faire » l'essai. » En effet, l'échanson avait coutume de verser de la liqueur dans sa main

gauche, et d'en goûter avant que de présenter la coupe au prince. « Ce n'est point du
» tout par oubli, reprit Cyrus, que j'en ai usé
» ainsi. Et pourquoi donc, dit Astyage ? —
» C'est que j'ai appréhendé que cette liqueur
» ne fût du poison. — Du poison ! Et com-
» ment cela ? — Oui, mon père ; car il n'y
» a pas long-temps que, dans un repas que
» vous donniez aux grands seigneurs de votre
» cour, je m'aperçus, qu'après qu'on eut un
» peu bu de cette liqueur, la tête tourna à
» tous les convives. On criait, on chantait à
» tort et à travers. Vous paraissiez avoir ou-
» blié, vous, que vous étiez roi ; et eux, qu'ils
» étaient vos sujets. Enfin, quand vous vou-
» liez vous mettre à danser, vous ne pouviez
» pas vous soutenir. Comment, reprit Astya-
» ge, n'arrive-t-il pas la même chose à vo-
» tre père ? Jamais, répondit Cyrus. — Et
» quoi donc ? — Quand il a bu, il cesse d'a-
» voir soif ; et voilà tout ce qui lui en arrive. »

On ne peut trop admirer ici l'habileté de
l'historien, dans l'excellente leçon qu'il donne
sur la sobriété. Il pouvait la faire d'une manière grave et sérieuse, et prendre le ton de
philosophe ; car Xénophon, tout guerrier
qu'il était, n'était pas moins philosophe que
Socrate son maître. Au lieu de cela, il la met
dans la bouche d'un enfant, et la déguise
sous le voile d'une petite histoire, racontée
dans l'original avec tout l'esprit et toute la
gentillesse possibles.

Mandane étant partie pour retourner en
Perse, Cyrus resta auprès de son grand-père
pour se perfectionner à monter à cheval. Pen-

dant ce séjour, qui fut de quatre ans, il s'y fit infiniment estimer et aimer par sa douceur, par son affabilité et par sa libéralité. Astyage s'étant vu obligé de lever des troupes pour s'opposer aux courses d'Evilmérodac, fils de Nabuchodonosor, Cyrus accompagna son grand-père, et fit sous lui son apprentissage dans la guerre. Il s'y comporta si bien, que la victoire que les Mèdes remportèrent sur les Babyloniens, fut principalement due à sa valeur. Peu de temps après cette victoire, il retourna en Perse, où il demeura jusqu'au temps qu'il vint au secours de Cyaxare contre Nériglissor, roi de Babylone.

Astyage étant mort, Cyaxare son fils, frère de Mandane, mère de Cyrus, lui succéda. A peine fût-il monté sur le trône, qu'il eut une guerre à soutenir. Il apprit que Nériglissor, roi de Babylone, armait puissamment contre lui et qu'il avait engagé dans sa querelle plusieurs princes. Cyaxare dépêcha donc vers Cambyse pour lui demander du secours, et chargea ses députés de faire en sorte que Cyrus eût le commandement de l'armée qu'on lui enverrait. Ils n'eurent point de peine à l'obtenir. Cyrus fut donc nommé pour commander l'armée qui était de trente mille hommes de pied. C'étaient tous gens d'élite, et qu'on avait choisis sur toutes les troupes.

Avant qu'on procédât à ce choix, Cyrus crut devoir parler aux deux cents officiers qui en étaient chargés. Il loua extrêmement leur courage, et les remplit de l'espérance assurée d'un heureux succès. « Savez-vous, leur dit-
» il, à quels ennemis vous aurez affaire? A

Son retour
en Perse.

An. M 3444.
Av. J.C. 560.
Cyrop. l. 1.
p. 22. 37.

Discours
de Cyrus à
ses officiers.

» des hommes mous, lâches, efféminés, et
» déjà à demi vaincus par les délices, ils ne
» peuvent souffrir ni la faim, ni la soif ; éga-
» lement incapables de soutenir, ou le poids
» du travail, ou la vue du péril. Au lieu que
» vous, accoutumés dès l'enfance à une vie
» sobre et dure, la faim et la soif sont le seul
» assaisonnement de vos repas ; les fatigues,
» votre plaisir ; les dangers, votre joie ; l'a-
» mour de la patrie et de la gloire, votre
» unique passion. Comptez-vous pour peu
» la justice de notre cause? Ce sont les en-
» nemis qui nous attaquent ; ce sont nos al-
» liés qui nous appellent. Y a-t-il rien de
» plus juste que de repousser l'injure qu'on
» nous veut faire? Y a-t-il rien de plus ho-
» norable que de voler au secours de nos
» amis? Mais, ce qui doit faire le principal
» motif de notre confiance, c'est que je ne
» me suis point engagé dans cette expé-
» dition, sans avoir auparavant consulté les
» Dieux, et imploré leur secours ; car vous
» savez que c'est par où j'ai toujours coutu-
» me de commencer toutes mes actions et
» toutes mes entreprises. »

Cyrus partit bientôt après sans perdre de temps : mais ce ne fut qu'après avoir invoqué une seconde fois les Dieux du pays : car sa grande maxime, et il la tenait de son père, était qu'on ne devait jamais former aucune entreprise, soit grande, soit petite, sans consulter les Dieux. Cambyse lui avait souvent représenté, que la prudence des hommes est fort courte, leurs vues fort bornées ; qu'ils ne peuvent pénétrer dans l'avenir, et que souvent, ce qu'ils croient devoir tourner à leur avantage, devient la cause de leur ruine. Au lieu que les Dieux étant éternels, savent tous l'avenir comme le passé, et inspirent à ceux qu'ils aiment, ce qu'il est à propos d'entreprendre, protection qu'ils ne doivent à personne, et qu'ils n'accordent qu'à ceux qui les invoquent et les consultent.

Cambyse voulut accompagner son fils jusqu'aux frontières de la Perse. Dans le chemin, il lui donna d'excellentes instructions sur les devoirs d'un général d'armée. Cyrus croyait n'ignorer rien de tout ce qui regarde le métier de la guerre, après les longues leçons qu'il en avait reçues des maîtres les plus habiles qui fussent de son temps. Vos maîtres, lui dit Cambyse, vous ont-ils donné quelques leçons d'économie; c'est-à-dire, de la manière dont il faut pourvoir aux besoins d'une armée, préparer des vivres, prévenir les maladies, songer à la santé des soldats, fortifier leurs corps par de fréquens exercices, exciter parmi eux de l'émulation, savoir se faire obéir, se faire estimer, se faire aimer des troupes? Sur chacun de ces points, et sur beaucoup d'autres que le roi parcourut, Cyrus répondit qu'on ne lui en avait jamais dit un mot, et que tout cela était nouveau pour lui. Hé ! que vous a-t-on donc montré ? A faire des armes, reprit Cyrus; à tirer de l'arc, à lancer un javelot, dessiner un camp, tracer un plan de fortification, ranger des troupes en bataille, en faire la revue, les voir marcher, défiler, camper. Cambyse se mit à rire, et fit entendre à son fils qu'on ne lui avait enseigné rien de ce qu'il y a de plus essentiel pour un bon officier et un habile général : et dans une seule conversation , qui mériterait certainement d'être bien étudiée par les jeunes gens de qualité destinés à la guerre, il lui en apprit infiniment plus que n'avaient fait, pendant plusieurs années, tous ces maîtres si vantés. Un seul exemple, quoique fort court, pourra donner quelque idée du reste.

Il s'agissait de savoir comment on pourrait rendre les soldats soumis et obéissans. Le moyen m'en paraît bien facile , répondit le jeune prince : il ne faut que louer et récompenser ceux qui obéissent ; punir et noter d'infamie ceux qui refusent de le faire. Cela est bon , repartit Cambyse , pour se faire obéir par force : mais l'important est de se faire obéir volontairement. Or, le moyen le plus sûr d'y réussir, c'est de bien convaincre ceux à qui l'on commande, qu'on sait mieux ce qui leur est utile qu'eux-mêmes ; car tous les hommes obéissent sans peine à ceux dont ils ont cette opinion. C'est de ce principe que part la soumission aveugle des malades pour leur médecin , des voyageurs pour leur guide; de ceux qui sont dans un vaisseau, pour le pilote. Leur obéissance n'est fondée que sur la persuasion où ils sont, que le médecin , le guide, le pilote, sont plus habiles et plus prudens qu'eux. Mais, que faut-il faire, demanda Cyrus à son père, pour paraître plus habile et plus prudent que les autres ? Il faut, reprit le roi, l'être effectivement : et pour l'être, il faut se bien appliquer à sa profession, en étudier sérieusement toutes les règles ; consulter avec soin et avec docilité les plus habiles maîtres ; ne rien négliger de ce qui peut faire réussir nos entreprises, et, surtout, implorer le secours des Dieux, qui seuls donnent la prudence et le succès.

Quand ce jeune prince fut arrivé en Médie, il établit un ordre merveilleux dans les troupes, et y jeta une émulation étonnante par les récompenses qu'il proposait, et par ses manières honnêtes et prévenantes à l'égard de tout le monde. Il se distinguait, non par le luxe de la table, ou la magnificence des habits et des équipages, mais par la générosité, par la grandeur d'ame, et le penchant à faire du bien à tous, autant qu'il était en lui. Il ne pouvait pas, disait-il, faire du bien à tous ; et c'est par cette raison-là même qu'il se croyait obligé de marquer de la bonne volonté à tous.

Pendant que Cyaxare, de concert avec Cyrus, se préparait à entrer en campagne, il lui vint une célèbre ambassade du roi des Indes. Les ambassadeurs dirent qu'ils étaient envoyés de la part de leur maître, pour s'informer du sujet de la guerre entre les Babyloniens et les Mèdes. Ils ajoutèrent que leur maître était dans le dessein de se déclarer pour celui des deux partis qui avait pour lui le bon droit et la justice. (Noble et glorieux usage d'une grande puissance, qui se déclare hautement contre l'injuste aggresseur en faveur de l'opprimé.) Cyaxare répondit qu'il n'avait donné aucun sujet de plainte aux Babyloniens, et qu'il acceptait avec plaisir pour arbitre le roi des Indiens. La suite fait connaître qu'il se déclara pour les Mèdes.

Cyrop. l. 2. *p.* 58 61, *et lib.* 3.

Le roi d'Arménie, vassal des Mèdes, les regardant comme près d'être engloutis par la formidable ligue qui s'était formée contre eux, crut qu'il devait profiter de l'occasion pour se retirer de leur dépendance. Il cessa de leur payer le tribut ordinaire, et de leur envoyer le nombre des troupes qu'il devait fournir en temps de guerre. Cyaxare était fort embarrassé; mais la sagesse et la valeur de Cyrus le tirèrent de cet embarras. Ce jeune prince attaqua fort à propos le roi d'Arménie, avant qu'il pût soupçonner qu'on songeait à lui. Il se rendit maître du seul fort qu'il eût, et en même temps de toute sa famille. Il l'obligea de payer le tribut ordinaire, et de fournir son contingent de troupes, et il sut si bien le gagner par ses manières douces et engageantes, qu'il en fit un des alliés le plus fidèle et le plus affectionné qu'eût jamais eu le roi des Mèdes. Rien de plus intéressant que le récit circonstancié que Xénophon fait de cette expédition.

Cyrus soumet le roi d'Arménie, et il en fait un fidèle allié.

Je ne dois pas oublier de faire remarquer que Cyrus montra, dans cette occasion, des qualités qui le rendent infiniment plus estimable que toutes ses vertus guerrières. On trouve, dans la plupart des conquérans, de l'habileté pour la guerre, de la hardiesse, du courage, de l'intrépidité, et tous ces talens qui font beaucoup de bruit, et qui éblouissent par leur éclat. Mais on y trouve rarement un vrai fonds de bonté, de douceur et de compassion pour les malheureux, une grande modération et une grande retenue

dans la prospérité et dans la victoire, des manières insinuantes et persuasives, l'art de gagner les cœurs, et de se les attacher encore plus par l'affection que par l'intérêt. Ce sont des qualités rares dans les plus fameux conquérans de l'antiquité, et qui dominaient souverainement dans Cyrus, et dont il fit un usage si marqué dans l'occasion présente, que toute la famille du roi d'Arménie se retira, pénétrée de reconnaissance et d'admiration. Pendant tout le chemin, il ne fut mention que de Cyrus; les uns vantaient sa sagesse, d'autres admiraient son courage, ceux-ci relevaient surtout sa douceur ; quelques autres faisaient valoir sa taille et son port majestueux. « Et vous, dit Tigrane, fils aîné du
» roi, en s'adressant à son épouse, que vous
» semble de la mine de Cyrus ? Je n'y ai
» point fait d'attention, répondit-elle. — Sur
» qui donc vos yeux étaient-ils attachés ? Sur
» celui qui disait qu'il donnerait mille vies
» pour racheter ma liberté (1). » Cette réponse est d'une naïveté et d'une délicatesse d'esprit admirables. De plus, elle renferme un sentiment de pudeur et de modestie, digne de servir de modèle à nos jeunes dames.

Quand tous les préparatifs pour cette importante expédition furent faits, Cyrus, voyant les troupes pleines d'ardeur et de bonne volonté, proposa à Cyaxare de les mener contre les Assyriens. Ses raisons étaient qu'il valait mieux manger le pays ennemi que le

Expédition de Cyaxare et de Cyrus contre les Babyloniens.
Au M. 3448.
Av. J. C. 556.
Cyrop. l. 3.
P. 78. 87.

(1) C'est ce qu'avait répondu Tigrane à Cyrus, lorsque ce prince lui demandait ce qu'il donnerait pour la rançon de son épouse.

sien ; que cette démarche hardie d'aller à la rencontre des Assyriens, était capable de répandre la terreur parmi leurs troupes ; qu'enfin la victoire dépendait moins du nombre que du courage des soldats. Cyaxare entra dans ses vues, et on se mit en marche, après avoir fait les sacrifices ordinaires , pour demander aux Dieux de leur être favorables. Quand ils furent arrivés sur les frontières de l'Assyrie , ils firent des courses dans le pays, et amassèrent un grand butin.

Quand les deux armées furent à la vue l'une de l'autre, on se prépara au combat des deux côtés. On fut de part et d'autre quelques jours à se regarder. Enfin , les Assyriens sortirent les premiers de leur camp en fort grand nombre. Alors Cyrus fit avancer ses troupes, qui marchèrent à l'ennemi pleines d'allégresse, d'émulation et de courage.

Avant qu'elles fussent à la portée du trait, il donna le mot de ralliement, qui fut, *Jupiter secourable et conducteur*. Il fit entonner l'hymne ordinaire en l'honneur de Castor et de Pollux , et les soldats, pleins d'une religieuse ardeur, répondirent à haute voix. Ce n'était dans toute l'armée que joie, qu'allégresse, qu'exhortations mutuelles , que dévouement universel à faire tout ce que le chef ordonnerait ; car, dit ici l'historien , on a remarqué qu'en ces occasions, ceux qui craignent le plus la Divinité , ont le moins de peur des hommes. Du côté des Assyriens, les archers, les frondeurs et les gens de trait firent leur décharge avant que l'ennemi fût à portée. Mais les Perses, animés par la pré-

sence et l'exemple de Cyrus, en vinrent tout
d'un coup aux mains, et enfoncèrent les premiers bataillons. Les Assyriens, quelques efforts que fissent et Crésus et leur propre roi
pour les animer, ne purent soutenir un choc
si rude, et prirent tous la fuite. La cavalerie
des Mèdes s'ébranla en même temps pour attaquer celle des ennemis, qui fut aussi bientôt mise en déroute. Ils furent vivement
poursuivis jusque dans leur camp. Il s'en fit
un effroyable carnage; et Nériglissor, roi
des Babyloniens, y perdit la vie. Cyrus, ne
se croyant pas en état de les forcer dans leurs
retranchemens, fit sonner la retraite.

Cyrus, prévoyant que les ennemis pense-
raient à se sauver à la faveur de la nuit, demanda à Cyaxare la permission d'emmener
à leur poursuite ceux de la cavalerie des Mèdes qui voudraient bien le suivre; à quoi
Cyaxare consentit sans peine. Presque tous
les Mèdes suivirent Cyrus. On poursuivit vivement l'ennemi; plusieurs furent tués : tous
ceux qui étaient demeurés dans le camp se
rendirent. La victoire fut complète, et le butin immense. Cyrus fit mettre à part, pour
Cyaxare, ce qu'il y avait de plus précieux,
se réservant pour lui tous les chevaux, pour
former, parmi les Perses, un corps de cavalerie; ce qui leur avait manqué jusque là.

Pendant que les Mèdes et les Hyrcaniens,
qui s'étaient joints à eux, étaient à la poursuite des ennemis, Cyrus fit tout préparer
pour le repas, jusqu'au bain même, afin
qu'à leur retour, ils n'eussent qu'à se mettre à table. On réserva, au lendemain, de

faire la distribution du butin. Cyrus fit appeler les mages, et leur commanda de choisir parmi le butin ce qui devait être offert aux Dieux en pareilles occasions. Puis il chargea les Mèdes et les Hyrcaniens de partager le reste à toute l'armée. Ils demandèrent avec instance que les Perses présidassent à cette distribution : mais ceux-ci le refusèrent absolument; et il fallut s'en tenir à l'ordre de Cyrus.

Lib. 5.
*p.*114. 117.
Lib. 6.
*p.*153. 155.
On fit un grand nombre de prisonniers, parmi lesquels il se trouva une jeune princesse d'une rare beauté. Elle se nommait Panthée, et était femme d'Abradate, roi de la Susiane. Cyrus, sur le récit qu'on lui fit de sa beauté, refusa de la voir, se défiant beaucoup de sa faiblesse. Cette retenue de Cyrus est admirable ; elle lui venait sans doute de l'excellente éducation qu'il avait reçue. Car c'était un principe chez les Perses, de ne parler jamais, devant les jeunes gens, de rien qui eût rapport à l'amour, de peur que la violente inclination qu'ils ont naturellement pour la volupté, jointe à la légèreté de leur âge, ne fût réveillée par de tels discours, et ne les jetât dans les dernières débauches. Du reste, il fit traiter la jeune princesse avec toute la distinction et les égards convenables à son rang et à son sexe.

Araspe, jeune seigneur de Médie, qui l'avait en garde, ne se défiait pas tant de sa faiblesse, et prétendait qu'on est toujours maître de soi-même. Cyrus lui donna de sages avis, en lui confiant le soin de cette illustre prisonnière. J'ai vu, lui dit-il, beau-

coup de gens qui se croyaient bien forts,
succomber néanmoins, comme malgré eux,
à cette violente passion, et avouer ensuite,
avec honte et douleur, que cette passion
était un asservissement et un esclavage dont
on ne pouvait plus se tirer, et une maladie
incurable, au-dessus des remèdes et des efforts humains; une sorte de lien et de nécessité, plus difficile à rompre que les chaînes
de fer les plus fortes. Ne craignez rien, reprit
Araspe, je suis sûr de moi, et je vous ré-
ponds, sur ma vie, que je ne ferai rien de
contraire à mon devoir. Cependant, sa passion pour cette jeune princesse s'alluma peu
à peu, jusqu'à un tel point, que la trouvant
invinciblement opposée à ses désirs, il était
prêt à lui faire violence. La princesse, enfin,
en donna avis à Cyrus, qui chargea aussitôt
Artabaze d'aller trouver Araspe de sa part.
Cet officier lui parla avec la dernière dureté, et lui reprocha sa faute d'une manière
propre à le jeter dans le désespoir. Araspe,
outré de douleur, ne put retenir ses larmes,
et demeura interdit de honte et de crainte,
se croyant perdu. Quelques jours après, Cyrus le manda. Il vint tout tremblant. Cyrus
le prit à part; et, au lieu de violens reproches, auxquels il s'attendait, il lui parla avec
douceur, reconnaissant que lui-même avait
eu tort de l'avoir imprudemment enfermé
avec un ennemi si redoutable. Une bonté si
inespérée rendit la vie et la parole à ce jeune seigneur. La confusion, la joie, la reconnaissance, firent couler de ses yeux une abondance de larmes. « Ah ! je me connais main-

» tenant, dit-il ; et j'éprouve sensiblement
» que j'ai deux ames : l'une qui me porte au
» bien, l'autre qui m'entraîne vers le mal.
» La première l'emporte quand vous venez
» à mon secours, et que vous me parlez :
» je cède à l'autre, et je suis vaincu quand
» je suis seul. » Il répara avantageusement
sa faute, et rendit un service considérable
à Cyrus, en se retirant comme espion chez
les Assyriens, sous prétexte d'un prétendu
mécontentement.

La perte d'un si brave officier (car on crut
que c'était le dépit qui l'avait fait passer chez
les ennemis) affligea toute l'armée. Panthée,
qui y avait donné occasion, promit à Cyrus
de le remplacer par un autre officier qui n'aurait pas moins de mérite ; elle parlait d'Abradate son mari. En effet, sur la lettre qu'il reçut de sa femme, il se rendit au camp des
Perses avec deux mille chevaux, et fut conduit d'abord à la tente de Panthée, qui lui
raconta, non sans verser beaucoup de larmes, avec quelle bonté et quelle sagesse le
généreux vainqueur l'avait traitée. Elle le présenta à Cyrus, qui le reçut avec un air de
noblesse et de grandeur, et, en même temps,
avec une bonté et une tendresse qui lui prou-
vèrent que tout ce que Panthée lui avait dit
du caractère merveilleux de ce prince, était
encore beaucoup au-dessous du vrai.

La désertion d'Abradate fut suivie de celle
de plusieurs autres seigneurs ; entre autres,
de Gobryas et de Gadatas. Celui-ci, qui était
prince d'un peuple nombreux et puissant,
s'était retiré du service du roi de Babylone.

Ce monarque, bassement jaloux, l'avait traité d'une manière indigne, parce qu'une de
ses concubines en avait parlé comme d'un
homme bien fait, et avait relevé le bonheur
de celle qu'il choisirait pour épouse. Pour
Gobryas, il l'avait abandonné, parce que le
fils du roi avait tué depuis peu son fils unique. Ce jeune seigneur, dans une partie de
chasse, ayant percé de son dard une bête
que le fils du roi avait manquée, celui-ci,
qui était emporté et violent jusqu'à la férocité, le perça lui-même sur-le-champ d'un
coup de lance, et le coucha mort par terre.
Gobryas pria Cyrus de venger un père infortuné, et de prendre sa famille sous sa protection; d'autant plus qu'il ne lui restait qu'une
fille unique, destinée depuis long-temps à
épouser le jeune roi, mais qui ne pouvait
soutenir cette pensée qu'elle deviendrait l'é-
pouse du meurtrier de son frère.

L'arrivée de ce double secours fut pour
Cyrus un puissant attrait, qui le détermina
à pénétrer dans le cœur du pays ennemi. Il
alla d'abord dans les terres de Gobryas. Ce
seigneur vint au-devant de lui, faisant porter des rafraîchissemens pour toute l'armée.
Lorsque Cyrus fut entré dans le château,
Gobryas fit mettre à ses pieds des coupes et
des vases d'or sans nombre, avec une grande
quantité de bourses remplies d'or et d'argent;
et ayant fait venir sa fille, qui était d'une
taille majestueuse, et d'une beauté extraordinaire, il la lui présenta, et le pria de la
prendre sous sa protection, et de vouloir bien

accepter les marques de reconnaissance qu'il
prenait la liberté de lui offrir.

    « J'accepte de bon cœur votre or et votre
» argent, dit Cyrus, et j'en fais présent à vo-
» tre fille, pour augmenter sa dot. Ne doutez
» point que vous ne trouviez parmi les sei-
» gneurs de ma cour un époux digne d'elle.
» Ce ne seront ni ses richesses ni les vôtres
» qu'ils estimeront. Je puis vous assurer qu'il
» en est plusieurs parmi eux qui ne feraient
» aucun cas de tous les trésors de Babylone,
» s'ils étaient séparés du mérite et de la ver-
» tu. Ils ne se piquent, à mon exemple, j'ose
» le dire, que de se montrer fidèles à leurs
» amis, redoutables à leurs ennemis, et pleins
» de respect pour les Dieux. » On le pressa
de prendre un repas dans la maison; il le refusa, et retourna dans le camp avec Gobryas.
La terre, revêtue de gazon, leur servit de lit
Le reste du repas fut à proportion dans le
même goût.

    Cyrus, toujours occupé de son grand des-
sein, s'avança avec Gobryas vers le pays de
Gadatas, où il y avait dans le voisinage une
forte citadelle qui commandait tout le pays,
et où résidait un gouverneur au nom du roi
de Babylone, pour contenir ses peuples dans
le devoir. Il vint à bout de s'en rendre maître, par le moyen de Gadatas, qui s'étant offert au gouverneur pour défendre conjointement avec lui cette importante place (l'intelligence de ce seigneur avec les Perses n'é-
tant pas encore connue), la livra à Cyrus dès
qu'il y fut reçu. La prise de cette citadelle
le rendit maître du pays des Saques et des

Cadusiens. Ces peuples, charmés de la douceur et de la bonté avec laquelle Cyrus les
traitait, lui demeurèrent inviolablement attachés, et levèrent pour son service une nombreuse armée.

Cependant le roi d'Assyrie se mit en campagne pour punir Gadatas de sa révolte; mais
Cyrus l'ayant attaqué, le vainquit, fit un
grand carnage de ses troupes, et l'obligea
de se retirer à Babylone. Cyrus lui fit faire
un défi de terminer leur querelle par un combat singulier. Son défi ne fut point accepté.
Mais, pour mettre les alliés en sûreté pendant son absence, il fit avec lui une espèce
de trève et de traité, par lequel on convint,
de part et d'autre, de ne point inquiéter les
laboureurs, et de leur laisser cultiver leurs
terres avec une pleine liberté : ensuite il reprit le chemin de la Médie.

Quand Cyrus fut près de la frontière, il
députa aussitôt vers Cyaxare pour lui donner avis de son arrivée, et pour prendre ses
ordres; mais ce prince, jaloux de la gloire de
son neveu, et craignant qu'il ne lui eût dé-
bauché ses sujets, le reçut très-froidement,
détourna même le visage pour ne point recevoir son baiser, et laissa couler quelques
larmes. Cyrus commanda à tout le monde de
se retirer, et entra en explication avec son
oncle. Il lui parla avec tant de douceur et
de soumission, et lui donna de si fortes preuves de la droiture de son cœur, de son respect et de son attachement à sa personne,
qu'il dissipa, au grand contentement des Per-

Lib. 5. p.
141.-147.

ses et des Mèdes, tous ses soupçons, et rentra parfaitement dans ses bonnes grâces.

Après toutes ces expéditions, Cyrus songea à faire un voyage en Perse, cinq ou six ans à peu près depuis qu'il en était sorti pour commander les troupes. Ce fut avant son départ que Cyaxare, son oncle, lui offrit en mariage sa fille unique, avec assurance de la Médie pour dot. Cyrus fut fort sensible à une offre si avantageuse, et en marqua une vive reconnaissance; mais il ne crut pas devoir accepter l'offre qu'il lui faisait, avant que d'avoir eu le consentement de son père et de sa mère, laissant pour tous les siècles un rare exemple de la respectueuse soumission et de l'entière dépendance que doivent montrer en pareille occasion, à l'égard de père et de mère, tous les enfans, quelque âge qu'ils puissent avoir. A son retour de Perse, il épousa la princesse.

Cyrus, aussitôt après la célébration de son mariage, retourna au camp, et s'appliqua beaucoup à dresser et à former ses troupes, surtout sa cavalerie persanne. Sur ces entrefaites, arrivèrent des ambassadeurs du roi des Indes, avec quantité d'argent qu'ils apportaient à Cyrus de la part de leur maître, avec ordre de l'assurer que s'il en avait encore besoin, il n'avait qu'à le lui faire savoir. Cyrus reçut des offres si obligeantes avec toute la reconnaissance et toute la dignité possibles; il profita de la bonne volonté des ambassadeurs pour les envoyer chez les ennemis, comme députés par le roi des Indes, pour faire alliance avec eux; mais en effet

pour découvrir leurs desseins, et lui en venir
rendre compte. Ils se chargèrent de la commission avec joie, et s'en acquittèrent avec
habileté. On ne reconnaît point ici la conduite ni la bonne foi ordinaire de Cyrus. Pou-
vait-il ignorer que c'était violer ouvertement
le droit des gens, que d'envoyer chez les ennemis comme espions des ambassadeurs, à
qui le caractère dont ils étaient revêtus ne permettait pas de faire un personnage si odieux ?

Les ambassadeurs indiens étant revenus
du camp des ennemis, rapportèrent que Crésus avait été élu généralissime de leur armée ;
qu'il avait fait alliance avec tous les peuples
et rois voisins ; que l'armée s'assemblait autour du Pactole, et que de là elle devait s'assembler à Tymbrée, où était le rendez-vous
général de toute l'armée. Ces nouvelles jetèrent la frayeur dans l'armée de Cyrus ; mais
ce prince sut bien leur rendre le courage. Il
prit ensuite toutes les mesures nécessaires
pour que son armée ne manquât de rien; et
lorsque tous les préparatifs furent faits, il
alla prendre congé de Cyaxare, et marcha à
la rencontre des ennemis. Après une longue
marche, il les joignit à Tymbrée, ville de la
Lydie, située assez près de Sardes, capitale
du pays. Son arrivée déconcerta extrêmement les ennemis, qui ne s'attendaient à rien
moins, et qui n'avaient pas eu le temps de
ramasser les vivres nécessaires et les troupes
qu'ils voulaient lui opposer.

Cette bataille est un des plus considérables événemens de l'antiquité, puisqu'elle décida de l'empire de l'Asie, entre les Assyriens

An. M. 3456.
Av. J. C. 548.
Bataille de
Tymbrée en-

tre Cyrus et
Crésus. T. 6.
des Mémoires
de l'acadé-
mie des Bel-
les - Lettres.
p. 532.

de Babylone et les Perses. L'armée de Cyru
montait en tout à cent quatre - vingt - seize
mille hommes, infanterie et cavalerie. Outre
ces troupes, Cyrus avait trois cents chariots
de guerre armés de faux, dont chacun était
tiré par quatre chevaux attelés de front, et
bardés à l'épreuve du trait.

Cyroped.
. 6. p. 152.
153. 157.

Ibid. p. 156.

Cyrus avait encore fait construire un grand
nombre de chariots beaucoup plus grands,
sur lesquels il y avait des tours hautes environ de dix-huit ou vingt pieds, qui conte-
naient vingt archers. Ces chars étaient traî-
nés sur des roulettes, par seize bœufs attelés
de front.

P. 153. 158.

Il y avait aussi un grand nombre de chameaux montés chacun de deux archers ara-
bes adossés, en sorte que l'un regardait la
tête et l'autre la croupe du chameau.

L'armée de Crésus était plus forte du double que celle des Perses, et montait à quatre cent vingt mille hommes, dont il y en
avait soixante mille de cavalerie. Elle se mit
en bataille sur une seule ligne ; l'infanterie
au centre et la cavalerie sur les ailes. Toutes
les troupes, tant de pied que de cheval, avaient
trente hommes de profondeur. L'armée ainsi rangée sur une ligne, occupait près de
deux lieues de terrain.

Araspe, qui, sous prétexte d'un mécontent-
tement, s'était retiré dans l'armée de Crésus,
et qui avait eu ordre de bien examiner la manière dont ce prince rangerait ses troupes,
était revenu dans le camp des Perses la veille
du combat. Cyrus, pour former son ordre de
bataille, se régla sur la disposition de l'armée

de Crésus, dont ce jeune seigneur mède lui
avait rendu un compte exact.

Les troupes persannes combattaient ordinairement sur vingt-quatre de hauteur. Cyrus changea cette disposition. Il doubla les
files de son infanterie, et la mit sur douze
de hauteur seulement. La cavalerie était rangée sur les deux ailes ; la droite commandée
par Chrysante, et la gauche par Hystaspe.
Le front entier de l'armée n'occupait en tout
qu'un terrain d'un peu plus d'une lieue et
demie, et par conséquent il était débordé d'un
peu moins d'un quart de lieue de chaque côté par l'armée ennemie.

Derrière cette première ligne, et à une
très-petite distance, Cyrus plaça les lanceurs
de javelots ; après eux les archers. Ils étaient
couverts, les uns et les autres, par les soldats qui étaient avant eux, au-dessus de la
tête desquels ils pouvaient lancer contre l'ennemi leurs javelots et leurs flèches.

Il forma une dernière ligne, pour compo-
ser l'arrière-garde, de ce qu'il y avait de plus
braves soldats dans l'armée. Leur fonction
était d'avoir l'œil sur ceux qui étaient placés
devant eux, d'encourager ceux qui faisaient
leur devoir, d'arrêter, par des menaces, ceux
qui s'ébranlaient, et d'aller même jusqu'à tuer
les fuyards. Derrière l'armée persanne étaient
les tours roulantes : elles formaient une ligne
égale et parallèle à celle de l'armée. Tout proche de ces tours il y avait deux autres lignes parallèles et égales au front de l'armée, formées l'une par les bagages, et l'au-

tre par les chariots qui portaient les femmes et les personnes inutiles.

Pag. 168.　　Pour fermer toutes ces lignes , et les mettre hors d'état d'être insultées par l'ennemi , Cyrus avait placé à la queue deux mille hommes d'infanterie , deux mille chevaux , et la troupe de chameaux qui était assez nombreuse. Les chariots persans, armés en guerre , étaient partagés en trois corps , de cent chacun. L'un de ces corps, commandé par Abradate , roi de la Susiane , fut placé au front de la bataille, et les autres sur les deux flancs de l'armée.

Pag. 167.　　Après que les deux armées eurent ainsi formé leur ordre de bataille, on se prépara au combat de part et d'autre. Le lendemain , Cyrus fit un grand sacrifice, pendant lequel l'armée prit de la nourriture; ensuite chacun

P. 169. 170.　alla se revêtir de ses armes. Ce fut alors que Panthée, qui avait fait préparer une armure complète à l'insçu d'Abradate son mari, pour lui ménager le plaisir de la surprise., vint la lui présenter. Quelque tendresse qu'elle eût pour lui, elle l'exhorta à mourir plutôt les armes à la main , que de ne pas se signaler d'une manière digne de leur naissance et de l'idée qu'elle avait tâché de donner de lui à Cyrus. « Nous lui avons, dit-elle, des obli-
» gations infinies : j'ai été sa prisonnière , et
» comme telle, destinée pour lui ; mais je ne
» me suis point trouvée esclave entre ses
» mains, ni ne me suis point vue libre à des
» conditions honteuses. Il m'a gardée com-
» me il aurait gardé la femme de son pro-
» pre frère, et je lui ai bien promis que vous

» sauriez reconnaître une telle grâce. O Ju-
» piter ! (s'écria Abradate en levant les yeux
» vers le ciel), fais que je paraisse, en cette
» occasion, digne mari de Panthée, et digne
» ami d'un si généreux bienfaiteur. » Cela dit,
il monta sur son char. Panthée ne pouvant
plus l'embrasser, voulut encore baiser le char
où il était ; et, après l'avoir suivi des yeux le
plus loin qu'il lui fut possible, elle se retira.
Nous verrons que ce prince répondit parfaitement aux souhaits de Panthée.

Après que Cyrus eut achevé le sacrifice, il
prit quelque nourriture, fit de nouveau des
libations aux Dieux, et pria le Dieu de ses
pères de vouloir être son guide et de venir à
son secours. Aussitôt après, il monta à cheval et mena ses troupes à l'ennemi. Le combat ne fut pas extrêmement opiniâtre. Les
troupes des ennemis furent enfoncées et mises en fuite après une légère résistance. Il n'y
eut que les Egyptiens, au nombre de cent
vingt mille hommes, qui se battirent avec un
courage de lion ; ils forcèrent même l'infanterie persanne de plier ; mais Cyrus les ayant
chargés en queue, les empêcha de gagner du
terrain. Ce prince courut un grand risque
d'être tué ; son cheval s'étant abattu sous lui,
il tomba presque au milieu des ennemis :
officiers et soldats, également alarmés du
danger où ils virent leur chef, se précipitè-
rent au milieu des piques pour le dégager.
Cyrus étant remonté à cheval, le combat devint plus sanglant. Ce prince, admirant la
valeur des Egyptiens, et ayant peine à laisser périr de si braves gens, leur fit offrir des

conditions honorables ; ils les acceptèrent, et ils servirent depuis ce temps-là dans les troupes des Perses avec une fidélité inviolable.

Pag. 180. On convient que Cyrus fut principalement redevable de cette victoire à la cavalerie persanne, qui était un nouvel établissement, et le fruit de l'attention et de l'activité de ce prince à former et à perfectionner sa nation dans la partie de la milice, qui jusqu'alors lui avait manqué ; mais sa sagacité, sa prévoyance, son industrie admirable pour gagner les cœurs des soldats, leur inspirer du courage et les remplir d'ardeur, avaient préparé de *P. 184. 186.* loin le succès de cette action décisive. Cyrus perdit dans cette bataille un grand seigneur, dont la valeur avait beaucoup contribué au succès de la victoire : c'est Abradate dont je veux parler. Il n'est pas aisé de dire quelle fut la désolation de Panthée, quand on lui annonça cette nouvelle. Ayant fait apporter le corps de son mari sur le bord du Pactole, et, tenant sa tête sur ses genoux, elle ne songeait qu'à s'abîmer dans sa tristesse ; mais enfin succombant à sa douleur, elle se perça le sein d'un poignard, et tomba morte sur son mari : on leur éleva, dans le même lieu, un tombeau commun.

Prise de Sardes et de Crésus. Lib. 1. c. 79. 84. Cyrus, dès le lendemain matin, marcha vers Sardes. Crésus sortit à sa rencontre pour lui livrer bataille. Le combat fut fort opiniâtre ; mais enfin les Lydiens cédèrent et se retirèrent dans la ville. Cyrus en forma le siége pour amuser les Sardiens par tous les apprêts ; mais la nuit suivante, il entra dans la citadelle par une route dérobée, qui lui fut indiquée par un esclave persan. A la pointe du jour il entra dans la ville, où il ne trouva plus de résistance. Son premier soin fut d'empêcher le pillage et le massacre. Il fit déclarer aux bourgeois qu'ils auraient la vie sauve, et qu'on ne toucherait ni à leurs femmes ni à leurs enfans, pourvu qu'ils lui portassent tout leur or et tout leur argent : ils y consentirent. Crésus, que le vainqueur s'était fait amener, leur en avait donné l'exemple. Cyrus eut un entretien particulier avec le roi de Lydie. Touché de compassion pour le malheur de ce roi, déchu en ce moment d'un si haut rang, et admirant son égalité d'ame dans un tel renversement de fortune, il le traita avec beaucoup de clémence et de bonté. Il lui laissa le nom et l'autorité de roi ; mais il lui ôta le pouvoir de faire la guerre, et voulut qu'il l'accompagnât dans toutes ses expéditions, soit par estime, soit plutôt par politique, pour s'assurer de sa personne.

Hérodote rapporte que l'unique fils qui restait à Crésus, et qui avait toujours passé pour *Lib. 1. c. 85* muet, voyant, dans la prise de la ville, un soldat prêt à décharger un coup de sabre sur la tête du roi qu'il ne connaissait point, fit dans ce moment un si violent effort, par un mouvement de crainte et de tendresse pour son père, qu'il rompit les liens de sa langue, et s'écria : *Soldat, ne tue point Crésus.* Cette circonstance, comme beaucoup d'autres qu'on trouve dans Hérodote, me paraît tenir plus du merveilleux que du vrai : en quoi l'auteur a suivi son goût et son penchant pour tout ce qui tient de l'extraordinaire.

Il rapporte, et Plutarque après lui, que Crésus ayant été fait prisonnier, fut condamné par le vainqueur à être brûlé vif. On dressa donc le bûcher, et ce malheureux prince ayant été mis dessus, sur le point de l'exécution, rappela dans son esprit l'entretien qu'il avait eu autrefois avec Solon ; et, reconnaissant la vérité de ses avis, il s'écria par trois fois : *Solon ! Solon ! Solon !* Cyrus, qui était présent à ce spectacle, avec les principaux de sa cour, ayant appris pourquoi, dans cette extrémité, il prononçait avec tant de vivacité le nom de ce célèbre philosophe, touché de l'incertitude des choses humaines et du malheur de ce prince, le fit retirer du bûcher. et l'honora toujours pendant qu'il vécut. Ainsi, Solon eut la gloire d'avoir, d'un seul mot, sauvé la vie à l'un de ces deux rois, et donné une salutaire instruction à l'autre.

Quand les peuples d'Ionie et d'Eolie eurent appris que Cyrus s'était rendu maître des Lydiens, ils lui envoyèrent des députés à Sardes, pour demander d'être reçus sous son empire aux mêmes conditions qu'il avait accordées aux Lydiens. Cyrus qui, avant sa victoire, les avait inutilement sollicités d'embrasser son parti, ne leur répondit que par l'apologue d'un pêcheur qui, ayant joué en vain de la flûte pour faire venir à lui les poissons, ne vint à bout de les prendre qu'en jetant le filet dans l'eau. Exclus de cette espérance, ils implorèrent le secours des Lacédémoniens, qui députèrent vers Cyrus pour l'avertir qu'ils ne souffriraient pas qu'il en-

treprit rien contre les Grecs. Ce prince ne fit
que rire d'une telle députation, et les avertit à son tour de se mettre en état de se bien
défendre eux-mêmes.

ARTICLE II.

Histoire du siége et de la prise de Babylone par Cyrus.

La prise de la ville de Sardes valut à Cyrus
la conquête de toute l'Asie mineure, depuis
la mer Egée jusqu'à l'Euphrate. Il passa de là
dans la Syrie et l'Arabie, qu'il subjugua pa-
reillement ; après quoi il entra dans l'Assyrie
et s'avança vers Babylone, qui était la seule
ville qui lui restait à subjuguer. Le siége de
cette importante place n'était pas une entreprise facile : la ville était extrêmement fortifiée, pourvue de vivres pour vingt ans, et d'un
nombre infini d'habitans qui la défendaient.
Ces difficultés n'empêchèrent pas Cyrus de
pousser son dessein. Désespérant de pouvoir
prendre la place d'assaut, il laissa croire qu'il
songeait à la réduire par la famine. Les assiégés se croyant en pleine sûreté, à la faveur
de leurs remparts et de leurs magasins, insultaient à Cyrus du haut des murailles, et
se moquaient de la peine inutile qu'il se donnait et de tout ce qu'il faisait contre eux.

Cependant Cyrus fit creuser un large et profond fossé pour détourner l'Euphrate, qui
était le plus fort rempart de Babylone. Quand
il fut achévé, la Providence lui fournit une
occasion d'en faire usage, telle qu'il pouvait
la souhaiter. Il apprit que l'on devait célébrer
à Babylone une grande fête, et que les Baby-

An. M. 3466.
Av. J.C. 538.
Hérod. l. 1.
c. 177.
Cyrop. l. 7.
p. 186. 188.

Ioniens avaient accoutumé, dans cette solennité, de passer la nuit entière à boire et à faire la débauche. Balthasar, roi de Babylone, prit part plus qu'aucun autre à cette réjouissance publique, et fit un festin magnifique aux premiers officiers de son royaume et aux dames de la cour. Cyrus, bien informé de la confusion que cette fête avait coutume de répandre dans le palais et dans la ville, en profita pour s'en rendre maître.

Dans cette vue, il posta deux corps de troupes, l'un à l'endroit où le fleuve entrait dans la ville, et l'autre où il en sortait, avec ordre d'entrer dans la ville, par le lit du fleuve, dès le moment qu'ils le trouveraient guéable. Après avoir donné tous les ordres nécessaires, et exhorté tous les officiers à le suivre, en leur représentant qu'ils marchaient sous la conduite des Dieux, il fit ouvrir, à l'entrée de la nuit, la tranchée des deux côtés de la rivière ; par ce moyen, le lit de l'Euphrate se trouva bientôt à sec. Alors les deux corps de troupes, selon leurs ordres, s'y jetèrent, conduits, l'un par Gobryas, et l'autre par Gadatas, s'avancèrent, et pénétrèrent jusqu'au palais sans trouver de résistance. Ayant surpris la garde, ils la mettent en pièces, entrent dans le palais, font main basse sur tous ceux qu'ils rencontrent, et tuent le roi qui était venu à eux l'épée à la main, à la tête de ceux qui s'étaient trouvés à portée de le secourir. Le premier soin des vainqueurs fut de remercier les Dieux d'avoir enfin puni ce *roi impie*. Cette remarque de Xénophon mérite d'autant plus notre attention, qu'elle s'accorde merveilleusement avec tout ce que l'Écriture nous dit de l'impie Balthasar. C'est ainsi que fut anéantie la puissance de cette superbe Babylone, après avoir duré deux cent dix ans, depuis le commencement du règne de Bélésis, et cinquante ans après qu'elle eut détruit Jérusalem.

Cyrus étant entré dans Babylone de la manière que nous venons de le dire, fit massacrer tous ceux qui se rencontrèrent dans les rues ; puis, il ordonna aux bourgeois de lui apporter toutes leurs armes, et de se tenir ensuite renfermés dans leurs maisons. Le lendemain, à la pointe du jour, quand la garnison, qui était dans la citadelle, eut appris que la ville était prise et le roi tué, elle se rendit à Cyrus. Ainsi, presque sans coup férir, il se vit maître paisible de la plus forte place qui fût au monde. Le premier soin de ce prince fut de remercier les Dieux de l'heureux succès qu'ils venaient de lui accorder ; ensuite il assembla les officiers, dont il loua publiquement la sagesse, le courage, le zèle et l'attachement pour sa personne, et distribua des récompenses à toute l'armée ; enfin, il leur remontra que l'unique moyen de conserver ce qu'ils avaient acquis, était de persévérer dans leur ancienne vertu ; que le fruit de la victoire n'était pas de s'abandonner aux délices et à l'oisiveté ; qu'après avoir vaincu les ennemis par la force des armes, il serait honteux de se laisser vaincre par les attraits de la volupté ; que pour conserver leur ancienne gloire, il fallait maintenir à Babylone, parmi les Perses, la même dis-

Cyrop. l. 7.
p. 192.

B 5

cipline qui était observée dans leur pays ; et pour cela, donner leurs principaux soins à la bonne éducation des enfans. « Par là, *dit-*
» *il,* nous deviendrons nous-mêmes plus ver-
» tueux de jour en jour, en nous efforçant
» de leur donner de bons exemples, et il
» sera bien difficile qu'ils se corrompent, lors-
» que parmi nous ils ne verront et n'enten-
» dront rien qui ne les porte à la vertu, et
» qu'ils seront continuellement dans une
» pratique d'exercices louables et honnê-
» tes. » On ne peut s'empêcher de remar-
quer à ce sujet que les parens sont presque toujours le premier principe de la corruption de leurs enfans, parce qu'ils sont ordinairement sans ménagement et sans réserve devant eux.

Lorsque Cyrus se vit paisible possesseur de Babylone, il s'appliqua entièrement à régler l'Etat. Il établit un ordre merveilleux pour la guerre, pour les finances et pour la police. Après qu'il eut donné ordre à tout ce qui regarde le gouvernement, il songea à se donner en spectacle au peuple nouvellement conquis, et à ses propres sujets, dans une cérémonie auguste de religion, en allant, en cavalcade et en pompe, aux endroits consacrés aux Divinités pour leur offrir des sacrifices. Il affecta d'étaler dans cette marche tout ce que la magnificence a de plus brillant et de plus capable d'en imposer au peuple, voulant, par cet extérieur pompeux, s'attacher le respect des peuples, qu'il avait déjà plus sûrement gagnés par l'éclat de ses vertus. Il donna aux Perses de longues robes de

différentes couleurs, et toutes richement brodées. Ce fut pour la première fois que les
Perses prirent l'habillement des Mèdes, et
commencèrent, à leur imitation, à se peindre les yeux. Il n'est pas possible de disculper
Cyrus, d'avoir, par ce spectacle, jeté les premiers fondemens du luxe et de la mollesse,
qui régnèrent dans la suite chez les Perses.

Cyrus, pour égayer les esprits, jugea à
propos de terminer cette cérémonie grave et
sérieuse par des jeux et des courses de chevaux et de chariots. L'endroit où l'on s'était
arrêté, était large et spacieux. Il désigna un
certain espace, d'environ un quart de lieue,
et proposa des prix aux vainqueurs, séparément pour chaque nation. Il remporta celui
de la course parmi les Perses, car personne
n'était si bon cavalier que lui.

Quelques jours après, ce prince, pour célébrer la victoire qu'il avait remportée dans
la course aux chevaux, donna un grand repas aux principaux officiers, tant des Perses
et des Mèdes que des étrangers. On n'avait
encore rien vu de si superbe et de si somptueux. Il le termina par des présens magnifiques qu'il leur fit à tous. Il les renvoya ainsi,
comblés de joie, d'admiration et de reconnaissance ; et tout-puissant qu'il était, maître
de tout l'Orient et de tant de royaumes, il ne
craignit point de dégrader sa majesté en les
conduisant tous jusqu'à la porte de son appartement. Telles étaient les mœurs de ces
temps anciens, où l'on savait joindre beaucoup de simplicité à beaucoup de grandeur.

Comme la prise de Babylone est un des

plus grands événemens de l'histoire ancienne,
et que les principales circonstances qui l'ont
accompagnée, ont été prédites plusieurs années auparavant dans l'Ecriture Sainte, avant
de passer plus avant, je crois qu'il est à propos
de rapporter en abrégé ce qui s'en trouve
dans les Livres saints. Les prophètes Isaïe et
Jérémie sont entrés dans un détail si circonstancié de la prise de cette ville, qu'il semble-
rait que ces prophètes étaient présens à ce
tragique spectacle. Voici comment s'exprime
le dernier :

Jer. 51. 11.　　*Aiguisez vos flèches, remplissez vos carquois; le Seigneur a suscité le courage des
rois de Médie; il a formé sa résolution
contre Babylone, afin de la perdre; parce
que le temps de la vengeance du Seigneur
est arrivé, le temps de la vengeance de son
Temple. Je vais visiter, dans ma colère,
le roi de Babylone et son pays, comme*
Isaï. 11.15 *j'ai visité le roi d'Assur.* Isaïe ne s'expri-
18. me pas avec moins de force et de précision :
*Je vais susciter contre eux les Mèdes, qui
ne chercheront point d'argent, et qui ne
se mettront point en peine de l'or; mais
ils perceront les petits enfans de leurs flèches ; ils n'auront point de compassion
de ceux qui sont encore dans les entrailles de leurs mères, et ils n'épargneront
point ceux qui ne font que de naître.*

Mais ce qui est encore plus admirable et
digne de toute notre attention et de nos res-
pects, c'est que le prophète, éclairé d'une
lumière toute divine, avait prédit, plus de
deux cents ans avant l'événement, toutes les

circonstances du siége et de la prise de Babylone ; nommé par leur nom le prince et les armées qui serviraient d'instrumens à la vengeance du Seigneur. *Voici ce que dit le Seigneur à Cyrus, qui est mon Christ, et que j'ai pris par la main, pour lui assujettir les nations, pour mettre en fuite les rois, pour ouvrir devant lui les portes, sans qu'aucune lui soit fermée* (1). Dans un autre endroit il s'exprime encore avec plus de précision : *L'impie Balthasar, roi de Babylone, continue d'agir avec impiété, et celui qui dépeuplait, continue de dépeupler tout.* Pour arrêter ses excès, prince des Perses, partez, *ascende Ælam* ; et vous, prince des Mèdes, formez le siége de Babylone ; *obside, Mede :* « Je vais faire cesser » tous les gémissemens dont elle était la » cause ; » *omnem gemitum ejus cessare feci.*

Ce qui allume la colère de Dieu contre Babylone, est : 1.° L'orgueil insupportable de cette ville ; elle se croit invincible ; elle dit en son cœur : *Je suis reine et je la serai toujours. Aucune autre puissance ne m'est égale, toutes me sont assujetties, ou tributaires, ou alliées. Je ne serai jamais ni veuve ni stérile, et l'éternité est marquée dans ma destinée.* 2.° La dureté inhumaine qu'elle exerce contre les Juifs : c'est Dieu lui-même qui s'en plaint. *J'ai voulu punir mon peuple*, dit-il, *mais en père ; je l'ai*

Isai. 47. 7. 8.

____

(1) **Hæc** dicit Dominus Christo meo Cyro, cujus apprehendi dexteram. *Isaï.* 45 . 1. 4. *Idem. c.* 21. *v.* 1. 2.

*exilé pour un temps à Babylone, et dans
le dessein de l'en rappeler quand il serait
devenu plus reconnaissant et plus fidèle;
mais Babylone et son prince ont joint à
un châtiment paternel de ma part, une
cruauté et une inhumanité très-opposées
à ma clémence. Leur dessein a été de perdre, et le mien de sauver.* 3.° L'impiété de
son roi. Balthasar joignit à l'orgueil et à la
dureté de ses prédécesseurs, une impiété sacrilége qui lui fut particulière. La nuit qu'il
donnait ce grand repas, dans la chaleur du
vin, il fit apporter les vases du temple du Seigneur, comme pour insulter au Dieu vivant;
il y but, lui et toute sa cour, et y fit boire
toutes ses concubines. Dieu, irrité d'une telle
impiété et d'une telle insolence, lui fit sentir
dans le moment même à qui il s'était attaqué,
et fit paraître tout-à-coup, sur une muraille,
une main qui écrivait certains caractères.

Le roi, étrangement surpris et effrayé de
cette vision, manda sur-le-champ tous ses
sages, tous ses devins, tous ses astrologues,
pour lire cette écriture et en expliquer le sens;
mais ce fut inutilement. La reine mère étant
venue au bruit, tâcha de rassurer son fils, et
lui parla du mérite de Daniel, qui fut sur-le-
champ mandé. Le prophète lui parla avec
une liberté véritablement prophétique. Il lui
mit sous les yeux l'abus criant qu'il faisait de
sa puissance, l'orgueil avec lequel il s'élevait
contre le Dieu vivant, et son impiété détestable. « C'est pour cela, lui dit-il, que Dieu
» a envoyé les doigts de cette main qui a écrit
» ce qui est marqué sur la muraille. Or, voici

Dan. 5.

» ce qui est écrit : Mane, Thecel, Phares; et
» en voici l'interprétation, Mane; Dieu a
» compté les jours de votre règne, et il en a
» marqué la fin : Thecel ; vous avez été pesé
» dans la balance, et on vous a trouvé trop
» léger : Phares ; votre royaume a été divisé,
» et il a été donné aux Mèdes et aux Perses. »
Cette explication devait encore augmenter
le trouble ; mais on se rassura, apparemment
sur ce que le malheur n'était pas annoncé
comme présent, et que l'avenir pourrait
fournir des expédiens pour le détourner.

Numerus, pondus, divisio.

Dès ce moment néanmoins les prédictions,
qui avaient annoncé la ruine totale de Babylone, commencèrent à avoir leur accom-
plissement. Il y est marqué que Babylone
sera entièrement détruite, comme le furent
autrefois les villes criminelles de Sodome et
de Gomorrhe ; qu'elle ne sera plus habitée ;
qu'on ne la rebâtira jamais; qu'elle deviendra
la retraite des bêtes sauvages et des oiseaux
nocturnes ; qu'un marais couvrira le lieu
qu'elle avait occupé : en sorte qu'il ne restera
pas même de vestige de l'endroit où elle aura
été.

Isai. c. 13. et 14.

Babylone perdit d'abord la qualité de ville
royale. Les rois de Perse lui préférèrent un
autre séjour. Suse, Ecbatane, Persépolis,
tout autre séjour leur plut davantage, et eux-
mêmes ruinèrent une partie de la ville.

Les Macédoniens, qui succédèrent aux
Perses, non-seulement la négligèrent et ne
furent occupés ni du soin de l'embellir ni de
celui de la réparer, mais ils affectèrent même de bâtir, dans son voisinage, Séleucie,

pour la faire abandonner et pour lui ôter ce qui lui restait d'habitans, selon qu'il était prédit : *Non habitabitur.*

Les nouveaux rois de Perse qui devinrent maîtres de Babylone, achevèrent de la ruiner en bâtissant Ctésiphonte, qui lui enleva ce qui lui restait d'habitans ; et il semblait que depuis qu'elle avait été frappée d'anathème, ceux qui devaient être ses protecteurs, devenaient ses ennemis ; et que tous croyaient être chargés du soin de la réduire en solitude, mais par des voies indirectes, et sans employer la violence, afin qu'il fût plus manifeste que c'était la main de Dieu plutôt que celle des hommes qui s'appliquait à l'anéantir.

Elle fut si universellement abandonnée, qu'il ne resta plus que l'enceinte de ses murailles. Les rois de Perse la voyant déserte, en firent un parc, où ils enfermèrent des bêtes sauvages pour la chasse. Elle devint ainsi, comme le prophète l'avait prédit, la demeure des animaux cruels et ennemis de l'homme, ou fugitifs ou timides. Ses citoyens furent convertis en des sangliers, des léopards, des ours, des ânes sauvages, des cerfs : *Requiescent ibi bestiæ, et replebuntur domus illorum draconibus.*

Mais c'était encore trop que les murs de Babylone subsistassent, ils tombèrent en plusieurs endroits, et ne furent pas réparés. Le reste suivit par divers accidens. Les bêtes qui servaient aux plaisirs des rois de Perse, sortirent ; les serpens et les scorpions demeurèrent, et elle devint un lieu redoutable pour ceux qui auraient eu quelque curiosité de visiter ses antiquités. L'Euphrate qui la traversait, n'ayant plus un canal libre, prit, avec le temps, son cours ailleurs, et il ne restait, au temps de Théodoret, qu'un filet d'eau qui coulait à travers les masures, et qui, n'ayant plus de pente ni d'écoulement libre, dégénérait nécessairement en un marais. Ainsi fut accompli à la lettre ce que Dieu avait fait prédire par son prophète : *Je perdrai le nom de Babylone . . . Je couvrirai d'un marais le lieu qu'elle occupe maintenant. Je rechercherai avec soin jusqu'à ses moindres vestiges pour les effacer.* Les traces de cette ville impie sont en effet tellement effacées, que les géographes les plus habiles ne savent aujourd'hui déterminer le lieu qu'elle occupait.

Isai. c. 1.
l. n. 22.

Dieu ne s'était pas contenté de faire prédire tous ces changemens ; il avait voulu terminer et sceller cette prédiction par un serment, pour en marquer davantage la certitude. Le Seigneur des armées a fait ce serment : *Je jure que ce que j'ai résolu arrivera, et que ce que j'ai arrêté s'exécutera.*

Nous devons regarder Cyrus comme un instrument dont la providence a voulu se servir pour accomplir ses desseins de bonté et de miséricorde sur son peuple, et ceux de sa justice contre le peuple de Babylone, qu'il voulait punir de son orgueil, de son impiété et de sa cruauté (1). Telle est l'idée que l'Ecriture nous donne de ce grand prince. Tel est aussi l'usage qu'un chrétien doit faire de

(1) Qui dico Cyro : *Pastor meus es, et omnem voluntatem meam complebis. Isai.* 45.

ces sortes d'événemens. Dans ces révolutions d'empires, qui ne paraissent avoir rien que d'humain, la foi lui fait envisager et lui montre une main supérieure et invisible, qui met en œuvre les hommes pour exécuter ses desseins, pour renverser, ruiner, transporter les royaumes, et les donner à qui il lui plaît.

ARTICLE III.

Histoire de Cyrus, depuis la prise de Babylone jusqu'à sa mort.

Cyrus fait un voyage en Perse. Cyrus, se voyant maître de l'Orient par la prise de Babylone, songea à faire un voyage en Perse. Il passa par la Médie pour y saluer Cyaxare son oncle et son beau-père, à qui il fit de grands présens, et lui déclara aussi qu'il trouverait à Babylone un palais magnifique, tout préparé, quand il voudrait y aller. Il paraît que Cyrus, à son retour de Perse, mena Cyaxare avec lui à Babylone. Ils dressèrent, de concert, le plan de toute la monarchie, et gouvernèrent avec une égale autorité ; avec cette différence que Cyrus déféra toujours le premier rang à Cyaxare. Ce prince est appelé, *Dan. 6. c. 2. 3.* dans l'Ecriture, Darius le Mède. Daniel, qui vivait encore, fut établi premier ministre. Cette distinction lui attira la jalousie des grands de la cour, qui se liguèrent pour le perdre.

Dan. 6 4. 27. Ces seigneurs sentant bien qu'ils ne pouvaient trouver de prise sur lui que du côté de la loi de son Dieu, obtinrent un édit de Darius, par lequel il était défendu à tout homme de demander, durant l'espace de trente jours, quoi que ce fût, à quelque Dieu

ou à quelque homme que ce pût être, sinon
au roi ; et cela sous peine d'être jeté dans la
fosse aux lions. Daniél fut surpris lorsqu'il
faisait ses prières ordinaires, le visage tourné vers Jérusalem, et il fut jeté dans la fosse
aux lions, quelque effort que fît le roi pour
le délivrer ; mais y ayant été conservé mira-
culeusement, et en étant sorti sain et sauf,
ses calomniateurs y furent jetés, et dans le
moment même dévorés par les lions. Cet événement augmenta encore le crédit du prophète.

Sur la fin de la même année, qui était *Dan.* 9. 1.
comptée comme la première de Darius le 27.
Mède, Daniel, par la supputation qu'il fit,
ayant connu que les 70 années de la captivité de Juda, déterminées par le prophète Jérémie, tendaient à leur fin, pria Dieu ins-
tamment qu'il se souvînt de son peuple, de
rétablir Jérusalem, et de regarder favorablement sa ville sainte et le sanctuaire qu'il y
avait placé. Sur quoi l'ange Gabriel l'assura
dans une vision, non-seulement de la délivrance des juifs de leur captivité temporelle,
mais encore d'une délivrance beaucoup plus
considérable, c'est-à-dire, de celle de la servitude du péché et du démon, que Dieu devait procurer à son Eglise, et qui devait s'accomplir après soixante et dix semaines, qui
s'écouleraient depuis l'ordre qui serait donné pour le rétablissement de Jérusalem; c'est-
à-dire, 490 ans. Car, prenant chaque jour
pour une année, selon le langage employé
quelquefois dans l'Ecriture Sainte, ces sep-
tante semaines d'années font 490 ans.

C'est ici que commence, à proprement parler, l'empire des Perses et des Mèdes, réunis sous une même autorité. Cet empire, depuis Cyrus, qui en fut le premier roi, jusqu'à Darius Codoman, qui fut vaincu par Alexandre-le-Grand, a duré l'espace de deux cent six ans, depuis l'an du monde 3468 jusqu'à 3674.

Cyaxare étant mort au bout de deux ans, et Cambyse ayant aussi fini ses jours en Perse, Cyrus retourna à Babylone, et prit en

main le gouvernement de l'empire. On compte diversement les années du règne de Cyrus. Quelques-uns lui en donnent trente, en les commençant à sa première sortie de Perse : d'autres ne lui en donnent que sept, en les comptant depuis que, par la mort de Cyaxare et de Cambyse, il posséda seul l'empire. C'est dans la première de ces sept années, où expirait précisément la soixante-dixième année de la captivité de Babylone, que Cyrus donna ce célèbre édit, qui permettait aux juifs de retourner à Jérusalem, pour rétablir le temple du Seigneur. C'est le plus bel endroit de la vie de ce prince : et on ne peut pas douter que ce n'ait été en vue de cet édit, que Dieu lui a accordé tant de vertus héroïques, et une suite si constante d'heureux succès et de si glorieuses victoires. Voici cet édit en entier, tel qu'il est dans les Livres saints :

La première année de Cyrus, roi de Perse, le Seigneur, pour accomplir la parole qu'il avait prononcée par la bouche de Jérémie, suscita l'esprit de Cyrus, roi de Perse, qui fit publier dans tout son royau-

*me cette ordonnance même par écrit. Voi-
ci ce que dit Cyrus, roi de Perse. Le Seigneur, le Dieu du Ciel, m'a donné tous les
royaumes de la terre, et m'a commandé
de lui bâtir une maison dans la ville de
Jérusalem, qui est en Judée. Qui d'entre
vous est de son peuple, que son Dieu soit
avec lui. Qu'il aille à Jérusalem, qui est
en Judée, et qu'il rebâtisse la maison du
Seigneur Dieu d'Israël. Ce Dieu qui est à
Jérusalem est le vrai Dieu. Et que tous
les autres, en quelques lieux qu'ils habitent, l'assistent, du lieu où ils sont, soit
en argent et en or, soit de tous leurs autres biens, et leurs bestiaux, outre ce qu'ils
offrent volontairement au temple de Dieu,
qui est à Jérusalem.* Cyrus fit en même
temps remettre entre les mains des juifs, les
vases d'or et d'argent du temple du Seigneur,
que Nabuchodonosor avait emportés de Jérusalem, et qu'il avait mis dans le temple
de son Dieu.

Cyrus, également aimé de ses sujets naturels et des nations conquises, jouissait en paix
du fruit de ses travaux et de ses victoires.
Sept années s'étant ainsi écoulées, il vint en
Perse, pour la dernière fois, où il mourut,
âgé de soixante et dix ans, sans avoir passé
par les infirmités de la vieillesse. Il conserva
jusqu'à la fin une santé forte et robuste, qui
était le fruit de la vie sage et frugale qu'il
avait toujours menée. De sorte que dans un
âge fort avancé, il avait encore toute la vigueur de la jeunesse : au (1) lieu que ceux qui

Cyroped. l. 8.
p. 233. etc.

Mort de
Cyrus.
An. M. 3475.
Av. J.C. 529.

(1) Cyrus quidem apud Xenophontem eo sermone,

s'abandonnent à la crapule et aux débauches, ruinent leur santé, et ressentent ordinairement les incommodités de la vieillesse, lors même qu'ils sont encore jeunes.

Cyrus sentant approcher le jour de sa mort, fit venir ses enfans, et assembla les grands de l'empire. Après avoir remercié les Dieux de toutes les faveurs qu'ils lui avaient accordées pendant sa vie, et leur avoir demandé une pareille protection pour ses enfans, pour ses amis, pour sa patrie, il déclara Cambyse, son fils aîné, son successeur, et il laissa à l'autre, qui s'appelait Tanaxare, plusieurs gouvernemens fort considérables. Il leur donna à l'un et à l'autre d'excellens avis, en leur faisant entendre que le ferme appui des trônes n'était ni la vaste étendue des pays, ni le grand nombre des troupes, ni les richesses immenses, mais le respect pour les Dieux, la bonne intelligence entre les frères, et le soin de se faire et de se conserver de fidèles amis (1). « Je vous conjure » donc, leur dit-il, mes enfans, au nom des » Dieux, de vous porter respect l'un à l'au-» tre, si vous avez encore quelque envie de » me plaire à l'avenir : car je ne pense pas, » qu'à cause que vous ne me verrez plus après » ma mort, vous estimiez que je ne sois » plus rien. Vous n'avez pas vu mon ame jus-» qu'à présent : vous n'avez pas laissé de con-

quem moriens habuit, cùm admodùm senex esset, negat se unquam sensisse senectutem suam imbecilliorem factam, quàm adolescentia fuisset. *Cic. de Senectut.* n.39.

(1) Non exercitus, neque thesauri, præsidia regni sunt, verùm amici. *Sallust. Bello. Jugurth. c.* 10.

» naître par ses actions qu'elle existait vé-
» ritablement. Pensez-vous que l'on conti-
» nuât d'honorer ceux dont les corps ne sont
» plus que cendre, si leurs ames n'avaient
» plus aucune puissance ? Non, non, mes en-
» fans, je n'ai jamais pu croire que l'ame vé-
» cût tandis qu'elle est dans un corps mor-
» tel, et qu'elle mourût lorsqu'elle s'en sé-
» pare. Que si je me trompe, et qu'il ne res-
» te plus rien de moi après ma mort, du
» moins craignez les Dieux, qui ne meurent
» point, qui voient tout, et de qui la puissan-
» ce est infinie. Craignez-les, et que cette
» crainte vous empêche de rien faire jamais,
» ni même de rien mettre en délibération
» qui soit contraire à la religion ou à la jus-
» tice. Après eux, craignez les hommes et
» les siècles à venir. Les Dieux ne vous ont
» point cachés dans l'obscurité : mais ils vous
» ont exposés sur un grand théâtre, à la vue
» de tout l'univers. Si vos actions sont pures
» et droites, soyez certains que vous en se-
» rez et plus honorés et plus puissans. Pour
» mon corps, mes enfans, lorsqu'il sera privé
» de vie, ne l'enfermez ni dans l'or ni dans
» l'argent, ni dans quelque autre matière
» précieuse que ce soit : *rendez-le prompte-*
» *ment à la terre.* Y a-t-il rien de plus heu-
» reux, que d'être mêlé, et en quelque sorte
» incorporé à la bienfaitrice et à la mère com-
» mune de tous les hommes ? » Après avoir
donné sa main à baiser à tous ceux qui étaient
présens, se sentant défaillir, il prononça ces
dernières paroles : « Adieu, mes chers en-
» fans; puissiez-vous mener une vie heureu-

» se ! Portez, de ma part, ce dernier adieu à
» votre mère. Et vous, mes fidèles amis, tant
» absens que présens, recevez mes derniers
» adieux, et vivez en paix. » Après avoir dit
ces paroles, il se couvrit le visage, et mourut également regretté de tous ses peuples.

L'ordre que donne Cyrus, en mourant,
de *rendre son corps à la terre*, me paraît
bien remarquable. Il regardait son corps
comme avili et dégradé, si on le couvrait
d'or ou d'argent : il veut qu'*on le rende à la
terre*. Il est hors de doute que ce prince
avait puisé cette notion, aussi ancienne que
le monde, dans le commerce des Juifs ses sujets, et surtout de Daniel, qu'il affectionnait
singulièrement.

Éloge de Cyrus.

Cyrus doit être regardé comme le conquérant le plus sage, et le prince le plus accompli dont il soit parlé dans l'histoire profane.
Presque aucune des qualités qui forment les
grands hommes ne lui manquait : sagesse,
modération, courage, grandeur d'ame, libéralité, noblesse de sentimens, clémence, bonté, connaissance parfaite de l'art militaire,
autant que son temps le comportait ; vaste
étendue d'esprit, soutenue d'une prudente
fermeté, pour former et exécuter de grands
desseins. Ce prince n'était pas de ces héros
qui ne brillent que dans les combats, et qui
sont des sujets très-médiocres dans d'autres
situations. Cyrus paraissait toujours le même, c'est-à-dire, toujours grand, toujours
élevé, toujours supérieur à lui-même.

Il était riche dans une sorte de bien qui
manque à la plupart des souverains : ils ont

tout,

tout, excepté des amis fidèles, qui puissent leur dire, sans crainte de leur déplaire, et avec une noble liberté, des vérités désagréables et amères à l'amour-propre pour le présent, mais qui peuvent leur être d'une grande utilité pour l'avenir. Cyrus était aimé, parce qu'il aimait lui-même (1); car, quand on n'aime point, a-t-on des amis, et mérite-t-on d'en avoir? Rien n'est plus beau que de voir Cyrus vivre et converser librement avec ses amis, sans rien perdre de sa grandeur et de sa dignité; bien éloigné d'une mauvaise fierté qui prive les grands du plus innocent plaisir de la vie, en leur ôtant celui d'un commerce doux et aimable avec des personnes de mérite, quoique d'une condition très-inférieure.

L'usage qu'il faisait de ses amis est un modèle parfait pour tous ceux qui sont dans les premières places. Ils avaient reçu de lui non-seulement la liberté, mais un commandement exprès de lui dire tout ce qu'ils pensaient. Quoique beaucoup supérieur en lumières à tous ses officiers, il ne faisait rien sans les consulter; et, soit qu'il s'agît de réformer quelque chose dans le gouvernement, ou de faire quelque changement dans les troupes, ou de former quelque entreprise, il voulait que tout le monde dît son sentiment; et souvent il en profitait : bien différent de celui dont Tacite dit qu'il lui suffisait, pour se déclarer contre les meilleurs avis, qu'ils ne fussent pas venus de lui : *consilii quamvis egregii, quod ipse non afferret, inimicus.*

Hist. l. 1. p. 26.

(1) Habes amicos quia amicus ipse es. *Paneg. Traj.*

Cicéron remarque que, pendant tout le temps de son gouvernement, il ne lui échappa jamais une seule parole de colère et d'emportement. Ce petit mot est un grand éloge pour un prince.

Mais ce qu'il y avait en lui de plus grand et de plus véritablement royal, c'est l'intime conviction où il était, que tous ses soins et toute son attention devaient tendre à rendre les peuples heureux ; et que ce n'était point par l'éclat des richesses, par le faste des équipages, par le luxe et la dépense de la table, qu'un roi doit se distinguer de ses sujets, mais par la supériorité de mérite en tout genre, et surtout par ses soins et son attention à mettre les peuples en sûreté, leur procurer le repos et l'abondance. Il faut, disait-il, qu'un prince , qu'un roi se regarde sur le trône comme un pasteur à la tête de son troupeau. Voilà, ajoutait-il, la juste idée et l'image naturelle d'un bon roi. Il est raisonnable que ses sujets lui rendent tous les services dont il a besoin ; mais il est encore plus raisonnable qu'il s'applique à les rendre heureux , parce que c'est pour cela qu'il est roi. Il en est de même par proportion des grands seigneurs, qui doivent se faire un devoir et un plaisir de rendre heureux leurs vassaux.

En effet, c'est la même chose d'être à la république et d'être roi , d'être pour le peuple et d'être souverain. On est né pour les autres , dès qu'on est né pour commander; parce qu'on ne leur doit commander que pour leur être utile. C'est le fondement et la base de l'éclat des princes, de n'être point à eux ; c'est même le caractère de leur grandeur, d'être consacrés au bien public. Il en est d'eux comme de la lumière, qui n'est placée dans un lieu éminent, que pour se répandre partout. Est-ce dégrader la royauté, que d'en penser ainsi ?

Ce fût par le concours de toutes ces vertus, que Cyrus vint à bout de fonder, en assez peu de temps, un empire qui embrassait un si grand nombre de provinces, et qu'il jouit, pendant plusieurs années, du fruit de ses conquêtes; qu'il sut se faire tellement estimer et aimer, non-seulement de ses sujets naturels, mais de toutes les nations qu'il avait conquises, qu'après sa mort, il fut généralement regretté comme le père commun de tous les peuples.

Nous ne devons pas être étonnés que Cyrus ait été si accompli en tout genre, nous qui savons que c'est Dieu lui-même qui l'avait formé pour être l'instrument et l'exécuteur des desseins de miséricorde qu'il avait sur son peuple. Il lui avait donné un excellent naturel, et avait mis dans son cœur les semences de toutes les plus grandes qualités et des plus rares vertus. Mais surtout il eut soin qu'on cultivât cet heureux naturel par une excellente éducation, et qu'on le préparât aux grands desseins qu'il avait sur lui. C'est en effet à son éducation que Cyrus fut redevable de tout ce qu'il y avait de grand en lui. Ce fut elle qui lui apprit à devenir un grand roi, un bon roi, un grand conquérant: ce fut elle qui le rendit modeste, honnête, affable, juste, religieux, compatissant, en-

nemi du faste et des délices, et encore plus
de la flatterie ; en un mot, tel que nous l'a-
vons vu dans toute sa conduite.

Il faut avouer qu'un tel prince est un des
plus précieux présens que le Ciel puisse faire
à la terre. Rien en effet ne ressemble plus
parfaitement à Dieu, qu'un prince juste, modéré, chaste, réglé dans ses mœurs, et qui
ne règne que pour faire régner la vertu. C'est
le portrait que Pline nous a laissé de Trajan,
qui ressemble si bien à celui de Cyrus (1).

Quand j'examine de près la vie de notre
héros, il me semble qu'il a manqué à sa gloire
un trait qui l'aurait beaucoup relevée : ç'aurait été d'être livré pendant quelque temps
à quelque grande disgrâce, et d'avoir quelque revers subit de fortune à essuyer. Je sais
que l'empereur Galba, en adoptant Pison,
lui disait que la prospérité a un aiguillon et
une pointe infiniment plus perçante que l'adversité, et qui met l'ame à une toute autre
épreuve (2). Et la raison qu'il en apporte,
c'est que (3) le malheur accablant l'ame de
tout son poids, elle se roidit et rappelle toutes ses forces ; au lieu que la prospérité, l'attaquant d'une manière sourde, lui laisse
toute sa faiblesse, et lui insinue un poison
d'autant plus dangereux qu'il est plus subtil.

(1) Nullum est præstabilius et pulchrius Dei munus
erga mortales, quàm castus et sanctus et Deo simillimus
princeps. *Paneg. Traj.*

(2) Fortunam adhuc tantùm adversam tulisti : secundæ
res acrioribus stimulis explorant animos. *Hist. l. 1. c. 15.*

(3) Quia miseriæ tolerantur, felicitate corrumpimur.
Ibid.

Il faut pourtant avouer que l'adversité, quand elle est portée avec dignité et noblesse, et surmontée par une patience invincible, ajoute un grand éclat à la gloire d'un prince, et lui donne lieu de déployer bien des qualités et des vertus, qui seraient demeurées ensevelies dans le sein de la prospérité: une grandeur d'ame indépendante de tout ce qui lui est étranger; une constance immobile et à l'épreuve des plus rudes coups; un courage intrépide, qui s'anime à la vue du danger; une fécondité de ressources, qui naît des contre-temps mêmes; une présence d'esprit, qui envisage tout et donne ordre à tout; enfin une fermeté d'ame, qui se suffit à elle-même, et qui est capable de soutenir les autres.

Cette sorte de gloire a manqué à Cyrus. Il nous apprend lui-même que, pendant tout le cours de sa vie, qui fut assez longue, jamais aucun accident fâcheux n'en troubla la douceur, et que tout lui avait réussi comme il pouvait le souhaiter. Mais il nous apprend en même temps une chose qui est presque incroyable, et qui était en lui la source de cette égalité d'ame et de cette modération qu'on ne pouvait se lasser d'admirer; c'est qu'au milieu d'une prospérité si constante, il conservait toujours au fond du cœur une crainte secrète, dans la vue de ce qui pouvait lui arriver, laquelle ne lui permettait point de s'abandonner ni à une fierté insolente, ni même à une joie excessive.

Il me resterait à examiner un point de la dernière importance pour la réputation de ce prince ; mais je ne prétends rien décider, laissant aux lecteurs la liberté de juger sur ce qu'ils auront lu : c'est la nature de ses victoires et de ses conquêtes. Car si elles n'étaient fondées que sur l'ambition , l'injustice, la violence , Cyrus , loin de mériter les louanges qu'on lui donne, ne devrait être rangé que parmi ces brigands fameux de l'univers, ces ennemis publics du genre humain , qui ne connaissaient d'autre droit que la force, qui regardaient les règles communes de la justice, comme des lois qui n'obligent que les particuliers, et qui aviliraient la majesté royale ; qui ne bornaient leurs desseins et leurs prétentions, que par l'impuissance d'aller aussi loin que leurs désirs; qui sacrifiaient à leur ambition la vie d'un million d'hommes; qui mettaient leur gloire à tout détruire, comme les torrens et les embrasemens ; et qui régnaient comme le feraient les ours et les lions, s'ils étaient les maîtres (1).

Voilà ce que sont dans la vérité la plupart de ces prétendus héros que le siècle admire; et c'est par de telles idées, qu'il faut corriger l'impression que les injustes louanges de quelques historiens, et le sentiment de plusieurs personnes séduites par l'image d'une fausse grandeur, font sur les esprits.

Il paraît que les conquêtes de Cyrus étaient fondées sur la justice, étant presque toutes la suite des victoires remportées contre Crésus, roi de Lydie, et contre le roi de Babylone, qui tous deux étaient les agresseurs ;

(1) Quæ alia vita est , si leones ursique regnarent. *Senec. de clem. l.* 1. *c.* 26.

mais je n'oserais l'exempter d'ambition, qui
ne paraît que trop avoir été l'ame de toutes
ses entreprises, ni même de toute injustice.
Car, quoique Cyrus ne fût pas l'agresseur,
et ne fît d'abord que repousser une injuste
violence, on ne peut pas assurer qu'il ait toujours fait, dans la suite de cette guerre, le
même personnage, et qu'il se soit renfermé
dans les bornes d'une juste défense. On le
voit, au contraire, après avoir humilié les ennemis par des victoires signalées, qu'il a remportées sur eux; on le voit, dis-je, courir
après eux, les poursuivre sans relâche, et
n'être content et satisfait qu'après les avoir
détrônés, dépouillés de leurs Etats, réduits
l'un à l'état de simple particulier, et trempé
ses mains dans le sang de l'autre. Est-ce là
agir en prince qui se défend simplement, et
qui ne cherche qu'à mettre ses Etats à couvert des insultes d'un injuste agresseur? J'en
laisse le jugement au lecteur équitable et
sensé.

Au reste, quelque grand et admirable que
nous paraisse Cyrus, la religion ne nous permet pas de laisser ignorer aux jeunes gens,
que toutes ces précieuses semences et ces
excellentes dispositions à la vertu, que Dieu
avait pris plaisir de jeter dans le cœur de ce
prince, ont été stériles et absolument inutiles
pour le salut. Cyrus avait le malheur de ne
pas connaître le vrai Dieu, d'ignorer ainsi le
terme auquel il devait tendre. Toute sa vie
s'est passée dans un oubli continuel de l'auteur de son être, dans une ingratitude criminelle de ses bienfaits, et dans la recher-

che insensée d'une grandeur et d'une gloire
périssables.

C'est cet aveuglement affreux, commun
à tous les païens, qui l'a rendu coupable aux
yeux du souverain Juge, et digne d'un oubli
et d'un châtiment éternels.

CHAPITRE II.

Histoire de Cambyse.

An. M 3475.
Av. J C. 529. Après que Cyrus fut mort, Cambyse, son
fils aîné, monta sur le trône. Ce prince ne
ressembla en rien à son père. Autant Cyrus
fut un bon prince, autant Cambyse fut-il méchant, et peu ressemblant à celui dont il tenait la vie. Il hérita de son trône, mais il ne
fut pas l'héritier de ses vertus ni de ses grandes qualités.

Dès que ce prince fut monté sur le trône,
Hérod l-3. il songea à porter la guerre contre Amasis,
4. c. 1. 3. roi d'Egypte, qui depuis la mort de Cyrus,
s'était soustrait de son obéissance. Il alla en
Egypte avec une puissante armée. Lorsqu'il
fut arrivé sur la frontière, il apprit qu'A-
masis venait de mourir, et que Psamménite,
son fils, qui lui avait succédé, ramassait
toutes ses forces pour l'empêcher de pénétrer dans son royaume. Cambyse ouvrit la
campagne par le siége de Péluse, qui était
la clef de l'Egypte de ce côté-là. Pour s'en
faciliter la prise, il s'avisa de ce stratagème,
s'il faut en croire Polyène : il mit au premier rang un grand nombre de chats, de
chiens, de brebis et d'autres animaux que

les Egyptiens tenaient pour sacrés. Ainsi, les soldats n'osant lancer aucun trait ni tirer aucune flèche de ce côté-là, de peur de percer quelqu'un de ces animaux, Cambyse se rendit maître de la place sans aucune opposition.

Une bataille qui suivit de près la prise de Péluse, décida du sort de l'Egypte. Psamménite fut vaincu, et par là toute l'Egypte fut soumise au vainqueur. Il n'y eut que la ville de Memphis qui fut fidèle à son roi. Un héraut s'étant présenté de la part de Cambyse, pour la sommer de se rendre, le peuple, transporté de fureur, se jeta sur lui, le mit en pièces, et tous ceux qui étaient avec lui. Cambyse, s'étant en peu de temps rendu maître de la place, tira une pleine vengeance de cet attentat, faisant exécuter publiquement dix fois autant d'Egyptiens de la plus haute noblesse, qu'il y avait eu de personnes massacrées avec le héraut. De ce nombre fut le fils aîné de Psamménite. Et pour Psamménite lui-même, Cambyse se trouva porté à le traiter avec douceur. Non content de lui sauver la vie, il lui assigna un entretien honorable. Mais le monarque égyptien, peu touché d'une telle bonté, se mit à exciter de nouveaux troubles pour recouvrer son royaume : en punition de quoi, on lui fit boire du sang de taureau, dont il mourut à l'heure même. De Memphis, Cambyse alla à Saïs, où il fit exhumer le corps d'Amasis ; et après l'avoir exposé à mille indignités, il ordonna qu'on le brûlât. La rage que ce prince témoigna contre le cadavre d'Amasis, fait voir jusqu'à

Hérod. l. 3.
c. 13.

C 5

quel point il haïssait sa personne ; et il paraît
que c'est ce qui l'avait surtout obligé de porter ses armes en Egypte.

*Hérod. c. 20.
24.*

Cambyse forma l'année suivante le dessein
de porter la guerre en Ethiopie. Dans cette
vue, il envoya des ambassadeurs à leur roi,
qui, sous ce nom, devaient lui servir d'espions. Le roi d'Ethiopie se moqua des par-
fums et des brasselets d'or que lui portaient
pour présens ces ambassadeurs persans, qu'il
prit pour ce qu'ils étaient, c'est-à-dire, pour
des espions. Mais il voulut aussi faire un présent à sa manière au roi de Perse. Ce prince
prit en main un arc, qu'un Perse eût à peine
soutenu, loin de le pouvoir tirer ; il le banda
en présence des ambassadeurs, et leur dit :
« Voici le conseil que le roi d'Ethiopie donne
» au roi de Perse. Quand les Perses pourront
» se servir, aussi aisément que je viens de
» faire, d'un arc de cette grandeur, qu'ils
» viennent attaquer les Ethiopiens, et qu'ils
» amènent plus de troupes que n'en a Cam-
»byse. En attendant, qu'ils rendent grâces aux
» Dieux, de ce qu'ils n'ont pas mis dans le
» cœur des Ethiopiens le désir de s'étendre
» hors de leur pays. »

Cap. 25.

Cette réponse mit Cambyse dans une fureur extrême. Il commanda de se mettre en
marche sur-le-champ, sans considérer qu'il
n'avait ni provisions ni aucune des choses nécessaires pour cette expédition. Quand il fut
arrivé à Thèbes, il détacha cinquante mille
hommes pour aller ravager le pays des Am-
moniens, et détruire le temple de Jupiter-
Ammon ; mais ils furent tous ensevelis sous

le sable, dont un vent violent du midi poussa sur eux une quantité prodigieuse. Cependant Cambyse marchait comme un furieux contre les Ethiopiens, sans provisions et sans savoir où en prendre. Aussi une cruelle famine se fit bientôt sentir à toute l'armée. Elle fut si grande et si générale, qu'on fut réduit à manger des feuilles d'arbres. Cette nourriture venant à manquer dans un pays aussi stérile que celui qu'ils traversaient, on mangea les bêtes de charge. Enfin, ils vinrent à cette affreuse extrémité de se manger les uns les autres. Nourriture, dit Sénèque, plus triste que la plus dure famine (1).

Le roi persistait toujours dans son dessein, ou plutôt dans sa fureur, sans que la perte de ses troupes lui ouvrît les yeux. Mais enfin, commençant à craindre pour lui-même, il donna ordre qu'on retournât. Dans une telle désolation (qui le croirait), on ne rabattit rien de la délicatesse des mets du prince. De retour à Thèbes, il fit la guerre aux Dieux, en quoi il réussit mieux que dans celle qu'il avait déclarée aux Ethiopiens. Il pilla tous les temples de cette ville, qui étaient en grand nombre, et de la dernière magnificence. Il enleva aussi pour lors ce fameux cercle d'or qui environnait le tombeau du roi Ozimandias, lequel avait trois cent soixante-cinq coudées de circuit, et représentait tous les mouvemens des différentes constellations.

Lorsque Cambyse fut arrivé à Memphis, il trouva la ville dans de grands transports de

Hérod. l. 3.
c. 27. 29. 30.

______

(1) Alimentum habuerunt fame sævius. *De irâ. l. 3. c. 20.*

joie. Ce prince, transporté de fureur, s'imaginant qu'on se réjouissait en Egypte du mauvais succès de ses entreprises, manda les magistrats, qui lui dirent que toute la ville était
en joie, parce qu'ils avaient trouvé le Dieu
Apis. Il ne voulut pas les croire, et les fit
tous mourir.

Il fit venir ensuite les prêtres, qui lui firent
la même réponse. Il leur commanda de lui
amener le Dieu Apis, ayant dessein, disait-il,
de faire connaissance avec lui. Ce prince fut
bien étonné, au lieu d'un Dieu de voir un
veau, et, entrant de nouveau en fureur, il
tira son poignard, et le lui enfonça dans la
cuisse. Après quoi, ayant reproché aux prêtres leur stupidité, il les fit cruellement fus-
tiger. Le Dieu Apis mourut quelques jours
après de sa blessure.

Cap. 31. 32.   Cambyse avait un frère unique, appelé
Tanaxare ou *Smerdis*, qu'il fit mourir, sur
la foi d'un simple songe qu'il avait eu, que
son frère aspirait à la royauté. Ce premier
meurtre donna lieu à un second encore plus
criminel. Il avait avec lui dans le camp,
Méroé, la plus jeune de ses sœurs, qu'il avait
épousée, quelque contraire que fût à la pudeur et au bon ordre un tel mariage. Voici
ce qui donna occasion à la mort de cette princesse. Cambyse un jour se divertissait à voir
le combat d'un jeune lion et d'un jeune chien.
Celui-ci ayant eu du dessous, un autre chien,
son frère, vint à son secours, et le rendit
vainqueur. Cette aventure réjouit fort Cambyse, mais arracha des larmes à Méroé, qui,
étant obligée d'en dire la raison, avoua que

ce combat lui avait rappelé le souvenir de son frère Smerdis, qui n'avait pas été aussi heureux que ce jeune chien. Il n'en fallut pas davantage pour exciter la fureur de ce brutal prince. Sa sœur était enceinte. Il lui donna un coup de pied au ventre, dont elle mourut. Un mariage si abominable ne méritait pas une meilleure fin.

Il n'y avait point de jour qu'il ne sacrifiât *Hérod. l. 3.* quelqu'un des seigneurs de sa cour à son hu- *c. 34. 35.* meur féroce. Il avait obligé Prexaspe, l'un de ses principaux officiers et son homme de confiance, de lui déclarer ce que les Perses pensaient et disaient de lui. « Ils admirent » en vous, seigneur, répondit Prexaspe, » beaucoup d'excellentes qualités , mais ils » sont un peu blessés de ce que vous êtes » trop adonné au vin (1). J'entends , dit » le roi, c'est-à-dire qu'ils prétendent que » le vin me fait perdre la raison. Vous en » jugerez tout à l'heure. » Il se mit à boire et de plus grands coups et en plus grand nombre qu'il n'eût jamais fait. Après quoi il ordonna au fils de Prexaspe, qui était son grand échanson, de se tenir droit au bout de la salle , sa main gauche sur la tête. Prenant alors son arc, et le bandant contre lui , il déclara qu'il en voulait à son cœur. Il le perça en effet ; puis, après lui avoir fait ouvrir le côté , montrant à Prexaspe le cœur de son fils percé par la flèche : « Ai-je la » main bien sûre, dit-il, d'un ton moqueur » et triomphant ? » Ce père infortuné, à qui,

(1) Prexaspes monebat ut parciùs biberet. *Senec. l. 5. De irâ. c. 14.*

après un tel coup, il ne devait rester ni voix ni vie, eut la lâcheté de lui répondre : *Apollon lui - même ne tirerait pas plus juste.* Sénèque , après avoir détesté la barbare cruauté du prince , condamne encore plus fortement la lâche et monstrueuse flatterie du père (1).

Hérod. l. 3. c. 36.

Crésus, roi de Lydie, ayant entrepris de lui dire son avis sur cette étrange conduite qui révoltait tout le monde, il ordonna qu'on le fît mourir. Ceux à qui il en donna l'ordre , prévoyant qu'il ne serait pas long-temps sans s'en repentir , en suspendirent l'exécution. Quelque temps après, en effet, comme il regrettait Crésus, ses gens lui dirent qu'il était en vie ; de quoi il témoigna beaucoup de joie ; il ne laissa pas néanmoins de faire mourir ceux qui l'avaient épargné , pour n'avoir pas exécuté ses ordres.

Une conduite si cruelle et si inhumaine ne manqua pas d'indisposer tous les cœurs , et de donner occasion à une révolte. Patisithe, l'un des chefs des mages , à qui Cambyse, à son départ de Suse pour son expédition en Egypte , avait laissé l'administration de ses affaires pendant son absence , avait un frère nommé Smerdis, qui ressemblait à Smerdis fils de Cyrus, que Cambyse , comme nous venons de dire, avait fait mourir. Dès que ce Patisithe fut pleinement instruit de la mort de ce jeune prince qu'on avait cachée à la plupart des autres , et qu'il apprit que les fureurs de Cambyse en étaient venues à un

(1) Sceleratiùs telum illud laudatum est quàm missum. *De irá. l. 3. c. 14.*

point qu'il n'y avait plus moyen de le souffrir, il mit son propre frère sur le trône,
faisant courir le bruit que c'était Smerdis,
fils de Cyrus; et sans différer il envoya des
hérauts par tout l'empire, pour en donner
connaissance et ordonner de lui obéir.

Cambyse étant instruit de cette révolte, et *Hérod. l. 3.*
pleinement assuré que son frère était mort, *c. 61.*
donna sur-le-champ ordre à ses troupes de
se mettre en marche, pour aller exterminer
l'usurpateur. Mais lorsqu'il montait à cheval
pour cette expédition, son épée étant tom-
bée du fourreau, lui fit une blessure à la
cuisse, dont il mourut peu de temps après.
Les Egyptiens remarquèrent qu'il avait été
blessé au même endroit où il avait blessé
leur Dieu Apis, et ne manquèrent pas d'attribuer cet accident à une juste punition du
Ciel, qui vengeait ainsi l'impiété sacrilége de
Cambyse.

Ce prince, avant de mourir, manda tous
les principaux seigneurs perses, et leur ayant
représenté le véritable état des choses, et
que c'était Smerdis le mage qui avait occupé
le trône, il les exhorta fortement à ne point
se soumettre à cet imposteur, et à ne point
permettre par là que la souveraineté passât
des Perses aux Mèdes (car le mage était
Mède), mais à faire tous leurs efforts pour
se donner un roi de leur nation. Les Perses,
croyant que tout ce qu'il disait n'était que
par haine contre son frère, n'y eurent aucun égard; et lorsqu'il fut mort, ils se soumirent tranquillement à celui qui était sur

le trône, supposant que c'était le véritable Smerdis.

Cambyse régna sept ans et cinq mois. Il est appelé dans l'Ecriture, Assuérus. Dès qu'il fut sur le trône, les ennemis des Juifs s'adressèrent à lui pour empêcher la construction du temple. Ce ne fut pas en vain. Il ne révoqua pas à la vérité ouvertement l'édit de Cyrus son père, peut-être par un reste de respect pour sa mémoire; mais il le rendit presque inutile par les divers découragemens qu'il donna aux Juifs, en sorte que l'ouvrage n'avança que fort lentement pendant son règne.

C'est à peu près dans ce temps-là qu'Orétès, l'un des satrapes de Cambyse, qui commandait à Sardes pour ce prince, fit mourir d'une manière bien étrange Polycrate, tyran de Samos. L'histoire de ce dernier est assez singulière pour mériter d'avoir place ici.

Ce Polycrate était un prince à qui, pendant le cours de sa vie, toutes choses avaient toujours réussi à souhait, et dont le bonheur n'avait jamais été troublé par aucune adversité, ni par aucun accident fâcheux. Amasis, roi d'Egypte, son ami et son allié, crut devoir lui écrire à ce sujet. Il lui avoua que son état l'effrayait; qu'une prospérité si longue et si constante devait lui être suspecte; que la divinité maligne et envieuse, qui voit d'un œil jaloux la fortune des hommes, ne manquerait pas tôt ou tard de renverser la sienne; que, pour éviter ses coups mortels, il lui conseillait de se procurer à lui-même quelque malheur, en faisant volontairement

quelque perte, à laquelle il jugeât qu'il serait fort sensible.

Le tyran le crut. Il avait à son anneau une
émeraude dont il faisait un cas infini, surtout
à cause de l'habileté et de la réputation de
l'ouvrier qui l'avait gravée. En se promenant
sur sa galère avec ses courtisans, il jeta son
anneau dans la mer, sans qu'on s'en aper-
çût. Quelques jours après, des pêcheurs
ayant pris un poisson d'une grosseur extraordinaire, en firent présent à Polycrate. Quand
on l'eut ouvert, on y trouva l'anneau du roi;
sa surprise fut extrême, et sa joie encore
plus grande.

Amasis, quand il eut appris ce qui était
arrivé, pensa bien différemment. Il écrivit
à Polycrate que, pour ne point avoir la douleur de voir un ami et un allié tomber dans
quelque grand désastre, il renonçait dès lors
à son amitié et à son alliance. Sentiment assez bizarre; comme si l'amitié n'était qu'un
nom et qu'un titre sans fond et sans réalité.

Quoi qu'il en soit, la chose arriva comme
l'Egyptien l'avait prévue. Quelques années *Hérod. l.3.*
après, vers le temps environ où Cambyse *c, 120. 115.*
tomba malade, Orétès, qui commandait à
Sardes, pour le roi, ne pouvant soutenir le
reproche qu'un autre satrape, dans une querelle particulière, lui fit, de n'avoir encore
pu subjuguer l'île de Samos, qui était tout
proche de son gouvernement, et si fort à la
bienséance de son maître, résolut, pour s'emparer de cette île, de se défaire de Polycrate,
à quelque prix que ce fût. Voici comme il s'y
prit. Il lui écrivit que, sur les avis certains

qu'il avait reçus que Cambyse voulait le faire
assassiner , il songeait à se retirer dans ses
Etats , et à y mettre ses trésors en sûreté. Et
son dessein était, disait-il, de confier ce précieux dépôt à la bonne foi de Polycrate , lui
laissant pourtant la moitié en propre, qui lui
servirait à conquérir l'Ionie et les îles voisines, qu'il avait en vue depuis long-temps. Il
savait que le tyran aimait fort l'argent et
qu'il désirait avec passion d'augmenter son
domaine. Il le prit par ce double appât , en
piquant par la même offre, et son avarice et
son ambition. Polycrate, pour ne point s'engager témérairement dans une affaire de cette
importance, crut devoir s'assurer par lui-même de la vérité des faits, et envoya dans cette
vue un député sur les lieux. Orétès avait fait
remplir de pierres huit coffres, presque jusqu'aux bords , et y avait mis par-dessus un
lit de pièces de monnaie d'or. Ils étaient em-
ballés et tout prêts à être embarqués. Le député du tyran arrive, et l'on ouvre les coffres,
qu'il crut remplis d'or. Aussitôt après le retour du député, Polycrate, impatient d'aller
saisir sa proie , partit pour Sardes , malgré
l'opposition de tous ses amis. Il mena avec
lui Démocède, célèbre médecin de Crotone.
A peine fut-il arrivé, qu'Orétès le fit arrêter
comme ennemi de l'Etat, et , en cette qualité, le fit attacher à une potence, terminant,
par ce honteux supplice, une vie qui n'avait
été qu'une suite de bonheur et de prospérités.

CHAPITRE III.

Histoire de Smerdis le Mage

Dès que par la mort de Cambyse, le faux Smerdis se fut affermi sur le trône, les Samaritains lui écrivirent une lettre contre les Juifs qu'ils lui représentaient comme un peuple remuant, séditieux, et toujours prêt à se révolter. Ils en obtinrent un ordre, qui portait défense aux Juifs de pousser plus loin la construction de leur temple et de leur ville. L'ouvrage demeura suspendu jusqu'à la seconde année de Darius, environ l'espace de deux ans. Le mage, qui sentait de quelle importance il était pour lui qu'on ne pût découvrir son imposture, affecta dès le commencement de son règne, de ne point se montrer en public, de se tenir enfermé dans le fond de son palais, de traiter toutes les affaires par l'entremise de quelques eunuques, et de ne laisser approcher de sa personne que ses plus intimes confidens. Mais les précautions mêmes qu'il prenait pour dérober la connaissance de son état aux grands de la cour et au peuple, faisaient soupçonner de plus en plus qu'il n'était pas le véritable Smerdis.

Le mage, en montant sur le trône, avait épousé toutes les femmes de son prédécesseur, entre autres Phédime, fille d'Otanes, l'un des plus grands seigneurs persans. Son père lui fit entendre qu'en cas que celui qui était sur le trône fût le mage, il n'était digne ni d'elle , ni de la couronne ; qu'elle pouvait s'en éclaircir lorsque Smerdis serait avec elle la nuit, et qu'il dormirait d'un profond sommeil, en examinant adroitement s'il avait des oreilles. Cyrus les avait fait autrefois couper au mage, pour de certains crimes dont il avait été convaincu. Phédime promit d'exécuter les ordres de son père quand son jour viendrait. En effet, elle profita de la première occasion pour faire cette épreuve; et ayant trouvé que celui avec qui elle couchait n'avait point d'oreilles, elle en avertit son père, et la fraude fut ainsi découverte et constatée. Otanes, sur-le-champ, forma une conspiration avec cinq des plus grands seigneurs persans. Darius, fils d'Hystaspe, qui survint dans le moment, fut associé aux six autres, et pressa fort l'exécution. L'affaire fut conduite avec un grand secret , et fixée au jour même , de peur qu'elle ne s'éventât.

Pendant qu'ils délibéraient ainsi entre eux, un événement auquel on ne pouvait pas s'attendre , déconcerta étrangement les mages. Pour détourner tout soupçon, ceux-ci avaient proposé à Prexaspe de déclarer devant le peuple, qu'ils feraient assembler pour cet effet, que le roi était véritablement Smerdis, fils de Cyrus; et il l'avait promis. Ce jour-là même, le peuple fut assemblé. Prexaspe parla du haut d'une tour ; et, au grand étonnement de tous les assistans, il déclara, avec une entière sincérité, tout ce qui s'était passé; qu'il avait tué de sa propre main Smerdis, par l'ordre de Cambyse son frère; que celui qui occupait le trône était le mage; qu'il demandait pardon aux Dieux et aux hommes du crime qu'il avait commis malgré lui et par nécessité. Après avoir ainsi parlé, il se jeta du haut de la tour la tête en bas, et se tua. Il est aisé de juger quel trouble cette nouvelle répandit dans le palais.

Les seigneurs conjurés, qui ne savaient rien de ce qui venait d'arriver, y entrèrent, sans qu'on soupçonnât rien d'eux. C'étaient les plus grands seigneurs de la cour, la première garde ne songea pas même à leur demander à qui ils en voulaient; mais il n'en fut pas de même quand ils furent près de l'appartement du roi : comme on fit mine de leur en refuser l'entrée, ils firent main basse sur tout ce qui se présenta à eux. Smerdis le mage et son frère, ayant entendu du bruit, prirent leurs armes pour se défendre. L'un des deux frères fut tué; l'autre s'étant sauvé dans une chambre plus reculée, y fut poursuivi par Gobryas et Darius. Le premier l'ayant saisi par le corps, le tenait fortement serré entre ses bras, et exhortait Darius à lui passer son épée au travers du corps, dût-il les percer tous deux ensemble; mais il le fit avec tant d'adresse et de bonheur, que le mage seul fut tué.

Hérod. l. 3. c. 76. 78.

Dans le moment même, les mains encore ensanglantées, ils sortirent du palais, parurent en public, exposèrent aux yeux du peuple la tête du faux Smerdis et celle de son frère Patisithe, et découvrirent toute l'imposture. Le peuple en fut si transporté de fureur, qu'il se jeta sur tous ceux de la secte de l'usurpateur, et en massacra autant qu'il

Hérod. l. 3. c. 79.

en put rencontrer. Ce jour devint dans la suite une fête solennelle chez les Perses : elle fut appelée le massacre des mages. Quand le trouble et le tumulte, inséparables d'un tel événement, furent apaisés, les seigneurs conjurés délibérèrent ensemble sur la forme du gouvernement qu'il était à propos d'établir. Otanes parla le premier, et commença à se déclarer contre la monarchie, dont il exagéra avec force les dangers et les inconvéniens ; il conclut pour la démocratie. Mégabyse parla le second, et opina pour l'aristocratie ou l'oligarchie. Darius parla le troisième, et montra, par de si bonnes raisons, les avantages du gouvernement monarchique, que tous les autres se rangèrent de son avis ; et il fut arrêté que la monarchie serait continuée sur le même pied que Cyrus l'avait établie.

Hérod. l. 3.
c. 84. 87 On procéda, sans différer, à l'élection d'un roi. Ils crurent devoir s'en rapporter au choix des Dieux. Pour cela on convint que le lendemain ils se trouveraient à cheval, au lever du soleil, dans un certain endroit du faubourg de la ville, qui fut marqué, et que celui-là serait roi, dont le cheval hennirait le premier. Le soleil étant la grande divinité des Perses, ils pensèrent que, de prendre cette voie, ce serait lui déférer l'honneur de l'élection. L'écuyer de Darius, ayant appris ce dont ils étaient convenus, s'avisa d'un artifice pour assurer la couronne à son maître. Il attacha, la nuit d'auparavant, une cavale dans l'endroit où ils devaient se rendre le lendemain matin, et y amena le cheval

de son maître. Les seigneurs s'étant trouvés
le lendemain au rendez-vous, le cheval de
Darius ne fut pas plus tôt dans l'endroit où il
avait senti la cavale, qu'il hennit: sur quoi
Darius fut salué roi par les autres, et placé
sur le trône. Il était fils d'Hystaspe, Perse de
nation, de la famille royale d'Achemène.

Les sept seigneurs qui, par leur valeur et
par leur sagesse avaient rétabli l'empire des
Perses, furent élevés, sous le nouveau roi,
aux plus grandes dignités de l'Etat, et honorés des plus grands priviléges. Ils eurent droit
d'approcher de la personne du roi toutes les
fois qu'ils le voudraient, et d'opiner les premiers sur toutes les affaires de l'empire. On
leur accorda aussi le privilége de porter la
tiare le bout tourné en avant, en mémoire de
ce que, lorsqu'ils attaquèrent les mages, ils
l'avaient tourné de cette manière pour se
mieux reconnaître dans la confusion, au lieu
que tous les Perses la portaient le bout ren-
versé en arrière, à la réserve du roi qui le
portait droit. Depuis ce temps-là, les rois de
Perse, de cette race, ont toujours eu sept conseillers ainsi privilégiés.

LIVRE SIXIÈME.

MŒURS ET COUTUMES DES ASSYRIENS, DES BABYLONIENS, DES MÈDES ET DES PERSES.

CHAPITRE PREMIER.

JE crois qu'il convient de joindre ici ce qui regarde les mœurs et les coutumes de toutes ces nations, et d'interrompre, pour quelque temps, la narration de l'histoire. Je réduis à quatre chefs ce que je me propose d'en dire : le gouvernement, la guerre, les sciences et les arts, la religion.

ARTICLE PREMIER.

Etat mo-narchique.

Le gouvernement monarchique, que nous appelons royauté, est de tous les gouvernemens le plus ancien, le plus généralement répandu, le plus propre à maintenir les peuples dans la paix, et le moins exposé aux révolutions qui agitent les Etats. C'est ce qui a porté les plus sages écrivains de l'antiquité à donner nettement la préférence à cette sorte de gouvernement sur tous les autres. C'est aussi le seul qui ait eu lieu en Orient, où le gouvernement républicain était absolument inconnu. Les peuples y rendaient de grands honneurs au prince régnant, parce qu'ils respectaient en lui le caractère de la Divinité, dont il était l'image vivante, et dont il tenait

Respect pour les rois.
Plut. in Te-mist. p. 125.
Ad princ. in doct. p. 780.

la

la place à leur égard, étant le dépositaire de
son autorité, pour être envers eux le ministre de sa bonté et de sa providence (1).
L'antiquité profane s'accorde avec les livres
saints (2), pour établir et insinuer des sentimens si justes et si louables, qui font partie de la religion.

Chez les Assyriens, et encore plus chez les
Perses, le prince se faisait appeler *le grand
roi, le roi des rois*, parce que leur empire
était formé de plusieurs royaumes, et qu'ils
avaient à leur cour ou dans leur dépendance,
plusieurs rois pour vassaux.

La royauté passait des pères aux fils, et
toujours à l'aîné. Le prince héréditaire n'é-
tait point livré totalement au pouvoir de la
nourrice. On choisissait parmi les eunuques,
c'est-à-dire, parmi les principaux officiers du
palais, ceux qui avaient le plus de mérite et
de probité, pour prendre soin du corps et de
la santé du jeune prince, jusqu'à l'âge de sept
ans; alors on le tirait d'entre leurs mains, et
on le confiait à d'autres maîtres, pour continuer à veiller sur son éducation, pour lui apprendre à monter à cheval, et pour l'exercer
à la chasse.

A l'âge de quatorze ans, on lui donnait,
pour son instruction, quatre hommes des
plus vertueux et des plus sages de l'Etat. Le
premier lui apprenait la magie, c'est-à-dire,
dans leur langage, le culte des Dieux, selon
les lois de Zoroastre, fils d'Oromase, et il lui

_Plut. in Al-
cib. 1. p. 121._

(1) Principem dat Deus qui erga omne genus huma-
num vice suâ fungatur. *Plin. in Paneg. Traj.*
(2) Deum timete, regem honorificate. 1 *Petr.* 2. 17.

TOM. II.   D

donnait en même temps tous les principes du gouvernement. Le second l'accoutumait à dire la vérité , et à rendre la justice. Le troisième lui enseignait à ne se pas laisser vaincre par les voluptés, afin d'être toujours libre et vraiment roi, maître de lui-même et de ses désirs. Le quatrième fortifiait son courage contre la crainte, et lui inspirait une sage et noble assurance, si nécessaire pour le commandement.

Quoi qu'il en soit, comme le remarque Platon, tous ces soins étaient rendus inutiles par la pompe, le luxe, la magnificence qui environnaient le jeune prince de tous côtés, par le nombreux cortége d'officiers qui le servaient avec une soumission servile; par tout l'attirail d'une vie molle et voluptueuse, où l'on ne paraissait attentif qu'à inventer de nouvelles délices : dangers que le plus excellent naturel ne pouvait surmonter.

Quelque absolue que fût l'autorité des rois chez les Perses, elle était pourtant retenue dans de certaines bornes par l'établissement du conseil que l'Etat leur donnait. Ce conseil était composé de sept des principaux seigneurs , plus recommandables encore par leur habileté et leur sagesse que par leur naissance. Esdras marque qu'il fut envoyé dans la Judée , par l'autorité du roi Artaxerxe et de ses sept conseillers (1). Il est dit dans Esther, qu'Assuérus faisait tout de l'avis de ses conseillers, qui étaient instruits à fond des dis-

---

(1) A facie regis et septem consiliariorum ejus missus est. 1 *Esd.* 7. 14.

positions des lois et des maximes de l'Etat (1).

Ces dernières paroles nous donnent lieu de remarquer ; 1.º qu'un prince, quelque éclairé qu'il soit par lui-même, ne doit faire rien d'important sans les lumières d'un bon conseil, qui doit être toujours subsistant, perpétuel, et composé des meilleures têtes du royaume. C'est ainsi que pensait l'Assuérus d'Esther, qui a été un prince des plus habiles et des plus éclairés.

2.º Elles nous montrent qu'un prince habile et d'un génie supérieur ne croit point donner atteinte à son autorité absolue, ni s'avilir, en s'associant un conseil qui, sans partager avec lui l'autorité souveraine, lui est d'un grand secours pour l'aider à porter le poids de l'autorité. Telle était la façon de penser de Darius, qui était persuadé que le plus noble caractère de la puissance souveraine, quand elle est pure, et qu'elle n'a point dégénéré ni de son origine, ni de sa fin, est de gouverner par les lois, de régler ses volontés sur elles, et de se croire interdit tout ce qu'elles défendent.

Enfin, elles font entendre clairement qu'un prince ne doit admettre dans ce conseil que des personnes du premier mérite, parfaitement instruites des lois, coutumes et usages de l'Etat, sans quoi il est impossible de conserver l'uniformité dans le gouvernement et le maniement des affaires, et on donne nécessairement dans une conduite arbitraire, inégale et incertaine ; ce qu'un bon gouver-

(1) Illorum faciebat cuncta consilio, scientium leges ac jura majorum. *Esther.* 1. 13.

nenient et une sage politique évitent avec soin. *Scientium leges ac jura majorum.*

Adminis-
tration de la
justice.
1 *Paral.* 8. 9.

C'est la même chose d'être roi et d'être juge. Le trône est un tribunal, et la souveraine autorité est un pouvoir suprême de rendre la justice. « Dieu vous a établi roi sur » son peuple, disait la reine de Saba à Sa- » lomon, afin que vous le jugiez et que vous » lui rendiez justice. » Il paraît, par plusieurs endroits de l'histoire, que les rois de Perse rendaient la justice par eux-mêmes. C'était pour les mettre en état de remplir dignement cette obligation, que, dès leur jeunesse, on avait soin de les instruire dans la connaissance des lois du pays, et qu'ils ne montaient point sur le trône sans s'être mis pendant quelque temps sous la conduite des mages, pour apprendre d'eux cette science dont ils étaient seuls les dépositaires, aussi-bien que de celle de la religion. Par là, ces jeunes princes se mettaient en état de rendre la justice à leur peuple, et de décider avec lumière les questions les plus importantes.

Il paraît qu'en Perse les rois avaient grand soin que la justice fût administrée avec beau-Hérod. *l.* 5.
c. 25.coup d'intégrité et de désintéressement. Un des juges royaux s'étant laissé corrompre par des présens, fut impitoyablement condamné à mort par Cambyse, qui ordonna qu'on mît sa peau sur le siége où ce juge inique avait coutume de prononcer ses jugemens, et où son fils, qui succédait à sa charge, devait s'asseoir, afin que le lieu même où il jugerait, l'avertît continuellement de son devoir.

Les Perses, persuadés qu'on ne pouvait apporter trop de maturité à un emploi qui décide des biens, de la réputation et de la vie des citoyens, ne confiaient l'exercice de la judicature qu'à des personnes qui fussent au moins âgées de cinquante ans. Il n'était permis ni aux particuliers de faire mourir un esclave, ni au prince d'infliger la peine de mort contre aucun de ses sujets, pour une première et unique faute. Les Perses croyaient aussi qu'il était raisonnable de mettre, dans la balance de la justice, le bien comme le mal, les mérites du coupable, aussi-bien que ses démérites, et qu'il n'était pas juste qu'un seul crime effaçât le souvenir de toutes les bonnes actions qu'un homme aurait faites pendant sa vie. C'est par ce principe que Darius ayant condamné à mort un juge, parce qu'il avait prévariqué contre son devoir, et s'étant souvenu des services importans que ce juge avait rendus à l'Etat et à la famille royale, il révoqua sa sentence dans le moment même qu'elle allait être mise à exécution, reconnaissant qu'il l'avait prononcée avec plus de précipitation que de sagesse.

Hérod. l. 1. c. 137.

Hérod. l. 7. c. 194.

Une loi importante et essentielle pour les jugemens, était, en premier lieu, de ne condamner jamais un coupable sans lui avoir confronté ses accusateurs, et sans lui avoir donné le temps et fourni tous les moyens de se justifier; en second lieu, de condamner le délateur aux mêmes peines qu'il voulait faire souffrir à l'accusé, s'il se trouvait innocent. Artaxerxe donna un bel exemple de la

Diod. l. 15.
p. 333. 336.
juste sévérité qu'on doit employer dans ces occasions. Un de ses favoris lui ayant rendu suspecte la fidélité de l'un de ses meilleurs officiers dont il ambitionnait la place, l'officier accusé fut mis en prison. Il demanda au roi qu'on lui donnât des juges, et qu'on produisît des preuves. Il n'y en avait point d'autre qu'une lettre que son ennemi même avait écrite contre lui. Son innocence fut donc reconnue et justifiée par les trois commissaires nommés pour l'examen de sa cause. Le prince fit alors tomber tout le poids de son indignation contre le perfide calomniateur. Cette loi est si conforme à l'équité naturelle et à l'humanité, que d'en user autrement, c'est ouvrir la porte à la calomnie et à la vengeance, armer de l'autorité publique la noire et détestable malice des délateurs contre la simplicité des plus fidèles sujets, dépouiller le trône du plus auguste privilége qu'il puisse avoir, qui est d'être l'asile de la justice et de l'innocence contre la violence et la calomnie.

Hérod. l. 1.
c. 138.
Les Perses n'étaient pas seulement ennemis de l'injustice, ils avaient encore en horreur le mensonge, qui passa toujours chez eux pour un vice bas et infamant. Ce qu'ils trouvaient de plus lâche, après le mensonge, était de vivre d'emprunt. Une telle vie leur paraissait fainéante, honteuse, servile, et d'autant plus méprisable qu'elle portait à mentir.

Attention sur les provinces.
Xenoph. Cyrop. l. 8. p. 229. 231.
L'empire des Perses se divisait en cent vingt-sept provinces, dont ceux qui en étaient gouverneurs s'appelaient *satrapes*. Ils avaient au-dessus d'eux trois principaux ministres qui

veillaient sur leur conduite, et à qui ils rendaient compte de toutes les affaires de leurs provinces, et qui devaient ensuite en faire leur rapport au roi.

C'était Cyrus qui avait établi ce bon ordre dans l'empire. Les satrapes, par leur établissement, étaient chargés de se rendre, chacun dans sa province, aussi attentifs aux intérêts des peuples qu'à ceux du prince; car Cyrus était persuadé qu'on ne devait pas mettre de différence entre ces deux sortes d'intérêts, parce qu'ils sont essentiellement inséparables.

Les rois ne se reposaient pas entièrement du soin des provinces sur les satrapes et les gouverneurs; ils en prenaient connaissance par eux-mêmes, persuadés que ce n'est régner qu'à demi que de régner par les autres. Un officier de la couronne était chargé de dire au roi, tous les matins en l'éveillant : *Sire, levez-vous, et songez à remplir les fonctions pour lesquelles Orosmade vous a placé sur le trône.* Orosmade était un Dieu considérable, honoré anciennement chez les Perses. Un bon prince, dit Plutarque en rapportant cette coutume, n'a pas besoin qu'un officier lui répète tous les jours cet avis; l'amour pour son peuple et son bon cœur le lui disent assez. Ils se croyaient obligés de visiter en personne toutes les provinces de leur royaume, pour casser tout ce qu'ils trouveraient contre les lois, et rétablir le bon ordre; persuadés qu'un prince doit paraître partout comme un astre bienfaisant, ou plutôt comme le père commun de tous ses peuples.

Plut. ad princ. in doc. p. 780.

Xenoph. in OEconom. p. 828.

Quand les rois ne pouvaient pas faire par
eux-mêmes leurs visites, ils envoyaient à leur
place des grands de l'Etat, connus par leur
prudence et leurs vertus. On les appelait communément les yeux et les oreilles du prince,
parce qu'il voyait tout et était informé de tout
par leur moyen.

Ce n'étaient pas seulement les grands objets, comme la guerre, les finances, la justice et le commerce, qui occupaient l'esprit
du prince ou des ministres dans le cours de
leurs visites; la sûreté et la beauté des villes,
la réparation des chemins publics, des ponts,
des chaussées, l'agriculture, les métiers; en
un mot, tout ce qui intéressait le peuple, intéressait le roi, qui le regardait confié à ses
soins et à sa vigilance. Un des premiers soins
des rois des Perses était de faire fleurir l'agriculture; ils la regardaient comme la source
de l'abondance et des richesses, et l'école de
toutes les vertus, tant guerrières que civiles.
Il y avait des charges établies pour veiller
aux travaux rustiques. Les satrapes, dont les
provinces étaient le mieux cultivées, avaient
la plus grande part aux grâces; et on punissait la négligence des paresseux qui laissaient
leurs terres incultes et stériles.

Xénophon, dans son éloge magnifique de
l'agriculture, rapporte le beau mot de Lysandre lacédémonien, qui, se promenant à
Sardes avec le jeune Cyrus, et apprenant de
la bouche de ce prince que c'était lui-même
me qui avait planté plusieurs des arbres qu'il
voyait, s'écria : Vous êtes digne, Cyrus, de
votre bonheur ; car en même temps que vous

Xenoph. in
OEconom. p.
827. 830.

ÊTES HEUREUX ET OPULENT, VOUS ÊTES AUSSI VER-
TUEUX (1).

Cyrus, pour se mettre en état d'être averti
en diligence de toutes les affaires de l'empire,
et d'y donner ordre sur - le - champ, établit
des courriers et des postes dans chaque province. La surintendance des postes devint
dans la suite une charge considérable. Darius Codoman, le dernier des rois des Perses,
l'avait remplie avant de monter sur le trône :
ainsi cette charge était chez les Perses, comme chez nous, un emploi très-honorable. On
est surpris, avec raison, que cet établissement des postes et des courriers n'ait point
passé chez les Grecs et chez les Romains ; et
on est encore plus étonné qu'on en ait borné
l'usage aux seules affaires de l'Etat, sans être
touché des grands avantages que le public en
pouvait tirer pour la facilité du commerce
de la vie, du négoce, des banquiers, et pour
les autres affaires qui demandent de la diligence.

La France a l'obligation de cet établissement, dans sa première origine, à l'université de Paris, qui, étant autrefois la seule
université de tout le royaume, attirait dans
cette ville des écoliers de toutes les provinces,
et même des royaumes voisins. Elle établit
en leur faveur des messagers, dont les fonc-

(1) Cùm Cyrus respondisset : Ego ista sum dimensus,
mei sunt ordines, mea descriptio ; multæ etiam istarum
arborum meâ manu sunt satæ : tum Lysandrum, intuen-
tem ejus purpuram, et nitorem corporis, ornatumque
persicum multo auro multisque gemmis, dixisse : RECTE
VERO TE, CYRE, BEATUM FERUNT, QUONIAM VIRTUTI TUÆ
FORTUNA CONJUNCTA EST. *Cicer. de senect. num.* 59.

Invention
des postes et
des courriers

tions étaient non-seulement de faire la conduite de toutes sortes de personnes indifféremment, mais encore de porter les lettres missives des particuliers et tous leurs paquets. Ces messagers sont appelés dans les registres des nations de la faculté des arts, *nuntii volantes*, pour marquer la diligence qu'ils étaient tenus de faire. Ils servaient le public aussi-bien que l'université. Ce ne fut qu'en 1586 que le roi Henri III, par son édit du mois de novembre, créa des messagers royaux ordinaires dans les mêmes villes où en avait l'université, et leur accorda les mêmes droits et priviléges que les rois ses prédécesseurs avaient accordés aux messagers de l'université. C'est ce revenu des messageries qui a fait, dans tous les temps, le fonds et le patrimoine de l'université. C'est sur ce revenu que le roi Louis XV, par son arrêt du conseil d'Etat du 14 avril 1719, et par ses lettres-patentes de même date, a établi l'instruction gratuite dans tous les colléges de ladite université, en le fixant pour l'avenir au vingt-huitième effectif du prix du bail général des postes et messageries de France, et ce vingt-huitième se trouva monter pour lors à la somme de cent vingt-quatre mille livres ou environ. Nous sommes redevables de l'établissement des postes dans l'état où nous les voyons aujourd'hui, au cardinal de Richelieu, qui en voulut être le premier surintendant.

Les rois de Perse étaient extrêmement riches. Les meubles, les palais, les jardins, la table, les équipages, les victimes, tout en un mot annonçait une puissance grande et

Finances.
Hérod. l. 3.
c. 89. 97.

opulente. Leurs revenus consistaient ou en
levée de deniers imposés sur les peuples, ou
bien en fourniture de plusieurs choses en nature, comme grains, fourrages et autres den-
rées ; chevaux, chameaux et tout ce qu'il y
avait de plus rare en chaque province. Les
Persans étaient exempts de toute imposition,
et ce n'étaient que les nations conquises qui y
étaient soumises. Nous verrons dans la suite,
que ce fut sous Darius, fils d'Hystaspe, que
cet usage de lever des tributs fut introduit,
et que l'on détermina ce que chaque province
devait payer tous les ans. Cet établissement
lui valut le surnom de *Marchand*. Cependant, l'usage de toutes les nations, la raison
et la religion concourent ensemble pour donner au prince des revenus sur l'Etat. Le roi
est le bouclier de l'empire, et il ne peut le
défendre sans de grandes dépenses ; d'ailleurs,
il est raisonnable que le prince ait de quoi
faire respecter sa personne et son autorité,
et soutenir la majesté de l'empire.

Le lieu où l'on gardait ces trésors s'appe- *Quint. Curt.*
lait, en langue persanne, *Gaza*. Il y avait *l. 3. c. 12.*
de ces trésors à Suze, à Persépolis, à Pasar-
gade, à Damas, et dans d'autres villes. L'or
et l'argent y étaient gardés en lingots, dont
on faisait de la monnaie à mesure que le
prince en avait besoin. La principale monnaie était d'or, et s'appelait *daricus*, du nom
de Darius le Mède, qui le premier l'avait fait
battre.

Les pensions que le prince donnait alors *Plut. in Al-*
aux personnes qu'il voulait gratifier, ne con- *cib. 1. p. 123.*
Plut. in The-
sistaient point en or ni en argent. On leur *mist. p. 127.*

assignait certains cantons pour leur entretien. On sait qu'Artaxerxe assigna le revenu de quatre villes à Thémistocle, dont l'une devait lui fournir le vin, l'autre le pain ; la troisième, les mets de sa table ; la quatrième, les vêtemens et les meubles. Chacun de ces cantons portait le nom de sa destination ; on appelait celui-ci la ceinture, et celui-là le voile de la reine.

ARTICLE II.

La Guerre, les Arts et les Sciences.

Les Perses se sont maintenus pendant long-temps dans la réputation d'être très-propres à la guerre. La situation de leur pays, fort rude et plein de montagnes, avait pu contribuer à en former de bons soldats ; mais la bonne éducation qu'on donnait aux jeunes gens chez les Perses, était la principale cause du courage et de l'esprit belliqueux de cette nation.

Ils servaient ordinairement depuis vingt ans jusqu'à cinquante. Soit en guerre, soit en paix, ils portaient toujours l'épée comme fait notre noblesse. Ils étaient obligés de s'enrôler au temps marqué, et c'était un crime que de demander dispense sur ce sujet. Il y avait un corps de troupes de dix mille hommes destinés à la garde du prince, qu'on appelait les *Immortels*, parce que le nombre de ceux qui composaient ce corps était toujours complet. Ils étaient distingués de tous les autres par leur armure superbe, et encore plus par leur courage. Un sabre ou cimeterre, *acinaces*, une espèce de poignard pendu à

Entrée dans la milice. *Strab. l.* 15. *p.* 731. *Am. Marcel. l.* 23. *sub finem.*

Hérod. l. 7. *c.* 81.

Armure.

la ceinture, un javelot ou demi-pique armée par le bout d'un fer aigu, étaient les armes ordinaires des Perses. Ils faisaient aussi grand usage de l'arc et du carquois, où étaient enfermées les flèches. Les piétons portaient des cuirasses d'airain, si artistement ajustées, qu'elles n'empêchaient point l'agilité des membres. Il paraît aussi qu'ils se servaient avec succès de chariots armés de faux. On les regardait comme faisant la principale force des armées, comme la cause la plus certaine des victoires, et comme l'appareil le plus capable de jeter la terreur parmi les ennemis; mais à mesure que l'art militaire vint à se perfectionner, on en sentit les inconvéniens et l'inutilité, et enfin on y renonça entièrement.

On ne peut rien ajouter au bon ordre et à la discipline que gardaient sous Cyrus les troupes persannes, soit en temps de paix, soit en temps de guerre. Les différens et fréquens exercices auxquels Cyrus occupait ses troupes en temps de paix pour les former à la guerre, sont un modèle parfait pour quiconque est chargé du commandement des armées. Dans un jour de marche, tout était réglé et ordonné avec autant d'attention et d'exactitude que dans un jour de bataille, sans qu'aucun osât quitter son rang ni s'écarter du drapeau. Dans le temps de guerre et dans un jour de bataille, on ne vit jamais d'armée mieux réglée, ni plus attentive et plus docile à obéir au premier signal que l'était celle de Cyrus.

Comme il y avait très-peu de places fortifiées du temps de Cyrus, toutes les guerres n'étaient presque que des guerres de campagne, ce qui lui avait fait sentir que rien n'était plus décisif pour la victoire que la cavalerie, et que souvent le gain d'une seule bataille rangée, entraînait après soi la conquête d'un royaume entier. Il forma donc un corps de cavalerie persanne, qui devint supérieure à celle de ses ennemis, sinon par le nombre, du moins par la bonté. Il s'agit maintenant de voir l'usage qu'ils faisaient et de leur cavalerie et de leur infanterie.

La célèbre bataille de Thymbrée nous peut donner une juste idée de la tactique des anciens du temps de Cyrus. Ils savaient que l'ordre de bataille le plus convenable était de placer l'infanterie au centre, et aux deux ailes la cavalerie, composée principalement de cuirassiers ; de cette sorte l'infanterie se trouvait couverte par ses flancs, et la cavalerie était plus en liberté d'agir et de s'étendre. Ils avaient aussi compris la nécessité de former plusieurs lignes qui pussent se soutenir les unes les autres.

Ils formaient donc la première ligne de l'infanterie, pesamment armée, sur douze de hauteur, laquelle se servait d'abord de la demi-pique ; et ensuite, le sabre, ou l'épée à la main, combattait contre l'ennemi, corps à corps, lorsque les deux fronts se joignaient.

La seconde ligne était composée de soldats armés à la légère, qui, par-dessus la première, lançaient les javelots. Ces javelots étaient d'un bois fort pesant, avaient au bout une pointe de fer fort aiguë, et étaient lancés avec beaucoup de force.

Les archers formaient la troisième ligne. Comme leurs arcs étaient bandés avec beaucoup d'effort, les flèches portaient par-dessus les deux premières lignes; et incommodaient extrêmement l'ennemi. On mêlait quelquefois, parmi ces archers, des frondeurs, qui lançaient de grosses pierres avec une roideur extrême; et dans la suite, les Rhodiens substituèrent aux pierres des balles de plomb qui allaient une fois plus loin.

Une quatrième ligne, formée de soldats armés comme ceux de la première, fermait le corps de bataille. Ils avaient des tours roulantes, portées sur de grands chariots attelés de seize bœufs, et garnis de vingt hommes qui lançaient des pierres et des javelots. Elles étaient placées à la queue de toute l'armée, derrière le corps de réserve, et servaient à favoriser le ralliement des troupes, poussées jusque là par l'ennemi, et mises en déroute.

Ils faisaient grand usage des chariots armés de faux. Ils les plaçaient ordinairement au front de la bataille, et quelquefois ils en mettaient une partie sur les flancs de l'armée, quand ils avaient lieu de craindre qu'elle ne fût enveloppée.

Voilà à peu près jusqu'où les anciens portaient la science de l'art militaire pour les batailles. Mais nous ne voyons pas qu'ils sussent profiter de l'avantage des postes, saisir à propos un terrain favorable, attirer la guerre dans un pays fourré, faire usage des défilés, soit pour inquiéter ou attaquer l'ennemi dans sa marche, soit pour se mettre à couvert des attaques; dresser avec art des embuscades, traîner habilement une campagne en longueur, éviter d'en venir à une action décisive avec un ennemi supérieur, et le réduire à se consumer lui-même par la disette de vivres et de fourrages. Nous ne voyons pas non plus qu'ils fussent fort attentifs à appuyer leur droite et leur gauche de rivières, de marais ou de hauteurs, pour égaler par ce moyen le front d'une armée médiocre à celui d'une autre armée beaucoup plus nombreuse, et mettre l'ennemi hors d'état de les envelopper. Le temps, les réflexions et l'expérience apprirent depuis aux grands capitaines toutes ces précautions et ces ruses de guerre.

Les anciens avaient quatre différentes manières d'attaquer les places : la première fut le blocus. On investissait la ville, ou par un mur de maçonnerie, ou par un profond retranchement bien palissadé, pour empêcher que les ennemis ne fissent des sorties, et qu'il n'entrât dans la ville aucun secours d'hommes ou de vivres. On attendait ainsi tranquillement que la famine fît ce que l'art ou la force ne savaient pas encore faire, d'où il arrivait que les siéges des villes duraient quelquefois des dix, vingt et trente années. La seconde manière était l'escalade, qui consistait à appliquer contre le mur un grand nombre d'échelles, pour y faire monter plusieurs files de soldats.

Pour la rendre inutile et impraticable, on y opposa la hauteur des murailles, et encore plus celle des tours dont elles étaient flanquées, de sorte que les échelles ne pouvaient plus y atteindre. Il fallut donc trouver un autre moyen pour arriver jusqu'à la hauteur des remparts ; et ce fut de bâtir des tours de bois roulantes, plus hautes que les murs, et de les en approcher. Sur le haut de la tour, qui formait une espèce de plate-forme, étaient placés des soldats, qui, à coups de traits et de flèches, et par le secours des balistes et des catapultes, nettoyaient les remparts; et alors, d'un étage qui était au-dessous, on faisait couler une espèce de pont-levis, qu'on appuyait sur les murs, pour entrer dans la place.

La troisième manière, et qui abrégea beaucoup la durée des siéges, fut l'invention et l'usage des beliers pour battre les murs et y faire des brèches. Le belier était une grosse poutre de bois, armée par le bout d'un bec de fer ou d'airain, que l'on poussait avec violence contre les murs. Le quatrième moyen était la sape, ou la mine, qui avait un double usage. On conduisait un chemin souterrain, au-dessous du fondement des murs ; et le creusant jusqu'au dedans de la ville, on s'en faisait un passage pour y entrer, ou bien l'on se contentait, après en avoir étayé le fondement, de remplir le vide de toutes sortes de matières combustibles, auxquelles on mettait le feu pour consumer les étais, calciner la maçonnerie, et faire tomber des pans de muraille. Il paraît au reste que, pour fortifier les places et les défendre, on employait tous les principes essentiels et toutes les règles fondamentales que l'art de la fortification suit aujourd'hui.

Architec-
ture.

Comme ce fut dans l'Asie que les hommes s'établirent d'abord après le déluge, il est aisé de comprendre qu'elle fut comme le berceau des arts et des sciences. Ce que nous savons de la magnificence des bâtimens qui étaient à Babylone et dans toút le pays, nous montre jusqu'où, dans une antiquité si reculée, l'architecture avait été portée. On pourrait cependant douter qu'elle fût parvenue au point de perfection que lui ont donnée depuis la Grèce et l'Italie. Il y a même beaucoup d'apparence que ces bâtimens de l'Asie et de l'Egypte, si vantés par les anciens, avaient plus de grandeur et d'étendue que de régularité.

Musique.

Le seul nom des principaux modes de l'ancienne musique, et que la moderne a conservés, le *Dorien*, le *Phrygien*, le *Lydien*, l'*Ionien*, l'*Eolien*, marque assez quel a été le lieu de sa naissance, ou du moins celui où elle s'est accrue et perfectionnée; et il n'est pas étonnant que, dans un pays livré à la mollesse, aux délices et à la bonne chère, la musique, qui en faisait le principal assaisonnement, y ait été en honneur et cultivée avec grand soin.

Médecine.

Diod. l. 5. p. 341.

La médecine, dès le temps de la guerre de Troie, était en grand usage et en grand honneur. Esculape, qui vivait alors, en est regardé comme l'inventeur, et il l'avait déjà portée à une grande perfection; mais elle tomba bientôt après dans l'oubli, et demeura comme ensevelie jusqu'au temps de la guerre du Péloponèse, où Hyppocrate la ressuscita en quelque sorte, la remit en honneur, et la porta au plus haut point de perfection ; et, quoiqu'il soit constant que depuis lui on a ajouté beaucoup de connaissances à celles qu'il avait acquises, il est regardé encore aujourd'hui par les plus habiles médecins, comme le premier maître dans cet art, et celui dont l'étude doit occuper ceux qui veulent y réussir. La science de la médecine consistait, dans ces premiers temps, à bien posséder la botanique, c'est-à-dire, à bien connaître les herbes et les plantes, avec leurs usages ou propriétés. On ne faisait point encore usage de minéraux, des thériaques et d'autres compositions, qu'une étude plus sérieuse de la nature a fait inventer ; Virgile même semble borner cet art à la connaissance des simples (1).

Quelque envie qu'aient eue les Grecs de se donner pour auteurs et inventeurs de tous les arts et de toutes les sciences, ils n'ont pu absolument disputer aux Babyloniens l'honneur d'avoir jeté les premiers fondemens de l'astronomie. La situation avantageuse de Babylone, bâtie dans une vaste plaine ; l'air pur et serein qui régnait toujours dans ce pays, peut-être aussi la hauteur extraordinaire de la tour de Babel, qui semblait fâite pour servir d'observatoire, furent, pour ces peuples, de puissans attraits qui les portèrent à examiner avec soin les divers mouvemens du Ciel. Il est cependant vrai que ces connaissances astronomiques des Babyloniens ne purent pas être portées d'abord à une grande

(1) Scire potestates herbarum, usumque medendi.
Æn. l. 12. *v.* 396.

perfection, n'étant pas aidés du secours des télescopes, c'est-à-dire des lunettes d'approche dont l'invention est assez récente, et a servi beaucoup à perfectionner, dans le dernier siècle, les recherches d'astronomie.

Cette science, qui approche si près de Dieu, loin de conduire les Babyloniens à la connaissance du Créateur et du Maître souverain, qui préside et règle avec tant de sagesse le mouvement des astres, les jeta pour la plupart dans l'impiété et dans les folies de l'astrologie judiciaire. On appelle ainsi la science qui enseigne à juger de l'avenir par la connaissance des astres, et à prédire les événemens par la situation des planètes et par leurs différens aspects. Nous allons voir, dans la dissertation suivante, ce qu'il faut penser de cette science.

Ce qui a donné un si grand cours à l'astrologie, et lui a acquis tant de crédit dans tout l'univers et dans tous les siècles, c'est la curiosité naturelle à l'homme de percer dans l'avenir, et de connaître par avance ce qui doit lui arriver. Les hommes, depuis leur dépravation, ont une secrète pente à vouloir découvrir ce que la sagesse divine leur cache pour les tenir dans l'humilité et dans la dépendance.

Rien de certain, rien de solide dans cette science; tout y est arbitraire : elle n'offre rien à l'esprit qui puisse l'éclairer. Il a plu à ces fabricateurs de mensonges de diviser le ciel en douze parts égales. Ces douze portions du ciel ont chacune un attribut; l'une s'appelle la maison des parens, l'autre celle des richesses; une autre celle de la santé, et une

autre celle de la mort, et tout le reste comme ils ont voulu. Les planètes sont divisées
en favorables, nuisibles et mixtes; les aspects
de ces planètes sont aussi ou heureux ou funestes. Quoi de moins fondé et de plus arbitraire que toutes ces hypothèses, et plusieurs
autres que je passe? Un homme de bon sens
peut-il les admettre sur la simple parole de
ces imposteurs, sans aucune preuve et sans
la moindre ombre de vraisemblance? Le moment précis et d'où dépend tout le reste des
prédictions, est celui de la naissance. Pourquoi pas celui de la conception? Pourquoi
pas tout le temps de la grossesse? Peut-on
même, dans la rapidité incroyable du mouvement des cieux, être sûr d'avoir saisi le
moment précis et décisif, sans qu'il y ait du
plus ou du moins, ce qui suffit pour tout renverser? Pourquoi attribuer à une maison une
chose plutôt qu'une autre? Pourquoi celle
qui est près de monter sur l'horizon, a-t-elle
plus de rapport à celui qui vient au monde,
et agit-elle plus efficacement sur lui que celles qui sont déjà levées, et que celle en particulier qui lui est verticale et qui le domine
à plomb? L'astrologie ne fait aucun cas de
ces réflexions ; tout ce qu'elle dit doit être
cru sans examen, et il n'est pas permis de
faire aucune question. Des hommes raisonnables peuvent-ils donner dans un tel piége ?
Et n'a-t-on pas honte de donner le nom de
science à tant de suppositions vaines et fri-
voles ? N'est-ce pas vouloir embrasser une
ombre et courir après le vent, que de s'arrêter à ces chimères ?

De plus, quelle proportion y a-t-il entre telle ou telle situation des planètes et la destinée libre des hommes? Ces fourbes ont-ils découvert une connexion, un rapport intime de certaine situation du ciel aux événemens qui dépendent de la divine providence et de sa liberté? Passons - leur même, pour un moment, que la destinée de l'homme est marquée dans les astres, et écrite dans le ciel; qu'ils nous disent, ces imposteurs, en quels caractères ils l'ont lue! Sont-ils plus habiles que les mages de Babylone, ces maîtres dans l'astrologie, qui flattaient cette ville de sa grandeur éternelle, lors même que Dieu traçait l'arrêt de sa ruine? Qu'ils nous donnent une suite d'exemples des personnes à qui ils ont annoncé leur vraie destinée! Pour nous, nous serions en état de faire une longue liste de ceux qu'ils ont trompés et abusés par leurs vaines et sacriléges prédictions. Au reste, tout cela montre que cette prétendue science est destituée non-seulement de principes, mais qu'elle se trouve démentie par l'événement; et s'il est arrivé quelquefois que ces astrologues, ces devins, ces diseurs de bonne aventure, aient prédit vrai, c'est un juste jugement de Dieu sur les passions des hommes. Dieu permet que, par les moyens les plus vains et les plus criminels, ils apprennent l'avenir. Comme tout est muet quand il le veut, tout aussi devient capable de parler quand il veut punir la curiosité, en permettant qu'elle soit satisfaite. C'est ce qui est arrivé à Saül.

Ils peuvent encore moins se flatter d'avoir

pour eux l'expérience, puisque, de leur propre aveu, ils n'ont jamais rien observé dans
le ciel qui se ressemblât, et que les mêmes
combinaisons ne sauraient se rencontrer que
dans une suite immense de siècles. C'est sur
de pareils fondemens qu'est posé tout l'édifice de l'astrologie judiciaire Quelle folie !
quelle rêverie ! Les païens mêmes ont reconnu la vanité, la fourberie et l'imposture de
cet art sacrilége, *fraudulentissima artium.*
Cicéron, en réfutant la folle pensée de ces
astrologues, s'écrie : O folie ! ô extravagance
incroyable ! *ô delirationem incredibilem!*
Il relève avec force mille absurdités d'un sentiment, dont le ridicule seul doit inspirer
du mépris, et demande pourquoi, d'une infinité d'enfans, qui naissent dans le même
moment, et sous l'aspect précis des mêmes
astres, il n'y en a pas deux dont le sort et la
vie se ressemblent. Il demande encore, si
ce grand nombre d'hommes, qui périrent à
la bataille de Cannes, d'un même genre de
mort, étaient nés sous les mêmes constellations.

Mais ce qui est étonnant, et ce qui marque
un renversement entier de raison, c'est que
de prétendus esprits forts, qui croient tout
ce qui est frivole, ne peuvent se résoudre
à croire ce qui est solide et certain. Ils se
défient de la religion, et ils donnent leur confiance à un imposteur, à un ignorant. Ils se
contentent de termes qui n'ont aucun sens,
de destin ; de fatalité, d'ascendant, de maison, et refusent de croire à la Providence.
Ils écoutent tout, pourvu que ce ne soit pas

l'Evangile. Ils sont dignes, par une telle perversité, d'être livrés à un esprit d'erreur ; et leur incrédulité pour les vérités du salut, est justement punie par une vaine crédulité pour le mensonge.

Il s'ensuit de ce que nous venons de dire, que l'astrologie est vaine et fausse ; qu'elle est une impiété sacrilége, et un reste de cette idolâtrie de Babylone, qui consultait les astres par le même motif qui les lui faisait adorer ; c'est-à-dire, parce qu'elle leur attribuait la divinité , et les regardait comme le principe des choses futures. Nous devons conclure encore avec saint Augustin , que soit que l'on consulte seulement les astres ou ceux qui les observent, soit qu'on étudie les lignes des mains et les traits du visage , soit qu'on cherche l'avenir dans les présages et les augures , on se lie , par une véritable société , avec le démon ; et quiconque veut être véritablement chrétien, doit détester de tout son cœur une société si honteuse et si criminelle.

De Doct. Christ. l. 2, c. 23.

ARTICLE III.

Religion.

La plus ancienne et la plus générale idolâtrie a été celle qui a eu le soleil et la lune pour objet. Elle était fondée sur une fausse reconnaissance, qui, au lieu de remonter jusqu'à Dieu , s'arrêtait au voile qui le cachait en le montrant. La grande Divinité des Perses était le soleil qu'ils adoraient avec un profond respect, et surtout le soleil levant. Ils lui consacraient un char magnifique , avec des chevaux de grand prix, comme fit Cyrus

Hérod. l. 1. t. 131.

dans

dans une célèbre cavalcade, quelque temps après la prise de Babylone. Ce Dieu était fort connu chez eux, sous le nom de *Mithra*. Par une suite naturelle du culte qu'ils rendaient au soleil, ils honoraient aussi le feu d'une manière particulière, l'invoquant toujours le premier dans les sacrifices. Les mages seuls avaient la garde de ce feu sacré, qu'ils prétendaient être descendu du ciel ; et on aurait regardé comme un grand malheur si on l'avait laissé éteindre. Ils honoraient aussi l'eau, la terre et les vents, comme autant de Divinités. *Strab. l. 15. p. 732. Amm. Marc. l. 23.*

Les Perses avaient encore deux Dieux d'une espèce particulière ; savoir, Orosmade et Arimanius ; le premier était regardé comme l'auteur des biens qui leur arrivaient, et l'autre comme l'auteur des maux dont ils étaient affligés. Zoroastre, qui vivait du temps de Darius, fils d'Hystaspe, réforma la religion des mages sur ce point. Il établit un principe supérieur à tout, indépendant, éternel, auteur de la lumière et des ténèbres. Pour éviter de faire Dieu auteur du mal, il disait que sous cet Etre suprême il y a deux anges ; un ange de lumière, qui est l'auteur du bien, et un ange de ténèbres, qui est l'auteur du mal. Ces deux anges sont continuellement en guerre l'un contre l'autre, et ce conflit durera jusqu'à la fin du monde. Ce philosophe admet une résurrection générale et un jour de jugement, où chacun recevra la juste récompense de ses œuvres. L'ange des ténèbres, dit-il, sera relégué avec ses disciples dans un lieu où ils souffriront les peines dues *Plut. in lb. de Isid. et Osirid. pag. 369.*

à leurs crimes, dans une obscurité éternelle ;
et l'ange de lumière et ses disciples iront aussi dans un lieu où ils recevront la récompense de leurs bonnes actions, dans une lumière
éternelle. Il est évident que tous ces dogmes,
quoique altérés en plusieurs endroits, ont une
grande conformité avec les Saintes Ecritures,
que Zoroastre avait sûrement connues , par
le moyen des Juifs alors captifs à Babylone.

Les Perses n'érigeaient ni statues, ni temples, ni autels à leurs Dieux, et offraient leurs
sacrifices en plein air, et presque toujours sur
des hauteurs et des montagnes. Ils croyaient
que c'était faire injure à la Divinité, que de
la renfermer dans une enceinte de murailles,
elle à qui tout est ouvert , et dont l'univers
entier doit être regardé comme la maison et
le temple.

Les mages , dans la Perse , étaient dépositaires de toutes les cérémonies du culte divin , et c'était à eux que le peuple s'adres-
sait pour en être instruit , et pour savoir à
quels Dieux , quels jours , et de quelle manière il convenait de faire des sacrifices. Comme ils étaient les seuls instruits des dogmes
de la religion et des maximes du gouvernement , ces connaissances leur donnaient
beaucoup de crédit dans l'esprit du peuple
et du prince , qui ne pouvaient offrir aucun
sacrifice sans leur présence et sans leur mi-
nistère. Il fallait même que le roi , avant de
monter sur le trône , eût appris d'eux l'art
de bien régner, et la manière d'honorer dignement les Dieux. Il ne se décidait aucune affaire importante dans l'Etat, sans qu'ils eus-

sent été auparavant consultés. Ils étaient,
chez les Perses, ce que les Druides étaient
chez les Gaulois; c'est-à-dire, les sages, les
savans, les philosophes de la Perse.

Ce n'était pas la coutume dans l'Orient,
et surtout chez les Perses, de parfumer les
corps morts, comme faisaient les Egyptiens,
pour les faire subsister plus long-temps. Ils
ne les brûlaient pas non plus, pour les détruire plus tôt, comme c'était la coutume
chez les Romains. Ils les inhumaient et *les
rendaient à la terre.* Ce sont les propres
termes de Cyrus, par lesquels il marquait que
la terre était sa première origine. Nous avons
remarqué ailleurs que cette manière de traiter les corps morts était plus conforme à
l'humanité et à la religion.

Sépulture
des Perses
Hérod l. 3.
c. 16.

LIVRE SEPTIEME.

HISTOIRE DE LA GRÈCE.

CHAPITRE PREMIER.

De tous les pays connus dans l'antiquité, il n'y en a point d'aussi célèbre que la Grèce. Soit que l'on considère la gloire qu'elle s'est acquise par les armes ou par la sagesse de ses lois, soit pour l'étude des sciences et des arts, soit pour la perfection où elle a porté les sciences et les arts ; on peut dire, par rapport à tous ces objets, qu'elle est devenue, en quelque sorte, l'école du genre humain. Avant que d'entrer en matière, je donnerai un plan abrégé de la situation du pays et des différentes parties qui la composent, avec un traité des mœurs et coutumes de ce peuple.

ARTICLE I.

Histoire de l'origine et des premiers commencemens des différens Etats de la Grèce.

Description de la Grèce.

La Grèce ancienne, qui est aujourd'hui la partie méridionale de la Turquie en Europe, était terminée au levant par la mer Egée, dite aujourd'hui l'Archipel ; au midi par la mer de Crète ou de Candie ; au couchant par la mer d'Ionie, et au nord par l'Illyrie et la Thrace. Les parties de la Grèce ancienne sont : l'Epire, le Péloponnèse, la Grèce proprement dite, la Thessalie, la Macédoine, et les îles de la Grèce.

Cette province est située au couchant, et séparée de la Thessalie et de la Macédoine par le mont *Pindus*, et par les monts appelés *Acrocéraunii*. Les peuples les plus connus qui l'habitent sont les Molosses, dont la ville principale est *Dodone*, célèbre par le temple et l'oracle de Jupiter ; les Chaoniens, dont la ville est *Orique* ; les Thesprotiens, dont la ville est *Buthrote*, où était le palais et la demeure de Pyrrhus ; les Acarnaniens, dont la ville est *Ambracie*, qui donne son nom au golfe. Là se trouve *Actium*, célèbre par la victoire d'Auguste, qui bâtit vis-à-vis de cette ville, de l'autre côté du golfe, *Nicopolis*. Il y avait dans l'Epire deux petites rivières fort connues dans la fable, le *Cocyte* et l'*Achéron*.

C'est une presqu'île qu'on nomme maintenant la Morée, qui ne tient au reste de la Grèce que par l'isthme de Corinthe, large seulement de six milles. On sait que plusieurs princes ont tenté inutilement de couper cet isthme. Ses parties sont l'Achaïe proprement dite, dont les principales villes sont *Corinthe, Sicyone, Patræ*, etc. ; l'Elide, c'est là qu'est *Olympia*, appelée aussi *Pisa*, située sur l'Alphée, où se célébraient les jeux olympiques. *Cyllène* est la patrie de Mercure. La Messénie, *Messène, Pyle*, la ville de Nestor, *Corone*. L'Arcadie, *Tégée, Stymphale, Mantinée, Mégalopolis*, patrie de Polybe. La Laconie, *Sparte* ou *Lacédémone*, *Amyclæ*, le mont *Taygète*, la rivière *Eurotas*, le cap

L'Epire.

Le Péloponnèse.

Ténare. L'Argolide, *Argos*, surnommée *Hippium*, célèbre par le temple de Junon; *Némée, Mycènes, Nauplie, Trœzène, Epidaure*, où était le temple d'Esculape.

La Grèce proprement dite. L'Étolie, *Chalcis, Calydon, Olenus.* La Doride ; les Locres Ozoliens, *Naupacte*, maintenant *Lépante*, connue par la défaite des Turcs en 1571. La Phocide, *Anticyre, Delphes*, sous la montagne du *Parnasse*, célèbre par les oracles qui s'y rendaient ; là est aussi la montagne d'*Hélicon*. La Béotie, *Orchomène, Thespies, Chéronée*, illustre par la naissance de Plutarque ; *Platée*, par la défaite de Mardonius ; *Thèbes-Aulide*, fameuse par son port, d'où partit l'armée des Grecs pour aller assiéger Troie ; *Leuctre*, par la victoire d'Epaminondas. L'Attique, *Mégare, Eleusis, Décélie, Marathon*, où Miltiade défit l'armée des Perses ; *Athènes* : ses ports étaient le *Pirée, Munichie, Phalère*; les monts *Himette* et *Cithéron*. La Locride.

La Thessalie. Les villes les plus connues de cette province sont : *Gomphi, Pharsale*, près de laquelle Jules-César remporta une victoire sur Pompée ; *Magnésie, Méthone*, au siége de laquelle Philippe perdit un œil ; les *Thermopyles*, défilé fameux par la vigoureuse résistance des trois cents Spartiates contre l'armée entière de Xerxès, et par leur glorieuse défaite ; *Phtie, Thèbes* de Thessalie ; *Larisse, Démétriade ;* les agréables vallons de *Tempé*, sur les bords du *Pénée ; Olympe, Pélion, Ossa*, trois montagnes célèbres dans les fables, par le combat des géans.

Je ne rapporterai qu'un petit nombre de

ses villes : *Epidamne* ou *Dyrrachie*, maintenant *Durazzo*, *Appollonie*, *Pella*, capitale du pays qui donna naissance à Philippe et à son fils Alexandre-le-Grand ; *Egée*, *Edesse*, *Pallène*, *Olynthe*, qui a donné son nom aux Olynthiaques de Démosthène ; *Torone*, *Acanté*, *Thessalonique*, maintenant *Salonichie* ; *Stagie*, patrie d'Aristote ; *Amphipolis*, *Philippes*, fameuse par la victoire d'Auguste et d'Antoine sur Brutus et Cassius ; *Scotusse*, *Athos*, montagnes ; le fleuve *Strymon*.

Il y a plusieurs îles adjacentes à la Grèce, fort connues dans l'histoire. Dans la mer Ionienne, *Corcyre*, avec une ville du même nom, maintenant *Corfou*, *Céphalène* et *Zacinthe*, maintenant *Céphalonie* et *Zanthe* ; *Ithaque*, patrie d'Ulysse ; et *Dulichie*. Près du cap Malée, vis-à-vis la Laconie, *Cythère*. Dans le golfe de Sarone, *Egine* et *Salamine*, si fameuse par le combat naval entre Xerxès et les Grecs. Entre la Grèce et l'Asie, les *Sporades*, les *Cyclades*, dont les plus connues sont *Andros*, *Délos*, *Paros*, d'où l'on tirait le plus beau marbre. Plus haut, dans la mer Egée, l'*Eubée*, maintenant *Négrepont*, séparée de la terre ferme par un petit bras de mer, appelé *Euripe*. La ville la plus connue était *Chalcis*. En montant vers le septentrion, *Scyrus*, et beaucoup plus haut *Lemnos*, maintenant *Stalimène*, *Samothrace*. En descendant, *Lesbos*, dont la principale ville était *Mythilène*, qui a donné à l'île le nom de *Mételin* ; *Chios*, *Scios*, vantée pour son vin excellent ; *Samos*.

4

L'île de *Crète* ou de *Candie*, est la plus grande de celles qui sont voisines de la Grèce. Elle a au septentrion la mer Egée ou l'Archipel, et au midi la mer d'Afrique. Ses principales villes étaient *Gortyne*, *Cydon*, *Gnossus* ; ses montagnes, *Dictée*, *Ida'*, *Corycus*. Son labyrinthe est connu de tout le monde.

Strab. l. 6.
p. 253.
Plin. l. 6.
c. 2.

Les Grecs avaient des collines dans presque toutes ces îles. Ils s'établirent aussi dans la Sicile et dans une partie de l'Italie, vers la Calabre, qui pour cette raison, est appelée la grande Grèce.

Mais leur grand établissement fut dans l'Asie mineure, et surtout dans l'*Eolie*, l'*Ionie* et la *Doride*. Les principales villes de l'Eolie sont *Cume*, *Phocée*, *Elée*. De l'Ionie, *Smyrne*, *Clazomène*, *Téos*, *Lébédies*, *Colaphon*, *Ephèse*. De la Doride, *Halicarnasse*, et *Gnide*.

Différens âges de la Grèce.

On peut distinguer dans les Grecs quatre différens âges marqués par autant d'époques mémorables, qui tous ensemble renferment 2154 années. Le premier s'étend depuis la fondation du royaume de Sicyone, qui est le plus ancien jusqu'au siége de Troie, et comprend environ 1000 ans, depuis l'an du monde 1820 jusqu'à 2820. Le second s'étend depuis la prise de Troie jusqu'au règne de Darius, fils d'Hystaspe, qui est le temps où l'histoire des Grecs commence à se joindre à celle des Perses, et comprend 663 ans, depuis l'an du monde 2820 jusqu'à 3483. Le troisième âge s'étend depuis le commencement du règne de Darius jusqu'à la mort d'Alexandre-le-Grand, qui est le beau temps de l'histoire des Grecs. Enfin, le quatrième et dernier âge s'étend depuis la mort d'Alexandre, où les Grecs commencèrent à déchoir, jusqu'à ce qu'ils tombèrent enfin sous la domination des Romains, et ce dernier âge comprend en tout 293 ans.

Les Grecs tiraient leur origine de Javan ou Jon, fils de Japhet, et petit-fils de Noé. Javan eut quatre enfans, Elisa, Tharsis, Cettim et Dodanim, qui sont les chefs des principales tribus ou branches de cette nation, devenue si célèbre par les arts et par la guerre. L'extrême rusticité de ces premiers Grecs ne paraîtrait pas croyable, si l'on pouvait, sur ce point, récuser leurs propres historiens. Qui croirait que ce peuple, auquel on doit tout ce qu'on a de littérature et de belles connaissances, descendît de sauvages, qui n'avaient point d'autres lois que la force, qui ignoraient l'agriculture, et broutaient l'herbe à la manière des bêtes ? C'est pourtant ce que nous attestent les honneurs divins qu'ils décernèrent à celui qui leur apprit à se nourrir de gland, comme d'un aliment plus sain et plus délicat que les herbes.

Origine des Grecs.

Pausan. l. 8. p. 455. 456

Pelasgus.

Les différens Etats de la Grèce sont Sicyone, Argos, Mycènes dans le Péloponnèse, aujourd'hui la Morée. Mais les principaux, et ceux qui se sont fait une plus grande réputation, sont Athènes, Thèbes, Sparte et la Macédoine.

Différens Etats de la Grèce.

Le plus ancien des royaumes de Grèce, est celui de Sicyone. Eusèbe en place le commencement 1313 ans avant la première olym-

Sicyone. An. M. 1915. Av. J. C. 2089.

piade. On croit qu'il dura environ 1000 ans.

Argos.
An. M. 2148.
Av.J.C.1856 Le royaume d'Argos, dans le Péloponnèse, commença 1080 ans avant la première olympiade, du temps d'Abraham. Le premier roi fut INACHUS. Il eut pour successeurs, PHONÉE, son fils ; APIS, qui donna son nom à cette contrée ; ARGUS, et, après plusieurs autres, An. M. 2530.
Av.J C.1474. GÉLANOR, qui fut dépouillé et chassé du royaume par DANAUS, égyptien. Les successeurs de celui-ci furent LYNCÉE, fils d'Egyptus, son frère, qui, seul de cinquante frères, échappa à la cruauté des Danaïdes ; ABAS, PROÉTUS, ACRISIUS.

De Danaé, fille du dernier, naquit Persée, qui, dans la suite, ayant tué par malheur son grand-père Acrisius, et ne pouvant plus soutenir la vue d'Argos où il avait commis ce meurtre involontaire, passa à Mycènes, et y établit le siége de son royaume.

Mycènes. Persée régna à Mycènes, et y eut plusieurs enfans, entre autres Alcée, Sthénélus et Electryon. Alcée fut père d'Amphytrion ; Sthénélus, d'Eurysthée ; Electryon ; d'Alcmène. Amphytrion épousa Alcmène, de laquelle, et de Jupiter, naquit Hercule.

Les rois qui régnèrent à Mycènes après Persée, furent ELECTRYON, STHÉNÉLUS, EURYSTHÉE. ATRÉE, fils de Pélops, oncle maternel d'Eurysthée, lui avait succédé. C'est de la sorte que la couronne passa aux descendans de Pélops, qui donnèrent leur nom au Péloponnèse, appelé auparavant *Apie*. La haine meurtrière des deux frères, Atrée et Thyeste, est connue de tout le monde.

Plisthène, fils d'Atrée, succéda à son père,

et laissa le royaume de Mycènes à son fils
AGAMEMNON, qui eut pour successeur son fils
ORESTE. Le royaume de Mycènes fut rempli
de crimes et d'horreurs, depuis qu'il eut passé dans la famille de Pélops. TISAMÈNE et PEN-
THILE, fils d'Oreste, régnèrent après lui ; ils
furent chassés du Péloponnèse par les Héra-
clides ou descendans d'Hercule. Cécrops, originaire d'Egypte, fut le fondateur du royaume d'Athènes. Il divisa l'Attique en douze
cantons, et établit l'aréopage. Codrus fut le
dernier des rois ; il se dévoua pour le salut
de sa patrie. Après lui le titre de roi fut éteint
à Athènes. Médon, son fils, fut mis à la
tête de la république, avec le titre d'archonte, c'est-à-dire, gouverneur. Les premiers archontes furent à vie ; mais les Athéniens, fati-
gués d'une domination qui leur paraissait encore trop approcher de la royauté, la fixèrent
à dix ans, et enfin ils la rendirent annuelle.

Cadmus, originaire de la Phénicie, se saisit du pays appelé depuis la Béotie. Il y bâtit la ville de Thèbes, ou du moins une citadelle appelée de son nom Cadmée, et y établit le siége de sa domination.

Lelex est le premier roi de la Laconie. Il
commença à régner environ 1516 ans avant
l'ère chrétienne. Ce fut sous Ménélaüs, dixième roi de Sparte, que la Grèce commença
à essayer ses forces réunies au siége de Troie.
L'enlèvement d'Hélène, femme de Ménélaüs,
par Alexandre Pâris, fils de Priam, roi de
Troie, fut l'occasion de cette cruelle guerre,
qui se termina par la ruine de cette ville.
Troie fut prise à peu près dans le temps que

Athènes.
An M. 2448.
Av. J. C 1556

Thèbes.
An. M. 2549.
Av. J. C 1455.

Sparte.
Lacédémone.

Jephté conduisait le peuple de Dieu ; c'est-à-dire, selon Ussérius, l'année du monde 2820, et 1184 ans avant Jésus-Christ. Cette époque est célèbre dans l'histoire, et doit être retenue avec soin, aussi-bien que celle des olympiades.

Corinthe.
An. M. 2528.
Av. J. C. 1476.

Corinthe fut d'abord soumise à ceux d'Argos et de Mycènes. Sisyphe, fils d'Eole, s'en rendit maître. Sa race en fut chassée, environ 110 ans après le siége de Troie. Les descendans de Bacchis y régnèrent ensuite sous eux. Le gouvernement monarchique fit place à l'aristocratique, choisissant entre les anciens, tous les ans, un premier magistrat, qu'ils appelaient *Prytanis*. Enfin, Cypselus s'empara de l'autorité, qu'il fit passer à son fils Périandre.

Macédoine.

Il se passa un temps considérable sans qu'on fît attention à la Macédoine. Il semblait que ses rois, relégués dans les bois et les montagnes, ne faisaient point partie du reste de la Grèce. Ils prétendaient descendre d'Hercule par Caranus, le premier d'entre eux. Philippe et Alexandre son fils relevèrent extrêmement la gloire de ce royaume. Il avait déjà duré 471 ans jusqu'à la mort d'Alexandre, et il en dura encore 155 jusqu'à la prise de Persée par les Romains ; ce qui fait en tout 626 ans.

Quatre dialectes.

Il y avait, parmi ces différens peuples de la Grèce, quatre dialectes, qui avaient tous une même langue pour fondement ; savoir, le dialecte attique, l'ionien, le dorique et l'éolien. Le dialecte attique était en usage à Athènes et dans le pays circonvoisin. L'ionien, peu différent de l'attique, était usité dans une contrée de l'Asie mineure, appelée Ionie. Le dorique était propre aux Lacédémoniens et à ceux d'Argos, d'où il passa dans l'Epire, dans la Libye, la Sicile, Rhodes et Crète. L'éolien a été d'abord en usage chez les Béotiens et leurs voisins ; puis en Eolie, région de l'Asie mineure, qui comprenait dix ou douze villes, colonies des Grecs.

Ce que nous venons de dire des divers établissemens de la Grèce, nous a fait sentir que le gouvernement établi chez tous ces peuples était le monarchique, qui est assurément le plus ancien et le plus propre à entretenir la paix et la concorde, étant formé sur le modèle de l'autorité paternelle, et de cet empire doux et modéré que les pères exerçaient dans leur famille. Mais la dureté des maîtres légitimes, l'esprit inquiet et remuant du peuple, fit naître un goût tout contraire, alluma par toute la Grèce un désir violent de la liberté, et y introduisit partout, excepté en Macédoine, un gouvernement républicain, mais varié selon le caractère et le génie de chacun des peuples.

Il resta toujours néanmoins je ne sais quel levain de l'ancienne domination, qui réveilla de temps en temps l'ambition de plusieurs citoyens. Il s'en trouva plusieurs qui, n'ayant aucun droit au trône, s'y élevèrent par cabale, par trahison, par violence, et qui s'y maintinrent de même; et c'est cette conduite inhumaine, qui rendit ces hommes si odieux sous le nom de tyrans (1).

(1) Ce nom, dans son origine, signifie roi, et se donnait anciennement aux princes légitimes.

De toutes ces parties de la Grèce séparées entièrement, ce semble, les unes des autres, par leurs lois, leurs coutumes, leurs intérêts, se formait un corps unique, dont les forces s'accrurent jusqu'au point de faire trembler la puissance formidable des Perses, de résister non-seulement à leurs armées innombrables, mais de les dissiper, de les tailler en pièces, et de réduire quelquefois l'orgueil persan à accepter des conditions de paix aussi honteuses pour les vaincus, que glorieuses pour les vainqueurs. Parmi les villes de la Grèce, deux se distinguèrent particulièrement, et s'acquirent une autorité et une sorte de supériorité sur toutes les autres, que le mérite seul leur attira. Je veux parler de Lacédémone et d'Athènes. Comme elles soutiendront un grand personnage dans l'histoire qui va suivre, il convient de dire quelque chose du génie, du caractère, des mœurs, du gouvernement et de la religion de ces deux peuples.

ARTICLE II.

Gouvernement de Lacédémone.

Il n'y a peut-être rien dans toute l'histoire profane de plus attesté, ni en même temps de plus incroyable, que ce qui regarde le gouvernement de Lacédémone et la discipline que Lycurgue y avait établie. Ce législateur *Plut. in vit.* était fils d'Eunomus, l'un des deux rois qui *Lycurg. p. 40.* régnaient à Sparte. Il lui eût été facile de monter sur le trône après la mort de son frère aîné, qui n'avait point laissé d'enfant mâle; et il fut roi en effet pendant quelques jours;

mais dès que la grossesse de sa belle-sœur fut connue, il déclara que la royauté appartenait à l'enfant qui en naîtrait, si c'était un fils; et dès ce moment il administra le royaume comme son tuteur. Cependant la veuve lui envoya dire sous main, que s'il voulait lui promettre de l'épouser quand il serait roi, elle ferait périr son fruit. Une proposition si détestable fit horreur à Lycurgue : il dissimula néanmoins ; et amusant cette femme sous différens prétextes, il la mena jusqu'à son terme. Quand l'enfant fut né, il le déclara roi, et le fit nourrir avec grand soin. La joie que sa naissance causa au peuple, le fit nommer CHARILAUS.

L'Etat était pour lors dans un grand désordre. L'autorité des rois était absolument méprisée, et celle des lois encore davantage. Lycurgue conçut le hardi dessein de réformer en tout le gouvernement de Lacédémone. Dans cette vue, et pour se mettre en état de faire de bons règlemens, il entreprit de voyager en différens pays, pour connaître par lui-même les différentes mœurs des peuples, et consulter ce qu'il y avait de personnes plus habiles et plus expérimentées dans l'art de gouverner. Il commença par l'île de Crète, dont les lois dures et austères étaient fort célèbres : il passa de là en Asie, où régnait une conduite tout opposée. Enfin, il se rendit en Egypte, le domicile des sciences, de la sagesse et des bons conseils.

Dès qu'il fut de retour à Sparte, son premier soin fut d'aller consulter Apollon, et de lui offrir un sacrifice. La Prêtresse l'appela

Lois de Lycurgue.

l'ami des Dieux, et Dieu plutôt qu'homme.
Elle lui déclara ensuite que le Dieu avait
exaucé sa prière, et que la république qu'il
allait former, serait la plus excellente république qui eût jamais été. A son retour, il
gagna les principaux de la ville, et soumit le
reste par la terreur des armes.

De tous les nouveaux établissemens de Lycurgue, le plus grand et le plus considérable,
fut celui du sénat, qui, tempérant la puissance des rois par une autorité égale à la leur,
et le pouvoir trop absolu du peuple, fut la
principale cause du salut de cet Etat. Ce corps
était composé de vingt-huit sénateurs. Cent
trente ans après la mort de Lycurgue, les
Spartiates, trouvant l'autorité du sénat trop
forte et trop absolue, lui donnèrent un frein,
en lui opposant la puissance des éphores (1).
Ces magistrats étaient au nombre de cinq, et
ne demeuraient qu'un an en charge.

Ils étaient tous tirés du peuple, et par là
ressemblaient assez aux tribuns du peuple
chez les Romains. Ils avaient droit de faire
arrêter les rois, et de les faire mener en prison, comme cela arriva à l'égard de Pausanias. Ce fut sous le roi Théopompe, que commencèrent les éphores. Sa femme lui ayant
reproché qu'il laisserait à ses enfans la royauté
beaucoup moindre qu'il ne l'avait reçue, il
lui répondit : *Au contraire, je la leur lais-
serai plus grande, parce qu'elle sera plus
durable.*

Le second établissement de Lycurgue et le
plus hardi, fut le partage des terres. Ce sage lé-

Etablisse-
ment du sé-
nat.

Arist. l. 2.
de rep. p.321.

Partage des
terres.

(1) Ephore signifie contrôleur, inspecteur.

gislateur le jugea absolument nécessaire pour bannir de la république l'insolence, l'envie, la fraude, les richesses et l'indigence, et y rétablir la paix et le bon ordre. Il persuada donc à tous les citoyens de remettre leurs terres en commun, et d'en faire un nouveau partage, pour vivre dans une parfaite égalité; ce qui fut aussitôt exécuté. Pour achever de bannir toute inégalité, il décria les monnaies d'or et d'argent, et en fit faire de fer, qui étaient d'un si grand poids, qu'il fallait une charette pour porter une somme de cinq cents livres, et une chambre entière pour la serrer. De plus, il chassa de Sparte tous les arts inutiles et superflus : mais, quand il ne les aurait pas chassés, la plupart seraient tombés d'eux-mêmes, et auraient disparu avec l'ancienne monnaie.

Lycurgue, voulant achever de déraciner la mollesse et le luxe, établit les repas publics. Pour en écarter toute somptuosité et toute magnificence, il ordonna que tous les citoyens mangeraient ensemble des mêmes viandes, qui étaient réglées par la loi; et il leur défendit expressément de manger chez eux en particulier. Ceux qui le faisaient, étaient observés avec grand soin, et on leur reprochait publiquement leur intempérance et leur trop grande délicatesse. Par cette frugale simplicité qui régnait dans ces repas communs, on peut dire que Lycurgue fit changer, en quelque sorte, de nature aux richesses, en les mettant hors d'état d'être désirées, d'être volées, et d'enrichir leurs possesseurs ; car il n'y avait plus moyen d'user

Plut. in vit. Lycurg. p. 44.

Décri de la monnaie d'or et d'argent.

Repas publics.

et de jouir de son opulence, non pas même d'en faire parade.

Les riches furent extrêmement irrités de cette ordonnance, et ce fut à cette occasion que, dans une émeute populaire, un jeune homme, nommé Alcandre, creva un œil à Lycurgue d'un coup de bâton. Le peuple, indigné d'un tel outrage, remit le jeune homme entre les mains de Lycurgue, qui sut bien s'en venger ; car il le traita avec tant de bonté et de douceur, que d'emporté et de violent qu'il était, il le rendit, en assez peu de temps, très-modéré et très-sage.

Les tables étaient chacune d'environ quinze personnes ; et pour y être reçu, il fallait être agréé de toute la compagnie. Chacun apportait par mois, un boisseau de farine, huit mesures de vin, cinq livres de fromage, deux livres et demie de figues, et quelque peu de leur monnaie pour l'apprêt et l'assaisonnement des vivres.

On était obligé de se trouver au repas public, et il n'était permis à qui que ce fût de s'en absenter : long-temps après, le roi Agis, au retour d'une expédition glorieuse, ayant voulu s'en dispenser pour manger avec la reine, sa femme, fut réprimandé et puni. On y menait les enfans comme à une école de sagesse et de tempérance. On les accoutumait aussi au secret ; quand un jeune homme entrait dans la salle, on lui disait, en lui montrant la porte : *Rien de tout ce qui se dit ici ne sort par là.*

De tous les mets, celui qu'ils appelaient la *sauce noire*, était le plus exquis, et les vieillards la préféraient à tout ce qu'on leur servait sur la table. Denys le tyran n'en jugea pas de même dans un repas, où il voulut se trouver. Le cuisinier lui répondit qu'il n'en était pas surpris, attendu que l'assaisonnement y manquait. Et quel assaisonnement, reprit le tyran? La course, la sueur, la fatigue, la faim, la soif; c'est là, ajouta le cuisinier, ce qui assaisonne ici tous nos mets.

Cicer. Tusc. Quæst. l. 5. n. 98.

Lycurgue, au reste, laissa très-peu d'ordonnances par écrit. Il s'attacha à mettre ses règlemens en usage, et à les faire pratiquer de son vivant. Persuadé que les principes que l'éducation imprime dans le cœur, demeurent fermes et inébranlables, comme étant fondés sur la volonté, qui est un lien plus fort et plus durable que le joug de la nécessité, il fit, de l'éducation des enfans, l'affaire la plus grande et la plus importante de la république. Sitôt qu'un enfant était né, les anciens le visitaient; et s'ils le trouvaient bien formé, fort et vigoureux, ils ordonnaient qu'il fût nourri. Si, au contraire, ils le trouvaient mal fait, délicat et faible, ils le condamnaient à périr, et le faisaient exposer. On les accoutumait de bonne heure à s'endurcir contre le froid et le chaud, à se faire à la fatigue, à n'avoir point de mauvaise humeur, à n'être point difficiles ni délicats pour le manger, à n'avoir point de peur dans les ténèbres, à ne point se livrer à la criaillerie, ni aux pleurs, etc. Ils étaient tous élevés en commun, sous la même discipline; et leur éducation n'était, à proprement parler, qu'un apprentissage d'obéissance; le législateur ayant parfaite-

Plut. in vit. Lycurg.p.47.

Education des enfans.

Ib. p. 49.

Xenoph.de Laced. rep. p. 677. Plut. in Lycurg.p.50.

ment compris que le moyen d'avoir des citoyens soumis aux lois et aux magistrats, était d'apprendre aux enfans, dès l'âge le plus tendre, à être parfaitement soumis aux maîtres.

Pour ce qui est des lettres, ils n'en apprenaient que pour le besoin. Toutes les sciences étaient bannies de leur pays. On se contentait de leur former le jugement par des questions que le maître leur faisait, et auxquelles il fallait répondre promptement et sensément; car on les accoutumait de bonne heure au style laconique. Lycurgue voulait que la monnaie fût fort pesante et de peu de valeur, et, au contraire, que le discours comprît en peu de paroles beaucoup de sens. Leur étude ne tendait qu'à savoir obéir, à supporter les travaux, et à vaincre dans les combats.

La patience et la fermeté étaient le caractère propre des jeunes Lacédémoniens. De là vient qu'Horace donne à Lacédémone l'épithète de patiente, *patiens Lacedæmon;* et qu'un autre auteur fait dire à un homme qui avait souffert trois coups de bâton sans se plaindre : *Tres plagas spartanâ nobilitate concoxi.* A proprement parler, le métier et l'exercice des Lacédémoniens étaient la guerre; tout tendait là chez eux, tout respirait les armes. A Sparte, la première loi de la guerre, et la plus inviolable, était de vaincre ou de mourir. De là vient qu'une mère recommandait à son fils, qui partait pour une campagne, de revenir avec son bouclier, ou sur son bouclier. Une autre, apprenant que son fils était mort dans le combat, répondit

Cicer. l. 1. Tusc. Quæst. n. 102.

froidement : « Je ne l'avais mis au monde que pour cela. » Après la bataille de Leuctres, qui leur fut si funeste, les pères et les mères de ceux qui étaient morts en combattant, se félicitaient mutuellement, et allaient dans les temples remercier les Dieux de ce que leurs enfans avaient fait leur devoir, au lieu que les parens de ceux qui avaient survécu à cette défaite, étaient inconsolables ; ce qui montre que cette disposition était commune parmi les Lacédémoniens. Ceux qui avaient pris la fuite dans un combat, étaient diffamés pour toujours. Les Lacédémoniens n'allaient au combat qu'après avoir invoqué le secours des Dieux par des sacrifices et des prières publiques : et, pour lors, ils marchaient à l'ennemi pleins de confiance, comme étant assurés de la protection des Dieux.

Lycurgue désirant, autant que cela dépendait de la prudence humaine, de rendre ses lois immortelles et immuables, fit entendre au peuple qu'il lui restait encore un point, le plus important et le plus essentiel de tous, sur lequel il voulait consulter Apollon : et, en attendant, il les fit tous jurer, que jusqu'à ce qu'il fût de retour, ils maintiendraient la forme de gouvernement qu'il avait établie. Quand il fut arrivé à Delphes, il consulta le Dieu, pour savoir si ses lois étaient bonnes et suffisantes pour rendre les Spartiates heureux et vertueux. La prêtresse lui répondit qu'il ne manquait rien à ses lois, et que tant que Sparte les observerait, elle serait la plus glorieuse ville du monde, et jouirait d'une félicité parfaite. Lycurgue envoya

Plut. in vit.
Ages. p. 612.

Mort de Lycurgue. cette réponse à Sparte ; et croyant son minis-tère consommé, il mourut en s'abstenant de manger, s'imaginant faussement mettre, par ce genre de mort, le sceau et le comble à sa gloire et à sa félicité.

Choses louables dans les ordonnances de Lycurgue. On ne peut s'empêcher d'admirer et de donner des louanges à la plupart des établissemens de Lycurgue. Et rien ne marque tant qu'il y avait un grand fonds de sagesse et de prudence, que l'événement, c'est-à-dire, une fidélité inviolable à les observer, qui a duré pendant plus de cinq cents ans. Rien, en effet, n'est plus beau que la forme de gouvernement qu'il établit à Sparte. Le dessein que forma Lycurgue de faire un partage égal des terres parmi les citoyens, et de bannir entièrement de Sparte le luxe, l'avarice, les procès, les dissensions, en même temps qu'il en bannirait l'usage de l'or et de l'argent, nous paraîtrait un plan de république sagement imaginé, mais impraticable dans l'exécution. C'est cependant de quoi Lycurgue est venu à bout. Un tel établissement serait moins surprenant, s'il n'avait subsisté que pendant la vie du législateur ; mais on sait qu'il lui survécut de plusieurs siècles.

La longue durée des lois établies par le législateur lacédémonien est certainement une chose bien merveilleuse ; mais le moyen qu'il employa pour y réussir ne l'est pas moins. Ce moyen fut le soin extraordinaire qu'il prit de l'éducation des enfans. Ils étaient formés et dressés, dès leur enfance, dans une exacte et sévère discipline ; ils suçaient, pour ainsi dire, avec le lait, l'amour de la police et l'obéissance aux lois. Cela fait voir combien il est important de veiller à ce que les jeunes gens soient élevés d'une manière propre à leur inspirer l'amour des lois, de la patrie et de la religion. Une des leçons qu'on inculquait le plus souvent et le plus fortement aux jeunes Spartiates, était d'avoir un grand respect pour les vieillards. Aussi Lysandre avait coutume de dire que la vieillesse n'avait nulle part de domicile si honorable que dans la ville de Sparte, et qu'il était beau d'y vieillir (1). *Plut. in Lacon. institut. p. 237.*

Mais ces lois, qui paraissent si belles quand on les envisage d'un certain côté, n'étaient pas sans de grands défauts. Pour faire sentir parfaitement le faible des lois de Lycurgue, je n'aurais qu'à les comparer à celles de Moïse, qu'on sent bien avoir été dictées par une sagesse plus qu'humaine. Mais notre plan nous dispense d'entrer dans un détail exact de tout ce qui est digne de censure dans les ordonnances de Lycurgue ; je me contenterai de faire remarquer aux jeunes gens les défauts les plus essentiels. *Choses blâmables.*

1.° Peut-on n'être point révolté de l'injuste et barbare coutume de prononcer un arrêt de mort contre ceux des enfans qui avaient le malheur de naître avec une complexion trop faible ou trop délicate ? N'était-ce pas encore une brutalité et une barbarie dans les pères et mères, sous prétexte d'accoutumer leurs enfans à la fatigue, de les soumettre au

______

(1) Lacedæmon esse honestissimum domicilium senectutis. *Cicer. de senect.*

fouet jusqu'au sang , et de les voir, de sang froid, expirer sous les coups de verges ?

2.° Le peu d'égard que le législateur de Lacédémone a eu à la pudeur et à la modestie dans l'éducation des filles, et dans ce qui regarde les mariages, répugne si fort à la raison, qu'on ne peut s'empêcher de reconnaître, dans ce sage législateur, les ténèbres et les désordres du paganisme. Quand on compare, à cette licence effrénée des lois du plus sage législateur qu'ait eu l'antiquité profane, la sainteté et la pureté des lois de l'Evangile, on comprend quelle est la dignité et l'excellence du christianisme. 3.° Un troisième défaut , et bien essentiel, est le bannissement des arts et des sciences, dont un des fruits le plus avantageux est d'adoucir les mœurs, de polir l'esprit, de perfectionner le cœur, et d'inspirer des manières douces, civiles et honnêtes. De là vient que le caractère des Lacédémoniens avait quelque chose de dur et d'austère.

ARTICLE III.

Gouvernement d'Athènes.

Nous avons déjà remarqué qu'Athènes , dans sa naissance , eut des rois; mais ces rois n'en avaient que le nom , et le peuple toute l'autorité. Codrus, le dernier des rois, s'étant dévoué pour la patrie ; les Athéniens prirent occasion des disputes qui étaient entre ses deux enfans, d'abolir la royauté, quoiqu'elle ne les incommodât guère, et déclarèrent Jupiter seul roi d'Athènes. A la place des rois, les Athéniens créèrent des archontes perpétuels ,

tuels, qu'ils réduisirent dans la suite à dix ans, et puis à un, dans la vue de ressaisir plus souvent l'autorité qu'ils ne transféraient qu'à regret à ces magistrats. Une puissance si limitée contenait mal les esprits factieux et remuans. On ne s'accordait, ni sur la religion, ni sur le gouvernement. Les querelles et les factions renaissaient chaque jour.

Les malheurs instruisent. Athènes apprit enfin, que la véritable liberté consiste à dépendre de la justice et de la raison. On chercha donc un législateur qui pût donner des lois, et on jeta les yeux sur Dracon, personnage d'une sagesse et d'une probité reconnues. Le législateur en publia d'extrêmement sévères, et punissait de mort la plus légère faute, comme le plus grand crime. Les lois de Dracon, écrites, selon Démade, non avec de l'encre, mais avec du sang, eurent le sort des choses violentes. Il fallut avoir recours à de nouveaux règlemens, et à un nouveau législateur.

On jeta les yeux sur Solon, homme des plus sages, des plus doux, et des plus vertueux de son siècle. Il était bon politique, brave guerrier; et son mérite extraordinaire lui donna un des premiers rangs parmi les sept sages de la Grèce, qui illustrèrent si fort ce siècle.

Ces sept sages se rendaient assez souvent visite l'un à l'autre. Un jour que Solon alla à Milet, pour voir Thalès, la première chose qu'il lui dit, ce fut qu'il s'étonnait comment il n'avait jamais voulu avoir ni femme ni enfans. Thalès ne lui répondit rien sur l'heure,

Lois de Dracon.
An. M. 3380.
Av. J.C. 624.

An. M. 3400.
Av. J.C. 604.

Ibid. p. 81. 82.

mais, quelques jours après, il aposta un étranger, qui se disait tout récemment arrivé d'Athènes, d'où il était parti depuis dix jours. Solon lui demanda s'il n'y avait rien de nouveau lorsqu'il en était parti. L'étranger, à qui Thalès avait fait la leçon, répondit qu'il n'y avait autre chose que la mort d'un jeune homme, dont toute la ville accompagnait le convoi, parce que c'était, disait-on, le fils du plus honnête homme de la ville, et qui, pour lors était absent. Ah! interrompit Solon, que ce pauvre père est à plaindre! Mais, comment l'appelait-on ? Je l'ai ouï nommer, répliqua l'étranger ; mais son nom m'est échappé. Je me souviens seulement, qu'on ne parlait que de sa sagesse et de sa justice. Ne serait-ce point, dit le législateur, le fils de Solon ? C'est cela même, reprit l'autre. Solon, à ce mot, déchirant ses habits, frappant sa poitrine, s'abandonna à la plus vive douleur. Alors Thalès le prenant par la main, lui dit en souriant : Rassurez-vous, tout ceci n'est qu'une fiction. Voilà pourquoi je n'ai point voulu me marier; c'est pour m'épargner de pareils chagrins.

Plutarque réfute fort au long ce raisonnement de Thalès, qui irait à priver l'homme des attachemens les plus naturels et les plus raisonnables. Le remède, dit-il, contre la douleur que peut causer la perte des biens, des amis, des enfans, n'est pas de se rendre pauvre, de renoncer absolument à l'amitié, ou d'embrasser le célibat, mais de faire, dans tous ces cas, l'usage que l'on doit faire de sa raison.

Athènes, après quelque temps de tranquil- *Ibid. p.85.*
lité et de paix que lui avaient procuré la pru- *86.*
dence et le courage de Solon, était retombée
dans ses premières dissensions pour le gouvernement de la république. Dans cet extrême danger, les plus sages d'Athènes jetèrent les yeux sur Solon, qui n'était suspect à
aucun parti. Il fut élu archonte, et nommé
arbitre souverain et législateur, du consentement de tout le monde. Les riches l'agréè-
rent volontiers, parce qu'il était riche; et les
pauvres, parce qu'il était homme de bien. Il
était le seul à qui ce choix faisait de la peine.

Solon commença la réforme par casser les *Solon don-*
lois de Dracon, excepté celles qui étaient con- *ne des lois*
tre les meurtriers. Il tira de l'esclavage tous *à Athènes.*
les pauvres citoyens, que leurs dettes avaient
obligés de se vendre, et rendit une ordonnance qui déclara quittes tous les débiteurs.
Cette loi souffrit d'abord quelques difficultés; mais enfin elle fut généralement agréée,
et les pouvoirs furent continués à Solon.

L'aréopage, appelé ainsi, du lieu (1) où il
tenait ses assemblées, subsistait depuis long-
temps. Solon en rétablit et en augmenta l'autorité. Avant lui, les plus gens de bien étaient
les juges de l'aréopage. Solon trouva à propos qu'il n'y eût que les archontes sortis de
charge, qui fussent honorés de cette dignité.
Rien de si auguste que ce sénat. Quelquefois *Valer. Max.*
les Romains y envoyèrent la décision des cau- *l. 8. c. 1.*

(1) C'était une colline près de la citadelle d'Athènes,
appelée Aréopage, c'est-à-dire, colline de Mars, depuis
que Mars y eut été jugé pour le meurtre d'Halirrothius,
fils de Neptune.

Lucian. in
Hermot. p.
595.
Quintil. l. 6.
c. 1.

ses qui leur paraissaient trop embarrassées pour les pouvoir juger eux-mêmes. La vérité seule y était écoutée ; et afin que nul objet extérieur n'en détournât l'attention des juges, ils tenaient leur tribunal de nuit, ou dans les ténèbres, et il était défendu aux orateurs d'employer ni exorde, ni péroraison, ni digression.

Solon, conduit par d'autres vues que le législateur lacédémonien, se garda bien de bannir les arts et les métiers. Outre que les arts sont un moyen honnête aux pauvres pour se procurer leur subsistance, il les regardait aussi comme un remède efficace contre la paresse, l'oisiveté et les factions qui naissent ordinairement de la vie oisive et désoccupée. C'est pour cette raison qu'il déclara qu'un fils ne serait point obligé de nourrir son père, s'il ne lui avait fait apprendre aucun métier. Notre législateur abolit les dots des mariages, pour les filles qui ne seraient pas uniques, car il ne voulait pas que le mariage devînt un trafic et un commerce d'intérêt; mais qu'il fût regardé comme une société honorable, pour donner des sujets à l'Etat. Il permit de tester et de donner son bien, quand on était sans enfans. Il ne crut pas devoir faire des lois, et statuer des peines contre le parricide, crime inouï et inconnu jusqu'alors, dans la crainte que ce n'eût été l'enseigner plutôt que le défendre (1).

Quand Solon eut publié ses lois, et qu'on se fut engagé par serment à les observer re-

(1) *Ne non tàm prohibere quàm admonere videretur.*
Prosc. num. 70.

igieusement, du moins pendant cent années, il jugea à propos de s'éloigner d'Athènes, pour leur donner le temps de prendre
racine, et de se fortifier par l'usage. Il fut absent pendant dix ans. A son retour, il trouva *An. M. 3445.*
toute la ville en trouble, et partagée en trois *Av. J.C. 559.*
différentes factions. Lycurgue était à la tête *Plut. in So-*
de ceux de la plaine. Mégaclès était chef de *lon. p. 94.*
ceux de la côte, et Pisistrate s'était déclaré
pour les montagnards.

Pisistrate était un homme poli, doux, sa- *Plut. p. 95.*
ge, modéré envers ses ennemis, et le plus
habile des hommes à dissimuler. Il avait tous
les dehors de la vertu, et paraissait zélé dé-
fenseur de la liberté. Il n'eut pas de peine à
tromper le peuple par cet air imposant; mais
Solon connut tout d'un coup où il tendait
par ses déguisemens et ses artifices. Cependant il le ménagea dans le commencement,
espérant peut-être le ramener doucement à
son devoir; mais toutes ses remontrances furent inutiles.

En ce temps-là, Thespis commençait à
changer la tragédie; car elle avait été inven-
tée avant lui. Ce spectacle attira tout le monde par sa nouveauté. Solon alla, comme les
autres, entendre Thespis, qui jouait lui-même, selon la coutume des poètes anciens.
Quand la pièce fut finie, il appela Thespis,
et lui demanda s'il n'avait point de honte de
mentir ainsi devant tant de gens. Thespis lui
répondit qu'il n'y avait point de mal dans ces
mensonges et dans ces fictions poétiques,
qu'on ne faisait que par jeu. *Oui*, repartit
Solon, en donnant un grand coup de son bâ-

ton contre terre ; *mais si nous souffrons et approuvons ce beau jeu-là, il passera bientôt dans nos contrats, et dans toutes nos affaires.*

Cependant Pisistrate poussait toujours sa pointe, et, pour arriver à son but, il employa une ruse qui lui réussit. S'étant blessé lui-même et ensanglanté par tout le corps, il se fit porter sur la place, dans un chariot, et excita la populace, en lui faisant entendre que ses ennemis l'avaient mis dans cet état, et qu'il était la victime de son zèle pour la république. L'assemblée du peuple, malgré les remontrances de Solon, lui accorda quarante gardes pour la sûreté de sa personne. Il en augmenta bientôt le nombre, et, par ce moyen, se rendit maître de la citadelle. Tous ses ennemis prirent la fuite. Tout était dans le trouble et dans la crainte, excepté Solon, qui reprochait aux Athéniens leur lâcheté, et au tyran sa perfidie. Et comme on lui demandait ce qui le rendait si téméraire : *C'est ma vieillesse*, dit-il ; il croyait ne pas hasarder beaucoup, étant fort âgé, et près de finir ses jours. Ce tyran regardait sa conquête imparfaite, s'il n'y ajoutait celle de Solon. Il n'y eut point de caresses qu'il ne lui fît, ni de marques d'estime qu'il ne lui donnât. Solon, de son côté, voyant qu'il n'était pas possible de porter Pisistrate à renoncer à la tyrannie, crut devoir céder aux avances que ce tyran lui faisait, dans l'espérance de rectifier et de conduire, par ses conseils, une domination qu'il ne pouvait abolir.

Solon ne survécut pas deux ans entiers à

la liberté de sa patrie. Car Pisistrate s'était Mort de Solon.
rendu maître d'Athènes, sous l'archonte Co-
mias, la première année de l'olympiade LI,
et Solon mourut l'année suivante, sous l'archonte Hégestratus, qui succéda à Comias.

Le tyran ne jouit pas long-temps du trône
qu'il avait usurpé : les deux autres partis s'é-
tant réunis, le chassèrent d'Athènes. Il y fut
bientôt rappelé par Mégaclès même, qui lui
donna sa fille en mariage. Pisistrate fut chassé une seconde fois d'Athènes. Ainsi, ce tyran se vit deux fois détrôné, et deux fois il
sut remonter sur le trône. Les artifices l'y
placèrent, la modération l'y maintint. Il mourut tranquillement, et transmit à ses enfans
la souveraineté qu'il avait usurpée, il y avait
trente-trois ans, dont il en avait régné dix-
sept en paix. Hippias et Hipparque ses deux
fils succédèrent à sa couronne, mais non à
sa modération et à sa douceur. Hipparque
fut tué pour un affront qu'il avait fait à la
sœur d'Harmodius, dans une cérémonie publique (1). Hippias, qui, depuis le meurtre
de son frère, régnait véritablement en tyran,
fut chassé d'Athènes, après y avoir régné dix-
huit ans. Pline remarque que les tyrans furent chassés d'Athènes la même année que
les rois le furent de Rome.

(1) Il obligea cette demoiselle de se retirer honteuse
d'une procession où elle devait porter une corbeille sacrée, sous prétexte qu'elle n'était point en état d'assister
à cette cérémonie.

ARTICLE IV

De la guerre, et du caractère des Lacé-démoniens et des Athéniens.

Nul peuple de l'antiquité ne peut le disputer aux Grecs, pour ce qui regarde la gloire des armes et la vertu militaire. Troie fut comme le berceau de la gloire naissante des Grecs, ou comme leur apprentissage dans le métier de la guerre. Sparte et Athènes ont sans contredit passé toutes les autres villes en ce genre de mérite, et c'est aussi ce qui leur donna alternativement l'empire de la Grèce, et qui les maintint, pendant long-temps, dans un pouvoir que la supériorité seule de mérite, reconnue généralement de tous les autres peuples, leur avait acquis. Thèbes leur disputa cet honneur pendant quelques années, par des actions de courage qui tenaient presque du prodige; mais ce ne fut qu'un feu de courte durée.

Source du courage de Sparte. L'éducation qu'on donnait à la jeunesse de Sparte, y contribuait beaucoup. Dès la plus tendre enfance, on ne leur inspirait du goût que pour les armes. 1.° Marcher nu-pieds, coucher sur la dure, se contenter de peu pour le boire et pour le manger, souffrir le froid et le chaud, se faire un exercice continuel de la chasse, de la lutte, de la course à pied et à cheval, s'endurcir même aux coups et aux plaies, jusqu'à supprimer toute plainte : voilà ce qui faisait l'apprentissage des jeunes gens de Sparte, par rapport à la guerre. 2.° La loi de vaincre ou de mourir, et de ne jamais se rendre à l'ennemi, faisait la règle de toute la nation, et traçait la route qu'elle devait tenir; car, à Sparte, la loi était non-seulement plus puissante que les particuliers, mais que les rois mêmes. 3°. L'habitude d'obéir dès la plus tendre jeunesse, les disposait merveilleusement à la discipline militaire, qui est le nerf de la guerre, et qui fait le succès des plus grandes entreprises. Voilà quelle est l'origine et la cause du courage et de la vertu guerrière des Lacédémoniens.

On a peine à comprendre comment les Lacédémoniens, qui n'avaient que de la monnaie de fer, pouvaient entretenir des troupes, et des armées de terre et de mer. On cessera d'en être étonné, si on fait attention à la vie sobre et tempérante de ce peuple. Par ce moyen, chaque soldat s'entretenait aisément sans être beaucoup à charge à l'Etat. C'est là le premier fonds, et l'on ne peut disconvenir qu'il ne soit très-abondant. Le second fonds se prenait sur les alliés qu'on protégeait, et sur les villes à qui on avait donné la liberté, et qu'on mettait à contribution.

L'éducation d'Athènes était moins dure que celle de Sparte; mais les Athéniens n'avaient pas moins de courage que les Spartiates. 1.° La gloire ancienne de la nation, qui s'était toujours distinguée par la bravoure militaire, était un puissant motif pour ne pas dégénérer de la réputation de leurs ancêtres. 2.° Une noble émulation, pour ne point céder en mérite à Sparte, rivale d'Athènes, fut encore pour les Athéniens un puissant aiguillon, qui leur faisait faire tous les jours

F 5

de nouveaux efforts pour se surmonter eux-
mêmes, et pour soutenir leur réputation.
3.° Des récompenses et des marques d'honneur accordées à ceux qui s'étaient distingués dans les combats, des tombeaux érigés
aux citoyens qui étaient morts pour la défense de la patrie, des oraisons funèbres prononcées en public, au milieu des cérémonies les plus augustes de la religion, pour
rendre leur nom immortel : tout cela contribuait infiniment à perpétuer le courage
parmi les Athéniens, et à leur en faire une
loi et une nécessité indispensable

Caractère des Lacédé- moniens. Les Lacédémoniens étaient laborieux, durs
à eux-mêmes, d'une force et d'un courage
qui n'avaient point d'égal. Leur vie réglée
et frugale les rendaient fermes et inébranlables dans leurs maximes et dans leurs desseins. Leur vie trop sérieuse rendait les esprits trop fiers, trop austères et trop impé-
rieux. De là naturellement ils voulaient dominer; et plus ils étaient au-dessus de tout
intérêt, et déclarés contre les plaisirs, plus
ils s'abandonnaient à l'ambition. La gloire et
l'envie de dominer était leur passion favori-
te, et le seul charme dont ils fussent possédés.

Des Athé- niens. 1.° Le peuple d'Athènes avait un fonds de
bonté et de douceur, qui le faisait revenir
aisément des excès où la colère l'avait emporté et entraîné malgré lui-même. La sentence de mort prononcée contre les habitans
de Mytilène, et révoquée le lendemain; la
condamnation des dix chefs, et celle de Socrate, suivie l'une et l'autre d'un prompt repentir et d'une vive douleur, ne permettent

pas de douter des sentimens de douceur et de compassion de la nation entière.

2.° Il avait naturellement une pénétration, une vivacité, une finesse d'esprit admirables, et une délicatesse de goût surprenante pour le langage. On sait ce qui arriva à Théophraste. Il marchandait quelque chose à une vieille femme qui vendait des légumes. *Non, monsieur l'étranger, lui dit-elle, vous ne l'aurez point à meilleur marché* (1).

3.° Le peuple d'Athènes avait un goût exquis pour tous les arts et pour toutes les sciences. Quelle gloire pour cette ville, d'avoir formé dans son sein tant d'hommes excellens dans la science de la guerre, dans l'art de gouverner, dans la philosophie, dans l'éloquence, dans la poésie, dans la peinture, la sculpture et l'architecture ; d'avoir été, en quelque sorte, l'école et la maîtresse de presque tout l'univers, et de servir encore de modèle à toutes les nations qui se piquent de bon goût !

4.° Enfin, ce qui caractérise les Grecs, et ce qui se montre dans toutes leurs actions et dans toutes leurs entreprises, c'est l'amour et le zèle pour la liberté. Quel beau jour pour Athènes, que celui où, par la bouche d'Aristide, tout le peuple répondit aux ambassadeurs du roi de Perse, que tout l'or et l'argent du monde n'étaient pas capables de le tenter, et de le porter à vendre sa liberté, ni celle de la Grèce !

(1) Hospes, non potest minoris. *Cicer.*

CHAPITRE II.

De la religion des Grecs.

ON remarque que tous les peuples de la terre, quelque différens et quelque opposés qu'ils soient par leurs caractères, leurs mœurs, leurs inclinations, se trouvent tous réunis dans un point essentiel, qui est le sentiment intime d'un culte dû à un Etre suprême, et des pratiques extérieures qui servent à manifester ce sentiment au dehors. Dans quelque pays qu'on se transporte, on y trouve des prêtres, des autels, des sacrifices, des fêtes, des cérémonies religieuses, des temples ou des lieux consacrés à la religion.

On ne trouve point de variété sur le fond de cette croyance; et si quelques particuliers, gâtés par une mauvaise philosophie, osent de temps en temps s'élever contre cette doctrine, ils sont aussitôt désavoués par un cri public. Tout le poids de l'autorité publique tombe sur eux, jusqu'à mettre leur tête à prix, et ils sont regardés partout comme des hommes exécrables, et comme des pestes de la société civile, avec qui l'on ne peut conserver aucun commerce. Un consentement si général, si universel et si constant de toutes les nations de l'univers, ne peut venir que d'une lumière présente à tous les esprits, d'un sentiment intime, gravé dans le fond du cœur de l'homme par l'Auteur de son être, et d'une tradition primordiale aussi ancienne que le monde même. Mais le monde ne s'est pas tenu long-temps à la simplicité et à la pureté de ces premiers principes. Les erreurs de l'esprit, et les vices du cœur, funestes effets de la corruption de la nature humaine, ont étrangement altéré ces principes, surtout parmi les Grecs, dont la religion ne fut qu'un amas monstrueux d'égaremens et de dissolutions. Après ces réflexions générales, il est temps d'entrer dans le détail. Je réduis cette matière à quatre articles. Dans le premier, je traiterai des fêtes ; dans le second, des oracles, divinations et augures ; dans le troisième, des jeux et des combats ; dans le quatrième, des spectacles et des représentations de théâtre.

ARTICLE I.

Fêtes des Grecs.

On célébrait dans les différentes villes de la Grèce, et surtout à Athènes, un nombre infini de fêtes. Il suffit de connaître les plus célèbres, qui sont les Panathénées, les fêtes de Bacchus, et les fêtes Elusiennes. Les Panathénées se célébraient en l'honneur de Minerve, Déesse tutélaire d'Athènes, à qui elle donna son nom (1). Il y en avait de deux sortes, les grandes et les petites ; les petites se célébraient chaque année, les grandes après quatre ans révolus. On y représentait toutes sortes de combats ; ceux de la course, les gymniques et ceux de musique, dans lesquels on comprend ceux de poésie. On y chantait les louanges d'Harmodius et d'Aristogiton,

(1) *Eschyle.* Panathénées.

qui sacrifièrent leur vie pour délivrer Athènes de la tyrannie des Pisistratides. On y joignit dans la suite l'éloge de Thrasybule, qui chassa les trente tyrans. Les disputes étaient très-vives, non-seulement entre les musiciens, mais encore plus entre les poètes ; et c'était une grande gloire que d'y être déclaré vainqueur. On sait qu'Eschyle mourut de regret d'avoir vu la palme adjugée à Sophocle, qui était beaucoup plus jeune que lui.

Une procession générale terminait ces jeux et ces combats. On y portait, avec grande pompe et grande cérémonie, un voile d'or, où étaient tracées artistement les actions guerrières de Pallas contre les Titans et les géans. Ce voile était attaché à un vaisseau qui portait le nom de la Déesse. Ce vaisseau, équipé de voiles et de mille rames, était conduit par terre, depuis le Cérammique jusqu'au temple Elusinien, non par des chevaux ou des bêtes de somme, mais par des machines cachées apparemment dans le fond du vaisseau, qui faisaient mouvoir les rames, et glisser le vaisseau. Toute la ville d'Athènes y assistait. La marche était auguste et majestueuse. On voyait à la tête les vieillards de l'un et de l'autre sexe ; au milieu étaient les femmes et les hommes forts et robustes, et après eux marchaient les jeunes personnes de l'un et de l'autre sexe. Enfin, les enfans faisaient la clôture de cette pompe religieuse. Dans cette fête, le peuple d'Athènes se mettait, lui et toute la république, sous la protection de Minerve, Déesse tutélaire de la ville, et lui demandait toutes sortes de prospérités.

Le culte de Bacchus avait été porté d'Egypte à Athènes. On y avait établi, en l'honneur de ce Dieu, les grandes et petites bacchanales. Celles-ci se célébraient en pleine campagne, vers le temps de l'automne, et s'appelaient *Lenea*, d'un mot grec qui signifie pressoir. Les grandes, qu'on nommait *Dionisia*, d'un des noms de ce Dieu, se célébraient dans la ville, vers le printemps. Dans les unes et dans les autres, on donnait au peuple des jeux, des spectacles, des représentations de théâtre, ce qui se faisait avec beaucoup de pompe et de magnificence. Les poètes y disputaient entre eux le prix de la poésie.

Ces fêtes duraient plusieurs jours. Ceux qui y étaient initiés, hommes et femmes, imitaient, par leurs différentes mascarades, tout ce qu'il a plu aux poètes de feindre du Dieu Bacchus. Travestis de la sorte, ils paraissaient en public, le jour et la nuit, contrefaisant les ivrognes, dansant d'une manière tout-à-fait indécente, et couraient en foule sur les montagnes, poussant des cris et des hurlemens terribles, comme des forcenés. On joignait à tout cela d'autres cérémonies de la dernière obscénité, et dignes du Dieu qui voulait être ainsi honoré. Ce n'étaient que danses, ivrogneries, débauches, et tout ce que la licence la plus effrénée peut imaginer de plus grandes abominations.

Il n'y a rien dans toute l'antiquité païenne de plus célèbre que la fête de Cérès d'Eleusis. Les cérémonies de cette fête étaient appelées, par excellence, les *mystères*. On en rapporte l'origine et l'établissement à Cérès même.

Fêtes de Bacchus.

Fêtes d'Eleusis.
Pausan. l. 10. p. 670.

Cette fête, la plus auguste de toute l'antiquité profane, se célébrait après quatre ans révolus, et durait neuf jours. Tout sexe, tout âge, toute condition de la ville d'Athènes avait droit d'y participer.

Les Athéniens faisaient initier leurs enfans, de l'un et de l'autre sexe, dans ces mystères, de fort bonne heure, et se seraient regardés comme criminels s'ils les avaient laissé mourir sans leur procurer cet avantage. L'opinion commune était que cette cérémonie engageait les initiés à mener une vie plus pure et plus réglée ; qu'elle attirait la protection particulière des déesses, et qu'elle procurait même pour l'autre vie un bonheur complet et assuré : au lieu que ceux qui n'y étaient point initiés, outre les maux qu'ils avaient à craindre pour cette vie, étaient condamnés, après leur descente aux enfers, à demeurer éternellement dans la boue et dans l'ordure. Diogène et Socrate n'en croyaient rien, aussi ne se firent-ils pas initier aux mystères.

Les premiers jours de la fête se passaient à quelques cérémonies et à quelques sacrifices offerts aux déesses. Le quatrième, vers le soir, se faisait la procession de la corbeille, qui était portée sur un char traîné lentement par des bœufs (1), et suivi d'une grande troupe de femmes athéniennes. Elles portaient toutes des corbeilles mystérieuses, remplies de diverses choses, qu'on tenait fort cachées et couvertes d'un voile de pourpre.

(1) Tardaque Eleusinæ matris volventia claustra. *Virg.* *Georg. l.* 1. *v.* 163.

Le cinquième jour était appelé le jour des *flambeaux*, parce que la nuit de ce jour hommes et femmes en portaient, pour imiter Cérès, qui, ayant allumé un flambeau au feu du mont Etna, allait errant, de côté et d'autre, pour chercher Proserpine, que Pluton avait enlevée.

Le sixième était le plus célèbre de tous; il s'appelait *Bacchus*. On portait pompeusement la statue de ce Dieu des ivrognes. La procession était très-nombreuse, et allait d'Athènes à Eleusis, chantant des hymnes et des cantiques en l'honneur des déesses. Le chemin par où passait cette pompeuse compagnie, s'appelait *la voie sacrée*.

Le septième était consacré par les jeux et par les combats gymniques. La récompense du vainqueur était une mesure d'orge, en mémoire de ce que c'était à Eleusis que Cérès avait d'abord enseigné le moyen de faire venir l'orge et d'en user. Les deux jours suivans étaient destinés à des cérémonies peu importantes. Cérès ne borna pas ses instructions à enseigner aux Grecs la manière de faire venir l'orge et les autres grains, et d'en faire usage, mais elle leur donna des principes de probité, de douceur et d'humanité, qui ont régné depuis, et ont fait tant d'honneur à la Grèce, et singulièrement à Athènes.

Pendant que cette fête durait, il était défendu, sous de très-grandes peines, d'arrêter qui que ce fût pour le mettre en prison, ni même de présenter aux juges aucune requête. C'était aussi un crime capital de divulguer les secrets et les mystères de cette fête.

C'est pour cette raison que Diagore le Mélien fut proscrit et sa tête mise à prix. Il en pensa coûter la vie au poète Eschyle et à Alcibiade, pour en avoir parlé trop librement. On fuyait comme un maudit et comme un excommunié quiconque avait violé ce secret (1).

On sent bien quel était le but de cette loi austère du silence imposé à tous les initiés. On voulait, à la faveur de ce silence, couvrir les désordres affreux qui se commettaient dans la célébration de ces impies et abominables mystères. Cela nous montre de quoi l'homme est capable quand il est livré aux ténèbres de son esprit et à la corruption de son cœur.

ARTICLE II.

Des Oracles, Divinations et Augures.

Rien n'est plus commun dans l'Histoire ancienne que d'entendre parler d'oracles, d'augures, de divinations. On ne faisait point de guerre, on n'envoyait point de colonie, on n'entreprenait, soit en public, soit en particulier, aucune affaire qui fût de quelque conséquence, sans avoir auparavant consulté les Dieux. C'était une coutume généralement établie chez tous les peuples égyptiens, assyriens, grecs, romains ; ce qui marque qu'elle venait d'une ancienne tradition, et qu'elle avait pris son origine dans la religion même du vrai Dieu, qui manifestait aux

(1) Est et fideli tuta silentio
Merces : vetabo qui Cereris sacrum
Vulgarit arcanæ, sub iisdem
Sit trabibus, fragilemque mecum
Solvat phaselum. *Hor. od.* 2. *l.* 2.

hommes ses volontés en différentes manières.

Les anciens fondaient la nécessité de consulter les Dieux sur l'ignorance de l'homme, qui, loin de percer dans l'avenir, n'aperçoit le présent même que d'une manière très-imparfaite, tant sa vue est courte et bornée; d'où ils concluaient que la Divinité seule, à qui tous les siècles sont ouverts, peut lui faire connaître l'avenir, et faciliter le succès de ses entreprises; et qu'il est raisonnable de croire qu'elle accorde ses lumières et sa protection à ceux qui lui rendent un hommage plus pur, et qui la consultent avec plus de sincérité et de bonne foi.

Quelle honte pour l'esprit humain, qu'un principe si lumineux l'ait conduit à des raisonnemens si pitoyables, sur tout ce qui concerne la science des augures et des aruspices, et lui en ait fait embrasser avec un respect aveugle les puérilités les plus ridicules: faire dépendre les plus importantes affaires de l'Etat, du chant, du vol et du cri d'un oiseau, des entrailles d'une bête, des monstres, des éclipses et d'une infinité d'autres choses pareilles, les unes plus ridicules que les autres!

Les plus sensés d'entre les païens savaient bien ce qu'il fallait penser de tout ce qui regarde l'art de la divination, et ils en parlaient entre eux, et souvent même en public, de la manière la plus méprisante. Cicéron s'en explique sans ambiguïté et sans ménagemens; et ce qu'il y a d'étonnant, c'est qu'au milieu de tout cela il soutient que cet usage, tout abusif qu'il est, mérite d'être respecté. Aussi a-t-il mérité, comme tous les

Augures.

Cicer. l. 1 de Divin. n. 25

autres philosophes païens , d'être abandonné à ses ténèbres et à un sens réprouvé, pour n'avoir pas honoré le seul Créateur du monde qu'il connaissait.

Nul pays ne fut plus riche ni plus fertile en oracles que la Grèce. Les oracles les plus *Oracles.* connus et qui avaient le plus de réputation, étaient : 1.° l'oracle de Dodone , ville située chez les Molosses dans l'Epire. Jupiter y rendait ses oracles, soit par les chênes, soit par les colombes , qui avaient aussi leur langage, soit par la bouche des prêtres et des prêtresses.

Hérod. l. 1. c. 157. Strab. l. 14 p. 634. Tacit. Ann. l. 2. c. 54. 2.° L'oracle des *Branchides*, dans le voisinage de Milet, ainsi appelé de Branchus , fils d'Apollon, était fort ancien et fort respecté par tous les Ioniens, et les Doriens de l'Asie. Celui de la ville de Claros était aussi en grande vénération, comme un grand nombre d'autres que j'omets , pour parler du plus fameux de tous, qui était celui d'Apollon à Delphes. Il y était honoré sous le nom de *Pythien;* nom qui lui venait du serpent Python qu'il avait tué. Delphes était une ancienne ville de la Phocide en Achaïe. Il y avait toujours une prêtresse qu'on appelait Pythie, à cause que le trépied sur lequel elle montait était couvert de la peau du serpent Python , établie pour recevoir les impressions du Dieu , et rendre ses oracles à ceux qui venaient le consulter. Avant de monter sur le trépied , elle s'y disposait par de longs préparatifs, des sacrifices, des purifications, un jeûne de trois jours, et beaucoup d'autres cérémonies.

La Pythie ne pouvait prophétiser qu'elle

n'eût été enivrée de la vapeur qui sortait du sanctuaire d'Apollon. Cette vapeur miraculeuse ne l'enivrait pas en tout temps et en toute occasion. Le Dieu n'était pas toujours d'humeur de l'inspirer ; d'abord il ne le faisait qu'une fois l'an. On obtint dans la suite qu'il inspirerait la Pythie une fois le mois. Tous les jours n'étaient pas convenables, et il y en avait où il n'était pas permis de consulter l'oracle. Ces prétendus jours malheureux furent un prétexte dont se servit la prêtresse pour refuser de satisfaire Alexandre, qui était allé à Delphes pour consulter le Dieu. La prêtresse, qui prétendait qu'il n'était point alors permis de l'interroger, ne voulut point entrer dans le temple. Alexandre, qui était vif dans tout ce qu'il voulait, la prit par le bras pour l'y mener de force, et elle s'écria : *Ah ! mon fils, on ne peut te résister !* ou bien : *Ah ! mon fils, tu es invincible !* A ces paroles, Alexandre s'écria, de son côté, qu'il ne voulait point d'autre oracle, et qu'il était content de ce qu'il venait d'entendre.

Le Dieu annonçait sa venue en secouant lui-même un laurier qui était devant la porte du temple, et en faisant trembler le temple jusqu'aux fondemens. Dès que la vapeur divine, comme un feu pénétrant, s'était répandue dans les entrailles de la prêtresse, on voyait ses cheveux se dresser sur sa tête ; son regard était farouche, sa bouche écumait, un tremblement subit et violent s'emparait de tout son corps ; elle ressentait tous les symptômes d'une personne agitée de fureur. Elle proférait quelques paroles mal articulées, que les assistans recueillaient avec soin, et rangeaient comme ils voulaient (1).

Lorsque la prophétesse avait été un certain temps sur le trépied, ils la ramenaient dans sa cellule, où elle était plusieurs jours à se remettre de ses fatigues ; et souvent, dit Lucain, une mort prompte était le prix ou la peine de son enthousiasme :

Numinis aut pœna est mors immaturata recepti,
Aut pretium......

Entre plusieurs marques que Dieu donne dans ses Écritures, pour discerner ses oracles de ceux du démon, la fureur en est une. « C'est moi, dit Dieu, qui fais voir la faus- » seté des prédictions des devins, et qui force » ceux qui se mêlent de deviner, à prendre » tous les mouvemens des insensés et des fu- » rieux (2) ; » au lieu que le caractère propre et constant des prophètes du vrai Dieu, était de rendre les réponses divines d'un ton égal et modéré, et avec une noble tranquillité. Une autre marque distinctive, c'est que les démons rendent leurs oracles dans des lieux secrets, à l'écart, dans l'obscurité des antres; au lieu que Dieu rend les siens en plein jour et devant tout le monde (3). Ainsi, Dieu

(1) .... Cui talia fanti
Antè fores, subitò non vultus, non color unus,
Non comptæ mansére comæ : sed pectus anhelum,
Et rabie sera corda tument; majorque videri,
Nec mortale souans, afflata est Numine quando
Jam propiore Dei. *Virgil. Æn. l.* 6. *v.* 46. 51.
(2) Ariolos in furorem vertens. *Isa.* 44. *v.* 25.
(3) Non in abscondito locutus sum, in loco terræ tenebroso. *Id.* 45. 19.

n'a permis au démon d'imiter ses oracles, qu'en lui imposant des conditions qui pouvaient servir à reconnaître la différence des vrais et des faux.

Le caractère propre et ordinaire des oracles, était l'ambiguité, l'obscurité: et, s'il est permis de parler ainsi, l'entortillement ; en sorte qu'une même réponse pût convenir à plusieurs événemens tout différens et souvent même opposés. A la faveur de cet artifice, les démons, qui ne peuvent point connaître par eux-mêmes l'avenir , couvraient leur ignorance, et se jouaient de la crédulité des païens. Lorsque Crésus , près d'attaquer les Mèdes, consulta l'oracle de Delphes sur le succès de cette guerre, on lui répondit, *qu'en passant le fleuve Halys, il ruinerait un grand empire.* Quel empire ? le sien, ou celui des ennemis ? C'était au prince à deviner ; mais quel que dût être le succès, l'oracle aura toujours dit vrai. Il en faut dire autant de la réponse du même Dieu à Pyrrhus :

Aio te , Æacida , Romanos vincere posse.

Il faut pourtant avouer , qu'à l'égard des événemens présens , la réponse des oracles était quelquefois claire et circonstanciée : telle fut celle qu'il fit à Crésus. Ce prince ayant fait consulter l'oracle sur ce qu'il faisait dans un certain temps , l'oracle répondit qu'il faisait cuire une tortue, avec un agneau , dans un vase d'airain; et cela était ainsi. La raison en est, que les démons ont une connaissance très-étendue de ce qui se passe actuellement

Tertul. in Apolog.

dans le monde, par la facilité merveilleuse qu'ils ont de se transporter, presque en un moment, en différens lieux. Que si l'on rapporte quelques oracles qui aient été suivis d'un événement précis, on doit croire que Dieu, pour punir l'aveuglement et la sacrilége crédulité des païens, a quelquefois permis que les démons eussent connaissance de l'avenir, et le prédissent assez clairement. Cette conduite de Dieu, quoique fort élevée au-dessus de la raison humaine, est souvent attestée par les Ecritures.

On demande si les oracles, dont il est parlé si souvent dans l'histoire profane, doivent être attribués à l'opération du démon ou simplement à la malice et à la fourberie des hommes. On ne peut révoquer en doute, et c'est une tradition certaine et constante de tous les Pères de l'Eglise et de tous les auteurs ecclésiastiques, que le démon est l'auteur de l'idolâtrie en général, et des oracles en particulier. Ce sentiment n'empêche pas de croire que souvent il y avait de l'imposture et de la fraude de la part des prêtres et prêtresses, dans la réponse des oracles. On voit dans l'histoire Grecque que, plus d'une fois, la Pythie de Delphes s'était laissé corrompre par des présens. Démosthène, qui soupçonnait, avec raison, Philippe de l'avoir gagnée, disait, avec esprit, que la Pythie *philippisait*.

Par rapport au temps où les oracles ont cessé, tous les Pères enseignent unanimement que la naissance de Jésus-Christ leur a imposé silence, non pas tout d'un coup, mais

Plut. in Démost. p. 834.

à mesure que les hommes ont connu Jésus-Christ, et que sa doctrine salutaire s'est répandue dans le monde. Quel honneur ne faisait point à notre sainte religion ce silence imposé aux oracles par la victoire de Jésus-Christ! Le premier venu d'entre les chrétiens, nous dit Tertullien, fermait la bouche à ces pères du mensonge, et les rendait muets, ou s'ils parlaient, c'était pour faire un aveu public de leur faiblesse et de leur impuissance.

Tertul. in Apolog.

Il est étonnant que mille fourberies, mille faussetés découvertes évidemment à Delphes et partout ailleurs, n'aient point dessillé les yeux des hommes, ni diminué en rien le crédit des oracles. Il subsista pendant plus de deux mille ans, et fut porté à un point qui ne se conçoit pas, et cela dans l'esprit des plus grands hommes, des philosophes les plus éclairés, et généralement chez tous les peuples les mieux policés, et qui se piquaient le plus de prudence et de politique. Il était réservé à la religion de Jésus-Christ, qui, en venant au monde, y a apporté la grâce et la vérité, de dissiper ces affreuses ténèbres qui couvraient le monde, et de décrier la vanité des oracles. Ce triomphe de la religion doit nous faire sentir quelle obligation nous avons au souverain Médiateur d'avoir dissipé cette profonde nuit dans laquelle tout le genre humain était enseveli.

ARTICLE III.

Des Jeux et des Combats.

Les jeux et les combats faisaient partie de la religion, et entraient dans presque toutes les fêtes des anciens. Les instituteurs de ces sortes de jeux et de combats, qui sont les plus grands héros de l'antiquité, et le but qu'on s'était proposé, leur donnèrent un grand cours parmi les peuples les plus policés.

Les Grecs, naturellement guerriers et attentifs à former également le corps et l'esprit de leur jeunesse, avaient introduit ces exercices, et les avaient mis en honneur, pour préparer les jeunes gens à la profession des armes, pour fortifier leur santé, pour les rendre plus robustes, les faire à la fatigue, et les rendre plus fermes dans les combats. Ces exercices athlétiques leur tenaient lieu d'académie; mais ils ne se bornaient pas à la bonne grâce, ils voulaient y joindre la force.

Il y avait quatre jeux solennels dans la Grèce : les olympiques, les pythiques, les néméens et les isthmiques; et afin qu'on y pût assister en sûreté, il y avait pendant tout le temps que duraient ces jeux, une suspension d'armes dans toute la Grèce, toutes les hostilités y cessaient. Les jeux olympiques, ainsi appelés d'Olympie, autrement dite Pise, ville de l'Elide dans le Péloponnèse, auprès de laquelle ils se célébraient après quatre ans révolus, avaient été établis en l'honneur de Jupiter olympien. Les pythiques étaient consacrés à Apollon. Les néméens tiraient leur nom de la ville et forêt de Némée. Ils furent établis ou renouvelés par Hercule, pour consacrer la victoire qu'il avait remportée sur le lion de la forêt de Némée. Ils se célébraient de deux ans en deux ans. Enfin , les isthmiques, ainsi appelés de l'isthme de Corinthe , où on les célébrait de quatre ans en quatre ans, étaient consacrés à Neptune.

Dans ces jeux, qu'on célébrait avec tant de magnificence, et qui attiraient de tous côtés une prodigieuse multitude de spectateurs et de combattans, on ne donnait pour toute récompense, qu'une simple couronne d'olivier sauvage aux jeux olympiques; de laurier aux jeux pythiques; d'ache vert aux jeux néméens, et d'ache sec aux jeux isthmiques. On est étonné de voir que le prix de la victoire soit si peu de chose ; mais on cesse de l'être, quand on fait attention au but que s'étaient proposé les instituteurs de ces jeux. Ils voulaient par là faire entendre que l'honneur seul devait conduire les combattans , et non pas un vil et bas intérêt. C'est sur ce même principe que Rome ne décerna à celui qui avait sauvé la vie à un citoyen, qu'une couronne de feuilles de chêne (1); n'ayant point voulu , dit Pline, mettre de prix à un service qui en effet n'en a point.

Les Grecs ne concevaient rien de comparable à la victoire qu'on remportait dans ces jeux; ils la regardaient comme le comble de la gloire , et ne croyaient pas qu'il fût permis à un mortel de porter plus loin ses désirs. C'était pour eux ce que le consulat, dans toute sa splendeur , était pour les Romains.

(1) Salutem civis in pretio esse noluerint.

Horace dit que les Grecs regardaient les vainqueurs comme élevés au-dessus de la condition humaine : ce n'étaient plus des hommes, c'étaient des Dieux (1).

Athlète. Le nom d'*athlète* est dérivé du mot grec ᾱθλος, qui signifie travail. On donnait ce nom à ceux qui s'exerçaient à dessein de pouvoir disputer les prix dans les jeux publics. L'art qui les formait à ces combats, s'appelait *Gymnastique*, parce que les athlètes y paraissaient nus. Les maîtres employaient les moyens les plus efficaces pour endurcir le corps de ces jeunes gens aux fatigues des jeux publics, et pour les former aux combats. Leur régime de vie était très-dur et très-austère. Ils n'étaient nourris, dans les premiers temps, que de figues sèches, de noix, de fromage mou, et d'un pain grossier et pesant. Le vin leur était entièrement interdit, et la continence commandée (2).

Avant d'être admis au combat, il fallait subir diverses épreuves ; par rapport aux mœurs, elles devaient être sans reproche ; à la condition, il fallait être libre ; à la naissance, il fallait être Grec. On n'admettait aucun étranger parmi eux ; et lorsqu'Alexandre, fils d'Amynthas, roi de Macédoine, se présenta pour y disputer le prix, ses concurrens, sans aucun égard pour la dignité royale, s'opposèrent d'abord à sa réception, le

(1) . . . . . Palmaque nobilis
Terrarum dominos evehit ad Deos. *Od.* 1. *l.* 1.
(2) Qui studet optatam cursu contingere metam,
Multa tulit fecitque puer, sudavit et alsit,
Abstinuit venere et vino. *Hor. Art. Poet. v.* 412.

regardant comme Macédonien ; et ce prince ne put parvenir à se faire agréer, qu'après avoir prouvé, en bonne forme, que sa maison était originaire d'Argos.

Les combats qui faisaient la meilleure partie des jeux publics, sont : le pugilat, la lutte, le pancrace, le disque, la course. On y joint aussi l'exercice du saut, celui du trait, et celui du cerceau, *trochus*. Il est temps de mettre nos athlètes aux mains, et de parcourir les différentes sortes de combats où ils s'exerçaient.

La lutte est un des plus anciens exercices dont nous ayons connaissance, puisqu'elle était pratiquée dès le temps des patriarches ; témoin la lutte de l'ange contre Jacob, qui soutint si vigoureusement l'attaque de cet athlète céleste. Les lutteurs, nus et frottés d'huile, se colletaient deux à deux. Le but que l'on se proposait était de renverser son adversaire et de le terrasser. Pour cela ils employaient la force et la ruse, et jamais la fraude. Parmi les tours de souplesse ordinaires aux lutteurs, c'était un avantage considérable de se rendre maître des jambes de son antagoniste ; ce que nous appelons *supplanter, donner le croc en jambes.* Ce qui a fait dire à Plaute, en parlant du vin : c'est un dangereux lutteur, il s'attaque d'abord aux pieds (1).

Les athlètes qui se sont acquis chez les Grecs plus de réputation à la lutte, sont Milon de Crotone, dont j'aurai lieu de parler ailleurs, et Polydamas. Celui-ci, seul et sans

La lutte.

____

(1) Captat pedes primùm, luctator dolosus est.

3

armes, tua sur le mont Olympe un lion des plus furieux. Une autre fois, ayant saisi un taureau par l'un des pieds de derrière, cet animal ne put échapper qu'en laissant la corne de son pied dans la main de cet athlète. Lorsqu'il retenait un chariot par derrière, le cocher fouettait inutilement ses chevaux pour les faire avancer. Darius Nothus lui ayant mis en tête trois soldats de sa garde, des plus forts et des plus aguerris, notre athlète se battit contre eux trois, et les tua.

Le pugilat est un combat à coups de poings, d'où il tire son nom. Les combattans couvraient leurs poings d'armes offensives, appelées *cestes*, et leur tête d'une espèce de calotte destinée à garantir surtout les tempes et les oreilles, comme les parties les plus exposées aux coups. Les cestes étaient une espèce de gantelets et de mitaines, composés de plusieurs courroies de cuir, qu'on fortifiait de plaques de cuivre, de fer ou de plomb. C'était de tous les combats gymniques, un des plus rudes et des plus périlleux, puisqu'outre le danger d'être estropié, les athlètes y couraient risque de la vie; et d'ordinaire ils sortaient du combat le visage tellement défiguré, qu'ils en étaient presque méconnaissables; remportant avec eux de tristes marques de leur vigoureuse résistance, telles que des bosses et des contusions sur le visage, un œil hors de la tête, les dents et les mâchoires brisées (1).

(1) . . . . . Crassumque cruorem.
Ore rejectantem mixtosque in sanguine dentes ,
Ducunt ad naves. *Æn. l. 5. v.* 469.

Le pancrace, ainsi appelé de deux mots Pancrace. grecs qui marquent que, pour y réussir, toute la force du corps y était nécessaire, était composé de la lutte et du pugilat. Il empruntait du premier les secousses et les contorsions, et du second l'art de porter des coups avec succès et de les éviter. C'était, de tous les combats, le plus rude et le plus dangereux.

Le disque était une sorte de palet, de figure Disque ou Palet. ronde, fait quelquefois de bois; mais le plus souvent de pierre, de plomb, de fer ou de cuivre. Il était d'une telle pesanteur, qu'on avait bien de la peine à soutenir pendant quelque temps un pareil fardeau. Le but de cet exercice, comme de presque tous les autres, était de fortifier le corps. Le discobole (1), après avoir fait faire à son palet plusieurs tours, presque horizontalement, le lançait. La victoire était pour celui qui avait poussé son disque plus loin que tous les autres.

Entre les différens exercices que les Grecs cultivaient avec tant de soin, la course était Course. celui qui tenait le premier rang. C'était par là que commençaient les jeux olympiques; et ce seul exercice en faisait d'abord toute la solennité. Il y avait trois sortes de courses: la course des chars, la course à cheval, et la course à pied.

Dans la course à pied, il ne s'agissait que A pied. de parcourir une seule fois la carrière, à l'extrémité de laquelle le prix attendait le vainqueur, c'est-à-dire, celui des athlètes qui

____

(1) C'est ainsi qu'on appelait ceux qui s'exerçaient à ce combat.

4

était arrivé le premier. L'agilité des coureurs décidait ici du mérite des sujets et du prix de la victoire, tous partant à la fois de la barrière, dans le moment que le signal était donné.

A cheval.

La course simple du cheval monté par un cavalier, était moins célèbre chez les anciens. Il s'est trouvé cependant des personnes très-considérables, et des rois mêmes qui ont cherché à s'y distinguer. Ce qui faisait aux spectateurs le plus de plaisir dans cet exercice, c'était l'adresse avec laquelle les cavaliers changeaient de cheval, et sautaient habilement sur un autre qu'ils prenaient par la bride. On appelait ces chevaux, *desultorii*, et les cavaliers, *desultores*.

Des chariots.

Cette sorte de course était, de tous les exercices et de tous les jeux anciens, le plus renommé et celui qui faisait le plus d'honneur. Il ne paraîtra pas étonnant que cela fût ainsi, si l'on en considère l'origine. On voit clairement qu'elle venait de la coutume constante des princes, des héros et des plus grands hommes, de combattre à la guerre de dessus les chariots. On sent assez que la dépense excessive qu'il fallait faire pour les chariots, les chevaux et les ornemens des chars, excluait toutes les personnes pauvres de cette sorte d'exercice; et que tous ceux qui s'y présentaient, étaient des personnes considérables, ou par leurs richesses, ou par leur naissance, ou par leurs emplois. Les rois mêmes aspiraient à cette gloire, persuadés que la palme olympique rehaussait de beaucoup l'éclat du sceptre et du diadème.

Les chars étaient attelés le plus ordinairement de deux ou de quatre chevaux de front. *Bigæ, quadrigæ.* Quand on y attelait des mules, le char s'appelait pour lors ἀπήνη. Les chars, rangés sur une même ligne, à un certain signal, partaient tous ensemble du lieu qu'on appelait *Carceres.* Ces courses ne se faisaient pas sans quelque danger; car, comme le mouvement des roues était fort rapide, et qu'il fallait friser le but en tournant, pour peu que l'on manquât à prendre le tour, le chariot était mis en pièces, et celui qui le conduisait pouvait être dangereusement blessé, et même être écrasé, comme on en a vu des exemples.

Il n'était pas nécessaire que ceux qui aspiraient à la victoire entrassent dans la lice, et conduisissent eux-mêmes le char; il suffisait qu'ils fussent présens au spectacle, ou même qu'ils envoyassent les chevaux destinés à mener le char; et c'est pour cela que les dames pouvaient y être admises, pour y disputer la couronne aussi-bien que les hommes, et que plusieurs d'entre elles y ont remporté le prix. Cynisca, sœur d'Agésilas, roi de Lacédémone, fut la première qui ouvrit cette nouvelle carrière de gloire aux personnes de son sexe, et qui fut proclamée victorieuse dans la course des chars attelés de quatre chevaux. Cette victoire, qui jusque là n'avait point eu d'exemple, ne manqua pas d'être célébrée avec tout l'éclat possible. On érigea dans Sparte un monument superbe en l'honneur de Cynisca. Les poètes étalèrent toutes les grâces et les beautés de leur

Pausan. l. 3. p. 172.

Ibid.

art pour chanter cette victoire, et transmettre à la postérité ce nouveau triomphe. Elle-
même consacra, dans le temple de Delphes,
un char d'airain attelé de quatre chevaux.

*Ibid. l. 6.
p. 341.*

On y ajouta dans la suite le tableau de Cynisca, peint de la main du fameux Apelles,
et l'on orna le tout de plusieurs inscriptions
en l'honneur de la noble et courageuse Spar-
taine.

Honneurs
et récompen-
ses accordées
aux vain-
queurs.

Ces honneurs et ces récompenses étaient
de plus d'une espèce. Les acclamations dont
les spectateurs honoraient la victoire des athlètes, étaient comme le prélude des prix qui
leur étaient destinés. Ces prix étaient différentes couronnes, qui étaient toujours de
palmes, que les vainqueurs portaient de la
main droite. Quand le vainqueur retournait
dans sa patrie, tous ses concitoyens allaient
au-devant de lui. Revêtu des marques de sa
victoire, et monté sur un cheval, il entrait
dans la ville, non par la porte, mais par une
brèche que l'on faisait exprès à la muraille.
On portait des flambeaux devant lui, et il
était suivi d'un nombreux cortége de personnes de toutes conditions, qui s'empressaient
d'honorer ainsi son triomphe.

Un des plus honorables priviléges qu'on
accordait aux vainqueurs, était le droit de
préséance dans les jeux publics. Un second
privilége, était d'être nourris aux dépens de
leur patrie, et on les exemptait de toute charge et de toute fonction civile, onéreuse; mais
le plus intéressant, et le plus capable de donner de l'émulation, et de faire de nobles efforts, c'était l'usage où l'on était de dater

l'année par le nom du vainqueur, qui, par
là, devait se trouver à la tête de tous les fas-
tes et de tous les actes publics, passés pendant l'année de la victoire.

L'éloge des athlètes victorieux était, chez
les Grecs, un des principaux sujets de la poésie lyrique. La sculpture se joignait à la poésie, pour éterniser le nom et la mémoire des
athlètes. On érigeait des statues en l'honneur
des vainqueurs, dans le lieu même où ils
avaient été couronnés, et quelquefois aussi
dans celui de leur naissance; et c'était ordinairement aux frais de la patrie du vainqueur. Y a-t-il quelque aiguillon plus puissant pour des gens qui n'avaient d'autre but
que la gloire humaine?

Avant de terminer ce qui regarde les combats et les jeux qui étaient en si grand honneur dans la Grèce, je crois qu'il sera de quelque utilité pour la jeunesse, de lui mettre
sous les yeux la différence de goût qui était
entre les Grecs et les Romains, sur la matière
dont il est ici question. Il est bon qu'elle sa-
che, du moins en abrégé, combien, sur ce sujet, le caractère des Grecs était différent de
celui des Romains.

Différence de goût qui était entre les Grecs et les Romains, par rapport aux spectacles.

Ceux-ci, nourris dans la guerre et dans
les combats, conservèrent toujours, malgré
la politesse dont ils se piquaient, quelque
chose de leur ancienne férocité; et c'est pour
cela que le sang et le meurtre, dans leurs
spectacles publics, faisaient leur plus agréable divertissement. Dans les combats des gladiateurs, et celui des hommes contre les ours
et les lions, le cri des mourans et le sang

humain qui coulait de toutes parts, fournis-
saient un agréable spectacle à tout un peuple, et au sexe même naturellement tendre
et compatissant, qui y assistait en foule. Ils
repaissaient leurs yeux homicides du cruel
plaisir de voir des hommes s'entre-tuer de
sang-froid, et de faire déchirer par les bêtes
féroces, dans les temps de persécutions, des
vieillards, des enfans, des femmes, de tendres vierges, dont l'âge et la faiblesse exci-
tent ordinairement la compassion dans les
cœurs les plus durs.

Dans la Grèce, ces combats étaient absolument inconnus; et sur la proposition qu'on
fit aux Athéniens d'établir dans leurs villes un
combat de gladiateurs : *Renversez donc auparavant*, s'écria Démonax (1), *du milieu
de l'assemblée ; renversez l'autel que nos
pères , il y a plus de mille ans, ont érigé
à la miséricorde*. Un esprit de modération,
de douceur et d'humanité, qui faisait le caractère des Grecs, régnait dans leurs spectacles. Leurs fêtes n'avaient rien de triste et
d'affligeant. Tout s'y terminait par la joie, par
l'amitié et la concorde. Ainsi, on ne peut
disconvenir qu'ici les Grecs ne l'emportent
infiniment sur les Romains, par la conduite,
la sagesse et la modération.

Une seconde réflexion bien plus importante que la précédente, est que les jeunes gens
doivent s'encourager à mener une vie sobre,
réglée et tempérante, qui doit être récompensée d'une couronne incorruptible et im-
mortelle, par la comparaison de ce que l'es-

(1) Célèbre philosophe.

pérance d'une couronne corruptible faisait souffrir aux athlètes pour y parvenir.

ARTICLE IV.

Des combats d'esprit.

J'ai réservé pour la fin une dernière espèce de combats, qui ne dépendaient en aucune sorte de la force, de l'agilité et de l'adresse du corps, et qu'on peut appeler, avec raison, des combats d'esprit, où les orateurs, les historiens et les poètes faisaient preuve de leur habileté. L'émulation, dans ces sortes de disputes, était d'autant plus vive et plus allumée, qu'il s'y agissait d'une victoire qui décidait du mérite, de l'esprit et de la capacité, qui sont les avantages qu'on ambitionne avec le plus d'ardeur, et dont on est le moins disposé à céder la gloire aux autres.

Tous les écrivains se rendaient de toutes parts à Olympie, pour y faire la lecture de leurs ouvrages, trouvant cette voie la plus courte et la plus sûre, pour se faire en peu de temps une grande réputation. En effet, toutes les bouches de ceux qui avaient assisté aux jeux, étaient comme autant de trompettes qui faisaient retentir toute la Grèce du nom et de la gloire de celui qui avait remporté le prix. C'est ce qui arriva à Hérodote, ce célèbre historien : *Voilà*, criait-on partout où il passait, *voilà celui qui a si dignement écrit nos histoires, et célébré les glorieux avantages que nous avons remportés sur les barbares.*

Émulation des écrivains et des poètes pour disputer le prix.

Lucian. in Hérod. p. 622.

Ce qui se passait aux jeux olympiques, par rapport aux disputes entre les poètes, n'est rien en comparaison de l'ardeur et de l'émulation qui régnaient à Athènes sur ce sujet. La raison en est bien sensible : c'est que jamais nul autre peuple n'a montré tant d'ouverture d'esprit, et n'a porté si loin le goût de l'éloquence, de la poésie et des sciences; la justesse du sentiment, la finesse de l'oreille, et même la délicatesse sur tous les raffinemens du langage. Il y avait des juges ou commissaires, nommés par l'Etat, devant qui les auteurs récitaient leurs ouvrages, soit comiques, soit tragiques. Ces juges donnaient leurs suffrages, et la pièce qui avait la pluralité des voix, était déclarée victorieuse, couronnée comme telle, et représentée avec toute la pompe possible, aux frais de la république. Ce n'était pas toujours les meilleures pièces qui avaient la préférence. Mais dans quel temps la brigue, le caprice, l'ignorance et les préjugés n'ont-ils pas eu lieu ? Elien entre en mauvaise humeur contre les juges, qui, dans une pareille dispute, n'assignèrent que la seconde place à Euripide ; et il les accuse, ou d'avoir jugé sans lumière ou de s'être laissé corrompre par argent. Il est aisé de concevoir quelle ardeur d'émulation ces disputes et ces récompenses publiques excitaient parmi les poètes, et combien elles contribuèrent à la perfection où la Grèce a porté les pièces dramatiques.

On appelle poème dramatique, celui dans lequel on fait parler et agir sur le théâtre les personnages mêmes; à la différence du poème épique, où le poète ne fait que raconter de son chef, indirectement et de suite, les aventures de ceux dont il parle. Il est naturel d'aimer les beaux récits de ce qui est arrivé de remarquable à des personnes illustres, ou à des nations entières : voilà l'origine du poème épique. Mais on est tout autrement touché d'entendre des personnages eux-mêmes, d'être appelé dans la confidence de leurs plus secrets sentimens, d'être le témoin, l'auditeur et le spectateur de leurs résolutions, de leurs entreprises, de leurs succès heureux, ou malheureux. Lire et voir une action, sont deux choses bien différentes. Un acteur touche infiniment plus qu'une simple lecture ; voilà l'origine du poème dramatique, qui comprend la tragédie et la comédie. Elles avaient pris naissance l'une et l'autre chez les Grecs. Aussi les regardaient-ils comme des fruits nés de leur cru, dont ils ne pouvaient se rassasier. Cette avidité allait encore plus loin dans Athènes qu'ailleurs.

Dramatique.

Le but de la tragédie est de toucher vivement le spectateur, et de l'attendrir sur les dangers, les troubles, les malheurs, en un mot, sur tout ce qui regarde les personnes illustres.

Tragédie.

> Si d'un beau mouvement l'agréable fureur
> Souvent ne nous remplit d'une douce terreur,
> Ou n'excite en notre ame une pitié charmante,
> En vain vous étalez une scène savante.
> Le secret est d'abord de plaire et de toucher.
> Inventez des ressorts qui puissent m'attacher.

Boil. Art. Poét.

La comédie est, à proprement parler, une image de la vie commune. Son but est de montrer sur le théâtre les défauts et les vices, en y attachant un ridicule qui les rend méprisables, et ainsi d'instruire en divertissant : c'est le *miscere utile dulci* d'Horace. C'est donc le ridicule, c'est-à-dire, la plaisanterie qui doit dominer dans la comédie. Le mal est que, pour intéresser le spectateur, elle fait toujours usage d'une passion bien plus dangereuse que les défauts ridicules qu'elle entreprend de corriger.

Le même.
> Le théâtre perdit son antique fureur :
> La comédie apprit à rire sans aigreur ;
> Sans fiel et sans venin sut instruire et reprendre,
> Et plut innocemment dans les vers de Ménandre.
> Chacun peint avec art dans ce nouveau miroir,
> S'y vit avec plaisir, ou crut ne s'y pas voir.

La tragédie doit sa naissance aux fêtes de Bacchus, célébrées pendant les vendanges. Dans ces premiers commencemens, le poème tragique n'était qu'un tissu de contes bouffons, mêlés parmi les chants du chœur, qui entonnait les louanges de ce Dieu. Thespis y fit plusieurs changemens : le premier fut de promener ses acteurs ; l'autre, de les barbouiller de lie.

Le même.
> Thespis fut le premier qui, barbouillé de lie,
> Promena par les bourgs cette heureuse folie ;
> Et, d'acteurs mal ornés chargeant un tombereau,
> Amusa les passans d'un spectacle nouveau.

Les poètes qui se sont le plus distingués dans ce genre de poésie, sont : Eschyle, Sophocle et Euripide. Sous le premier, la tragédie prit une nouvelle forme. Il donna un masque à ses acteurs, leur chaussa le brodequin. Au lieu de charette, il fit bâtir un théâtre médiocrement exhaussé, et changea entièrement le style, qui devint grave et sérieux; au lieu qu'il était auparavant enjoué et burlesque.

> Eschyle, dans le chœur, jeta ses personnages;
> D'un masque plus honnête habilla les visages :
> Sur les ais d'un théâtre en public exhaussé,
> Fit paraître l'acteur de brodequins chaussé.

Le même.

Sous Sophocle et Euripide, la tragédie acheva de se polir et de se perfectionner.

Pendant que la tragédie se perfectionnait ainsi à Athènes, la comédie, qui forme la seconde espèce du poème dramatique, et qui jusque là avait été fort négligée, commença à être cultivée avec plus de soin. L'une et l'autre tirent leur origine du fonds même de la nature. Les progrès de la tragédie ne contribuèrent pas peu à ceux de la comédie.

Comédie.

> Des succès fortunés du spectacle tragique,
> Dans Athènes naquit la comédie antique.

Boileau.

Elle prit à Athènes, en différens temps, trois différentes formes, tant par le génie des poètes, que par les lois des magistrats, qui y apportèrent différens changemens. La comédie qu'Horace appelle la *vieille*, tenait quelque chose de sa première origine, et de la liberté qu'elle s'était donnée, étant encore informe, de dire des bouffonneries et des injures aux passans, du haut du chariot de Thespis. Quoique devenue régulière dans son plan, et digne d'un grand théâtre, elle n'en était pas plus réservée. Nul n'était épargné dans une ville aussi libre, disons mieux, aussi libertine que l'était alors Athènes. Généraux, magistrats, gouvernement, Dieux mêmes,

Ancienne.

tout était livré à la bile satirique des poètes ; et tout était bien reçu, pourvu que la comédie fût réjouissante et assaisonnée du sel attique. Trois poètes surtout illustrèrent la comédie ancienne : Eupolis, Cratinus et Aristophane. A cette comédie satirique et mordante, succéda la moyenne.

Moyenne.

Celle-ci ne nommait plus personne sur le théâtre, conformément à la loi qu'en avaient faite les magistrats. Elle se mit à saisir le ridicule dans les hommes, et à tracer des caractères vrais et reconnaissables ; de sorte qu'elle gagna l'avantage de satisfaire plus finement la vanité des poètes, et la malice des spectateurs. Elle procura aux uns le plaisir délicat de se faire deviner, et aux autres, celui de deviner juste en nommant les masques. Elle

Nouvelle.

dura dans cet état jusqu'au temps d'Alexandre, qui refréna cette licence des poètes, qui s'augmentait de jour en jour. Et c'est ce qui donna naissance à la nouvelle comédie ; et, à proprement parler, à la belle comédie, qui est, comme j'ai dejà dit, une image naturelle de la vie commune.

Boileau.

> Chacun peint avec art dans ce nouveau miroir,
> S'y vit avec plaisir ou crut ne s'y pas voir.
> L'avare, des premiers, rit du tableau fidèle
> D'un avare souvent tracé sur son modèle ;
> Et mille fois un fat, finement exprimé,
> Méconnut le portrait sur lui-même formé.

C'est à Ménandre que le théâtre athénien doit sa perfection pour cette partie. Au jugement de Quintilien, ce poète, par la beauté de ses ouvrages, a obscurci, ou plutôt effacé la gloire de tous ceux qui ont écrit dans le même genre.

Eschyle, comme nous l'avons déjà remarqué, fut le premier qui s'avisa de construire un théâtre permanent et solide, et de l'orner de décorations convenables. Il fut d'abord composé de planches, ainsi que les amphithéâtres qui s'élevaient par degrés. Mais ceux-ci étant venus un jour à fondre tout-à-coup, parce qu'ils étaient trop chargés, cet accident engagea les Athéniens, fort entêtés de spectacles, à élever ces théâtres superbes, imités ensuite par les Romains.

Le théâtre des anciens se divisait en trois principales parties, qui formaient, pour ainsi dire, trois différens départemens : celui des acteurs, qu'ils appelaient en général la scène ; celui des spectateurs, qu'ils nommaient particulièrement le théâtre, qui devait être d'une plus grande étendue, puisqu'à Athènes il contenait plus de trente mille personnes ; et l'orchestre, qui était chez les Grecs le département des mimes et des danseurs ; mais chez les Romains, il servait à placer les sénateurs et les vestales.

L'enceinte des théâtres était d'un côté circulaire, formée par un grand demi-cercle, et carrée de l'autre. L'espace compris dans le demi-cercle, était la partie destinée aux spectateurs, où étaient les siéges, qui allaient tous en montant par différens étages, jusqu'au plus haut faîte du bâtiment. Le carré-long, qui était vis-à-vis, était réservé pour les acteurs. Enfin, l'intervalle qui restait au milieu, était ce qu'ils appelaient l'orchestre.

Les grands avaient trois rangs de portiques, élevés les uns sur les autres, qui formaient le corps de l'édifice, et qui faisaient
aussi trois étages de degrés. Du dernier de
ces portiques, qui était le plus élevé, les femmes voyaient le spectacle, à couvert des injures de l'air et du soleil : le reste du théâtre
était découvert, et les représentations se faisaient en plein air. Chaque étage était de
neuf degrés, en comptant le palier qui en
faisait la séparation, et qui servait à tourner
alentour. Ce palier contenait deux degrés,
de sorte qu'il n'en restait plus que sept où l'on
pût s'asseoir, et chaque étage n'avait par
conséquent que sept rangs de siéges. Ils
avaient quinze à dix-huit pouces de haut, et
le double à peu près de largeur.

Tous les étages de degrés étaient divisés en
deux manières : dans leur hauteur, par des
paliers qui séparaient ces étages, et que les
Latins nommaient *præcinctiones;* et dans
leur circonférence, par des escaliers particuliers à chaque étage, qui les coupaient en
ligne droite, et qui tendaient tous au centre
du théâtre. Derrière ces étages de degrés, il
y avait des corridors ouverts, par où le peuple venait en foule. Pour augmenter la force
de la voix des acteurs, on avait imaginé des
vases d'airain, placés sous les degrés du théâtre.

L'orchestre était divisé en trois parties. La
première et la plus considérable, retenait le
nom d'orchestre, ὀρχεῖσθαι. C'était la partie
affectée aux mimes, aux danseurs, et à tous
les acteurs subalternes, qui jouaient dans les

entre-actes et à la fin de la représentation. La seconde s'appelait θυμέλη, parce qu'elle était carrée, et faite en forme d'autel: C'était le poste des chœurs. La troisième était pour la symphonie, et s'appelait ὑποσκήνιον, au bas de la scène ou du théâtre principal.

La scène se subdivisait également en trois parties. La première, nommée principalement scène, était une grande face de bâtiment, qui s'étendait d'un côté du théâtre à l'autre, et sur laquelle se plaçaient les décorations. Cette façade avait, à ses extrémités, deux petites ailes en retour, et de l'une à l'autre desquelles s'étendait une grande toile qui s'abaissait pour ouvrir la scène, et se levait dans les entre-actes, pour préparer le spectacle suivant.

La seconde, nommée προσκήνιον ou λογεῖον, par les Grecs; et, par les Latins, *proscenium* et *pulpitum*, était un grand espace libre, au-devant de la scène, où les acteurs venaient jouer la pièce, et qui, par le moyen des décorations, représentait une place publique, un simple carrefour, ou quelque endroit champêtre, mais toujours un lieu à découvert.

La troisième partie était un espace ménagé derrière la scène, appelé παρασκήνον. C'était où s'habillaient les acteurs, où l'on serrait les décorations, et où était placée une partie des machines.

Comme il n'y avait que les portiques et le bâtiment de la scène qui fussent couverts, on était obligé de tendre sur le reste du théâtre des voiles soutenues par des mâts et des cordages , pour défendre les spectateurs de l'ardeur du soleil. Mais comme ces voiles n'empêchaient pas la chaleur , causée par la transpiration et les haleines d'une si nombreuse assemblée , les anciens avaient soin de la tempérer par une espèce de pluie, dont ils faisaient monter l'eau jusqu'au-dessus des portiques , et qui retombant en forme de rosée , par une infinité de tuyaux cachés dans les statues qui régnaient autour du théâtre, servait non-seulement à y répandre une fraîcheur agréable , mais encore à y exhaler les odeurs les plus douces, cette pluie étant toujours de l'eau de senteur.

Ceux qui voudront pleinement être au fait de tout ce qui concerne les spectacles des anciens, le trouveront traité à fond dans l'ouvrage que nous a donné le R. P. Brumoi, jésuite ; ouvrage rempli d'une profonde et sage érudition , et de réflexions toutes neuves , tirées de la nature même des poèmes dont il est parlé.

Réflexions au sujet des spectacles.

Réflexions , etc.

On pourrait marquer les causes du déclin et de la corruption d'Athènes : mais il n'en est peut-être pas qui y ait plus contribué que la passion de ce peuple pour les représentations du théâtre. Le goût, ou plutôt la fureur des spectacles , était portée à Athènes à un tel excès, que les fonds des armemens de terre et de mer se consumaient en ornemens de théâtre , à enrichir des poètes et des comédiens , et à célébrer des jeux et des fêtes. Après cela, est-il surprenant qu'une vie aussi

Passion pour le théâtre, l'une des principales, causes du déclin , du relâchement et de la corruption d'Athènes.

douce et aussi délicieuse, ait amolli le cœur
des Athéniens; que la valeur militaire, comme le leur reproche un auteur, n'ait été comptée pour rien chez eux, qu'on ait plus ap- Justinien.
plaudi aux grands capitaines, et qu'il n'y
ait plus eu d'acclamations et de louanges que
pour les bons poètes, et pour les excellens
comédiens ? Ce n'étaient plus ces Athéniens
de Marathon, de Salamine et de Platée. Quel
prodigieux changement ! Il est vrai qu'il n'a-
vait pas été subit, et qu'ils étaient venus par
degrés à cet excès de relâchement. D'abord
on eut beaucoup d'attention à conserver le
respect pour les bonnes mœurs; et on montra, dans plusieurs occasions, une extrême
délicatesse sur ce point. Mais enfin, amollis
et efféminés par le goût excessif pour le théâtre, et les délices qui régnaient dans leur ville, les poètes franchirent bientôt cette barrière; et les Athéniens achetèrent le plaisir
de rire aux dépens de l'honnêteté, de la probité, et de leur ancienne gloire. Car on doit
regarder, sans exagération, la passion des
Athéniens pour les représentations du théâtre, comme le tombeau des bonnes mœurs,
de la gloire et de la liberté d'Athènes.

LIVRE HUITIÈME.

HISTOIRE DES PERSES ET DES GRECS.

Ce livre comprend l'histoire des Perses et des Grecs, sous le règne de Darius premier, et de Xerxès premier, pendant l'espace de 48 ans, depuis l'an du monde 3483, jusqu'à l'an 3531.

CHAPITRE PREMIER.

Histoire de Darius jointe à celle des Grecs.

ARTICLE PREMIER.

An. M. 3483.
Av. J.C. 521.
*Hérod. l. 6.
c. 98.
Val. Max.
l. 9 c. 2.*
Mariage de Darius.

DARIUS s'appelait auparavant Occhus. Il prit le nom de Darius, qui signifie en langue persane un vengeur, un homme qui s'oppose aux entreprises de quelqu'un ; peut-être parce qu'il avait arrêté et puni l'insolence du mage. Quand Darius fut monté sur le trône, il épousa, pour s'y affermir davantage, deux filles de Cyrus, Atosse et Aristone. La première avait été d'abord femme de Cambyse son propre frère, et ensuite du mage Smerdis, tandis qu'il occupa le trône. Aristone était encore fille lorsqu'il l'épousa ; et ce fut, de toutes ses femmes, celle qu'il aima le plus. Il épousa encore Parmys, fille du véritable Smerdis, et Phédime, fille d'Ottane, par l'adresse de laquelle l'imposture du

mage

mage avait été découverte. Il eut de ces femmes un grand nombre d'enfans de l'un et de l'autre sexe.

Ce prince voulut transmettre aux siècles futurs sa reconnaissance pour son écuyer, par l'industrie duquel il avait été placé sur le trône. Il se fit ériger une statue équestre, avec cette inscription : *Darius, fils d'Hystaspe, a acquis le royaume de Perse par le moyen de son cheval, et d'OEbarès son écuyer.* Il y a dans cette inscription une simplicité et une sincérité qui ressentent tout-à-fait le caractère des temps anciens, et qui sont fort éloignées du faste du nôtre.

Un des premiers soins de Darius, quand il se vit affermi sur le trône, fut de régler *Hérod. l. 5.* l'état des provinces, et de mettre de l'ordre *c. 89. 97.* dans ses finances. Ce prince comprit qu'il ne lui était pas possible de maintenir dans la paix et dans la sûreté toutes les nations qui lui étaient soumises, sans avoir sur pied des troupes réglées, ni d'entretenir ces troupes *Imposition* sans les soudoyer, ni de payer exactement *de tributs.* cette solde, sans mettre des impositions sur les peuples.

L'histoire observe que Darius, en imposant *Plut. in* ces tributs, montra une grande sagesse et *Apophtheg.* une grande modération. Il fit venir les prin- *p. 172.* cipaux de chaque province, qui en connaissaient le fort et le faible ; et il leur demanda, si une certaine somme qu'il proposait à chacun d'eux, n'excéderait point leurs forces. Ils répondirent tous, que cette somme leur paraissait fort raisonnable, et ne serait point à charge aux peuples. Il en rabattit pourtant

Tom. II.   H

encore la moitié , aimant mieux demeurer beaucoup en deçà des justes bornes , que de s'exposer peut-être à passer au delà ; ne voulant pas , disait-il , accabler ses sujets , mais tirer d'eux des secours proportionnés à leurs revenus , et qui étaient absolument nécessaires pour la défense de l'Etat. Modèle admirable et digne d'être imité par tous les princes. Malgré une si étonnante modération , comme les impôts ont toujours quelque chose d'odieux , les Perses , qui avaient donné à Cyrus le surnom de père , à Cambyse celui de maître , n'en trouvèrent point d'autre pour caractériser Darius , que celui de marchand , de courtier.

Après la mort du mage , on était convenu que les seigneurs persans qui avaient conspiré contre lui , outre plusieurs autres marques de distinction , auraient les entrées libres chez le roi en tout temps , excepté lorsqu'il serait seul avec la reine. Intapherne , à qui l'on avait refusé pour cette raison de l'admettre , transporté de colère contre les officiers du palais , les maltraita d'une manière étrange , leur ayant balafré tout le visage à coups de sabre. Darius sentit vivement une telle injure. Il craignit d'abord que ce ne fût un complot entre les seigneurs. Mais ayant été assuré du contraire , il fit arrêter Intapherne avec ses enfans , et tous ceux de sa famille , et les fit condamner à mort , confondant , par un excès aveugle de sévérité , les innocens avec les coupables. La femme du criminel venait tous les jours aux portes du palais , se lamentant , versant des lar-

nes en abondance, et ne cessant d'implorer
a clémence du roi. Il ne put résister à un
spectacle si touchant, et lui accorda la grâce de celui de sa famille qu'elle lui désigne-
ait. Ce fut un grand embarras pour cette
dame infortunée qui aurait souhaité les pouvoir tous sauver. Enfin, après une longue
délibération, elle se détermina en faveur de
son frère. Ce choix, où il paraissait qu'on
avait peu consulté les sentimens que la nature
doit inspirer à une mère et à une femme,
étonna le roi ; et comme il lui en fit demander la raison, elle répondit, qu'un second
mariage pouvait lui procurer un mari et des
enfans, mais que son père et sa mère étant
morts, elle ne pouvait recouvrer un frère.
Darius, outre son frère, lui accorda l'aîné
de ses enfans.

Quelque temps après, Darius étant tombé
de cheval, à la chasse, se donna une vio-
ente entorse au pied, et son talon se déboîta.
Les Egyptiens, qui passaient alors pour les
plus habiles médecins, et dont la cour était
pourvue, entreprirent de le guérir ; mais ils
s'y prirent si maladroitement, et si durement,
qu'ils lui causèrent des douleurs incroyables,
et une insomnie de sept jours et sept nuits,
qui commençait à faire craindre pour la vie
du roi. Quelqu'un pour lors indiqua Démocède, célèbre médecin de Crotone, de la grande Grèce en Italie. Il était actuellement dans
les prisons du roi de Perse, parce qu'il avait
été attaché à Orètes, satrape de Lydie, que
le roi avait fait mourir, à cause de l'abus qu'il
faisait de son autorité. On fit donc venir ce

Maladie et guérison de Darius. *Hérod. l. 3. c. 129. 130.*

Démocède. *Ib. 131. 137.*

médecin pour traiter le prince. Il commença par appliquer des fomentations douces sur la partie malade. L'effet du remède fut prompt. Le sommeil revint au roi, et en peu de jours il fut parfaitement guéri, et le talon fut remis à sa place. Démocède, depuis la guérison du roi, devint fort puissant à la cour ; mais une seconde cure sur Atosse, attaquée d'un cancer au sein, contribua encore beaucoup à augmenter la réputation, les richesses et le crédit de Démocède. Ce médecin, au reste, avait un amour si démesuré pour sa patrie, que tous les bons traitemens qu'il recevait à la cour du roi de Perse, ne furent pas capables de la lui faire oublier. Il profita de la première occasion favorable pour s'échapper, et il retourna dans sa patrie. Il s'y établit, et épousa la fille de Milon, célèbre athlète de Crotone.

Edit de Darius pour la construction du temple de Jérusalem. An. M. 3485. Av. J.C. 519. Esdr. c. 5. 6.

La troisième année du règne de ce prince, les Samaritains, ennemis éternels des Juifs, leur suscitèrent de nouvelles affaires. Ils avaient obtenu contre eux, sous les règnes précédens, et leur avaient fait signifier une défense de passer outre à la construction du temple. Mais sur les vives instances et exhortations des prophètes, les Israélites avaient repris l'ouvrage, interrompu pendant plusieurs années, et le poussaient avec beaucoup d'ardeur. Les Samaritains eurent recours à leurs artifices ordinaires, pour y mettre obstacle. Ils s'adressèrent à Thanaï, gouverneur de la province. Sur leurs plaintes, il monta à Jérusalem, et demanda aux anciens des Juifs, qui leur avait permis d'entreprendre cet ouvrage ? Ceux-ci lui ayant produit l'édit

de Cyrus, il ne voulut rien ordonner de lui-
même qui y fût contraire; mais il en écrivit
au roi, pour savoir quelle serait sa volonté
sur ce sujet. Il lui exposa le fait de bonne foi.
Il lui marquait que les Juifs alléguaient en
leur faveur l'édit de Cyrus; et le pria d'ordonner que l'on consultât les registres, pour
savoir si en effet Cyrus avait donné un tel
édit, et qu'il lui plût de lui marquer ce qu'il
avait à faire dans cette rencontre. Darius fit
faire cette recherche, et l'édit fut trouvé à
Ecbatane, où Cyrus était lorsqu'il le donna.
Comme il était plein de respect pour la mémoire de Cyrus, il le confirma, et en fit
dresser un nouveau, où celui de Cyrus était
rappelé. Ce motif est très-louable, et paraît
très-naturel; mais l'Ecriture nous apprend
que ce qui détermina réellement le roi à prendre ce parti, fut que Dieu même agit en cette occasion sur son esprit et sur son cœur,
et le rendit favorable aux Juifs (1). C'était
fait du peuple juif, si, dans cette occasion,
on n'avait écouté que leurs ennemis, et qu'on
ne leur eût point donné lieu de se justifier.

Darius fit paraître de la reconnaissance *Hérod. l. 3.*
dans une occasion qui lui fait aussi beau- *c. 139. 146.*
coup d'honneur. Syloson, frère de Polycrate,
tyran de Samos, avait fait autrefois présent
à Darius d'un habit de couleur rouge, dont
il avait témoigné beaucoup d'envie, et dont
Syloson n'avait jamais voulu recevoir le prix.
Darius était alors simple officier dans les gar-

(1) Converterat Dominus cor regis Assuris ad eos, ut
adjuvaret manus eorum in opere domús Domini Dei Is-
raelis. *Esdr.*

3

des de Cambyse. Quand il fut monté sur le trône, Syloson alla à Suze, se présenta à la porte du palais, et se fit annoncer comme un Grec à qui le roi avait obligation. Darius, surpris de cette annonce, le fit entrer. Il reconnut que c'était son bienfaiteur, loua sans honte sa générosité, et lui promit de lui donner beaucoup d'or et beaucoup d'argent. Ce n'était point ce que Syloson demandait; l'amour de la patrie était sa passion. Il demanda au roi de vouloir l'y rétablir, mais sans répandre le sang des citoyens, et en chassant seulement de Samos celui qui en avait usurpé la domination depuis la mort de son frère. Darius chargea de cette expédition Ottane, l'un des premiers seigneurs de sa cour, qui s'en acquitta avec joie et avec succès.

Révolte de Babylone. An. M. 3488. Av. J.C. 516. *Hérod. l. 3. c.* 150. 160.

Au commencement de la cinquième année du règne de Darius, arriva la révolte de Babylone, dont la réduction lui coûta vingt mois de siége. Cette ville, autrefois maîtresse de l'Orient, ne pouvant plus supporter le joug des Perses, surtout depuis que le siége de l'empire avait été transféré à Suze, fit secrètement, pendant quatre ans, toutes sortes de préparatifs de guerre. Lorsque les Babyloniens crurent leur ville suffisamment pourvue, ils levèrent l'étendard de la rébellion; ce qui obligea Darius à les assiéger avec toutes ses forces.

Les Babyloniens, pour faire durer plus long-temps les provisions, et soutenir plus vigoureusement le siége, prirent la résolution la plus désespérée et la plus barbare dont on eût jamais ouï parler : ce fut d'ex-

terminer toutes les bouches inutiles. Ils ras-
semblèrent donc toutes les femmes et tous
les enfans, et les étranglèrent. Il fut seulement permis à chaque homme de conserver
celle de ses femmes qu'il aimait le plus, et
une servante pour faire l'ouvrage de la maison. Après cette cruelle exécution, se croyant
pleinement en sûreté, ils insultaient du haut
des murs aux Perses, et les accablaient d'injures. Ceux-ci, pendant dix-neuf mois, mirent en usage tout ce que la ruse et la force
peuvent dans les siéges, et n'oublièrent pas
le moyen qui avait si heureusement réussi
à Cyrus, en détournant le cours du fleuve.
Tous leurs efforts furent inutiles, et Darius
commençait presque à désespérer de pouvoir se rendre maître de la place, lorsqu'un
stratagème inouï jusque là, lui en ouvrit les
portes. Le voici.

Darius fut fort surpris un jour de voir arriver devant lui Zopyre, l'un des plus grands
seigneurs de sa cour, qui avait avec lui conspiré contre les mages; de le voir, dis-je, tout
couvert de sang, le nez et les oreilles coupés, et tout le corps déchiré de plaies. Se levant de son trône, il s'écria : Hé ! qui a pu
vous traiter ainsi ? « Vous-même, seigneur,
» reprit Zopyre. Le désir de vous rendre ser-
» vice, m'a réduit en cet état. Persuadé que
» vous ne voudriez jamais y consentir, je
» n'ai pris conseil que de mon zèle. » Il lui
exposa ensuite le dessein qu'il avait de passer chez les ennemis, et convint avec lui de
tout ce qu'il faudrait faire. Ce ne fut point
sans une douleur extrême, que le roi le vit

partir. Zopyre s'approcha de la ville, et ayant dit qui il était, il fut admis. On le conduisit au conseil. Là il exposa son malheur, et la cruauté que Darius avait exercée à son égard, parce qu'il lui conseillait de ne pas demeurer davantage devant une ville qu'il lui serait impossible de prendre. Il fit offre de ses services, ajoutant qu'ils pourraient n'être pas inutiles aux assiégés, parce qu'il était instruit de tous les desseins des Perses, et que le désir de la vengeance lui inspirait un nouveau courage et de nouvelles lumières. Le nom et le visage de Zopyre étaient fort connus à Babylone. L'état où il paraissait, son sang, ses plaies faisaient foi pour lui, et attestaient, par des preuves non suspectes, la vérité de tout ce qu'il avançait. On se fia donc pleinement à lui, et on lui donna autant de troupes qu'il en demanda. Dans une première sortie, il fit périr mille hommes des assiégeans. Quelques jours après, il en tua le double. Une troisième fois, quatre mille demeurèrent sur la place. Tout cela se faisait de concert. Chez les Babyloniens, on ne parlait que de Zopyre : c'était à qui l'exalterait le plus; et les termes manquaient pour exprimer le cas qu'on en faisait, et le bonheur qu'on avait de posséder un si grand homme. Il fut déclaré généralissime des troupes, et on lui confia la garde des murailles. Darius, ayant fait approcher son armée dans le temps et vers les portes dont on était convenu, il les lui ouvrit, et le rendit ainsi maître d'une ville qu'il n'aurait jamais pu prendre, ni par assaut, ni par famine.

Quelque puissant que fût Darius, il se trouva hors d'état de pouvoir récompenser dignement le service que venait de lui rendre Zopyre, et il répétait souvent qu'il aurait sacrifié de bon cœur cent Babylones, s'il les avait eues, pour épargner à Zopire le cruel traitement qu'il s'était fait lui-même. Il lui laissa pendant sa vie le revenu entier de cette ville opulente, et le combla de tous les honneurs qu'un roi peut accorder à un sujet.

Dès que Darius se vit en possession de Babylone, il fit enlever les cent portes, et abattre les murailles de cette superbe ville, pour la mettre hors d'état de pouvoir encore se révolter dans la suite. Il pouvait, en usant des droits du vainqueur, exterminer tous les citoyens, mais il se contenta de faire pendre trois mille de ceux qui avaient eu le plus de part à la révolte, et pardonna à tout le reste. Et, pour empêcher que la ville ne fût bientôt sans habitans, il y envoya, de toutes les provinces de l'empire, cinquante mille femmes pour remplacer celles dont ils s'étaient si cruellement défaits au commencement du siége. Voilà quel fut le sort de Babylone, et la manière dont Dieu vengea sur cette ville impie le cruel traitement qu'elle avait fait aux Juifs, en attaquant, sans raisons, un peuple libre; en détruisant son gouvernement, ses lois, son culte; en l'arrachant à sa patrie, pour le transporter dans un pays étranger; en le chargeant des travaux les plus humilians de la servitude, et employant tout son pouvoir pour accabler un peuple mal-

H. 5.

heureux, mais chéri de Dieu, et qui avait l'honneur d'en porter le nom.

ARTICLE II.

Darius se prépare à marcher contre les Scythes.

Digression sur les mœurs des Scythes. An. M. 3490. Av. J. C. 514. *Hérod. l. 4. c. 1. Justin. l. 2. c. 5.*

Après la réduction de Babylone, Darius s'appliqua à faire de grands préparatifs contre les Scythes, qui habitaient cette étendue de pays qui est entre le Danube et le Tanaïs. Les historiens, dans les relations qu'ils nous ont laissées des mœurs et du caractère des Scythes d'Europe, dont il s'agit ici, en parlent avec éloge. Justin nous les représente comme des gens qui vivaient dans une grande simplicité. Tous les arts leur étaient inconnus; mais ils ne connaissaient pas non plus les vices. La justice y était observée par le goût et le caractère de la nation, et non par la contrainte des lois, qu'ils ignoraient (1). Le lait et le miel faisaient leur principale nourriture. Ils habitaient sous des tentes, qu'ils roulaient sur des chariots, dans lesquels ils transportaient leurs femmes et leurs enfans. Ils ne désiraient ni l'or ni l'argent, dont une heureuse ignorance leur cachait l'usage. Revêtus de peaux de bêtes, et vivant sans maisons, ils ne faisaient nul cas de ce qui était en grand honneur parmi tous les peuples policés.

Justin termine le portrait des Scythes par une réflexion bien sensée. C'est une chose bien surprenante, dit-il, qu'un naturel heureux, destitué du secours de l'éducation,

(1) Justitia gentis ingeniis culta, non legibus. *Just.*

ait donné aux Scythes une modération et une sagesse où les Grecs n'ont pu parvenir, ni par les établissemens de leurs législateurs, ni par les préceptes de leurs philosophes ; et que les mœurs d'une nation barbare soient préférables à celles de ces peuples cultivés et polis par les arts et par les sciences : tant l'ignorance du vice a de plus heureux effets dans les uns, que dans les autres la connaissance de la vertu (1).

Les pères croyaient avec raison laisser à leurs enfans une précieuse succession, en leur laissant la paix et l'union entre eux. Un de leurs rois, qui s'appelait Scylure, se voyant près de mourir, fit venir ses enfans, et leur présentant à tous successivement un faisceau de dards liés fortement ensemble, les exhorta à les rompre. Quelque effort qu'ils fissent, ils n'en purent venir à bout. Quand le faisceau fut délié, ils rompirent tous les dards sans peine ; voilà, leur dit-il, l'image de ce que pourra, parmi vous, la concorde et l'union.

Il semble que tous les auteurs anciens se soient disputé à l'envi la gloire de relever, par de magnifiques éloges, l'innocence des mœurs qui régnait parmi les Scythes. Voici comment Horace parle des dames de ce pays-là : Chez les Scythes, les belles-mères, loin de faire tort aux enfans du premier lit, les ménagent avec bonté, et ne se permettent pas d'attenter à leur vie. Les femmes sont en garde contre les discours séduisans de ceux qui

Plutarq. de Garrul. pag. 511.

(1) Tantò plus illis proficit vitiorum ignorantia, quàm intus cognitio virtutis !

cherchent à les corrompre, et ne tirent point de leur dot le droit de maîtriser leurs maris. La plus grande dot d'une fille, c'est la vertu de ses père et mère, c'est son inviolable attachement pour son époux, et l'éloignement qu'elle a pour tout autre; c'est enfin la persuasion où elle est que l'infidélité est un crime, et que la mort en est le salaire (1).

On serait assez tenté de croire que ce portrait, que nous venons de faire des Scythes, est flatté, et que Justin, aussi-bien qu'Horace, leur prête des vertus qu'ils n'avaient point; mais toute l'antiquité leur rend le même témoignage; et Homère, dont le suffrage doit être d'un grand poids, les appelle les plus justes des hommes. Le commerce qu'ils eurent dans la suite avec les Grecs et les Romains, causa la ruine entière de leurs mœurs, et les transforma en d'autres hommes. C'est contre ces Scythes, encore entiers et dans leur plus grande vigueur, que Darius tourna ses armes.

Expédition de Darius contre les Scythes.

La raison, ou plutôt le prétexte de cette guerre, était de punir ces peuples de l'invasion que leurs ancêtres avaient faite autrefois dans l'Asie; prétexte également frivole et ridicule, qui réveille une vieille querelle pas-

(1) Illic matre carentibus
    Privignis mulier temperat innocens :
    Nec dotata regit virum
    Conjux, nec nitido fidit adultero.
    Dos est magna parentium
    Virtus et metuens alterius viri
    Certo fœdere castitas ;
    Et peccare nefas, aut pretium est mori.
        L. 3. Od. 24.

sée il y avait environ cent vingt ans : aussi n'était-ce qu'un prétexte ; car Darius n'avait d'autre but réellement que de satisfaire son ambition , et d'étendre ses conquêtes.

Son frère Artabane, pour qui il avait un grand respect, et qui, de son côté, n'avait pas moins de zèle pour les véritables intérêts du roi, se crut obligé, dans cette occasion, de lui découvrir ses sentimens avec toute la liberté que demandait l'importance de l'affaire. Il lui représenta avec force la difficulté, l'injustice et l'inutilité de cette expédition, dont le succès même ne pouvait être d'aucun avantage pour son empire et pour ses troupes, puisqu'il allait combattre contre un peuple qui était sans villes , sans maison, sans établissemens , sans richesses.

*Hérod. l. 4.
c. 82. 96.*

« Grand prince, lui dit-il, ceux qui for-
» ment quelque grande entreprise , doivent
» considérer avec soin si elle sera utile ou
» préjudiciable à l'Etat; si l'exécution en sera
» aisée ou difficile ; si elle pourra contribuer
» ou nuire à leur gloire ; enfin, si elle est
» conforme ou contraire aux règles de la jus-
» tice. Je ne vois point, seigneur, quand
» même vous seriez assuré du succès, quel
» avantage vous pourriez attendre de la guer-
» re que vous entreprenez contre les Scythes.
» Ce sont des peuples séparés de votre em-
» pire par de longs espaces de terre et de mer;
» qui habitent de vastes déserts ; qui sont
» sans villes, sans maisons, sans établisse-
» mens, sans richesses. Qu'y a-t-il à gagner
» pour vos troupes dans une telle expédition,
» ou plutôt que n'y a-t-il point à perdre ?

» Accoutumés comme ils sont à passer d'une
» contrée dans une autre, s'ils s'avisent de
» prendre la fuite devant vous, non par crain-
» te ou par lâcheté, car ils sont très-coura-
» geux et très-aguerris ; mais dans le dessein
» de harasser et de ruiner votre armée par
» de continuelles et de pénibles courses ; que
» deviendrons-nous dans un pays inculte,
» stérile et dénué de tout, où nous ne trou-
» verons ni fourrage pour nos chevaux, ni
» nourriture pour nos soldats ? Je crains, sei-
» gneur, qu'une fausse idée de gloire et des
» conseils flatteurs ne vous précipitent dans
» une guerre qui pourra tourner à la honte
» de la nation. Vous jouissez d'une paix tran-
» quille au milieu de vos peuples, dont vous
» faites l'admiration et le bonheur. Vous sa-
» vez que les Dieux ne vous ont placé sur le
» trône que pour être le coadjuteur, ou plu-
» tôt le ministre de leur bonté, encore plus
» que de leur puissance. Vous vous piquez
» d'être le protecteur, le tuteur, le père de
» vos sujets, et vous nous répétez souvent,
» parce que vous le pensez ainsi, que vous ne
» vous croyez roi que pour les rendre heu-
» reux. Quelle joie pour vous, grand prince,
» d'être la source de tant de biens, et de
» faire vivre, à l'ombre de votre nom, tant
» de peuples dans un si aimable repos ! La
» gloire d'un roi qui aime son peuple et qui
» en est aimé, qui, loin de faire la guerre
» aux nations voisines ou éloignées, les em-
» pêche de l'avoir entre elles, n'est-elle
» pas infiniment plus touchante que celle
» de ravager la terre, en répandant partout

» le carnage, le trouble, l'horreur, la cons-
» ternation, le désespoir ? Mais un dernier
» motif doit encore faire plus d'impression
» sur votre esprit que tous les autres ; c'est
» celui de la justice. Vous n'êtes point, grâ-
» ces aux Dieux, de ces princes qui ne re-
» connaissent d'autre loi que celle du plus
» fort, et qui regardent comme un privilége
» attaché à la royauté, à l'exclusion des sim-
» ples particuliers, d'envahir le bien d'au-
» trui. Vous ne faites point consister votre
» grandeur à pouvoir tout ce que vous vou-
» lez, mais à ne vouloir que ce que vous pou-
» vez selon les lois, et ce que vous devez.
» En effet, sera-t-on injuste et ravisseur,
» quand on ne prendra que quelques arpens
» de terre à son voisin ? Et sera-t-on juste,
» agira-t-on en héros, quand on usurpera et
» qu'on envahira des provinces entières ? Or,
» j'ose vous demander, seigneur, quel titre
» avez-vous sur la Scythie ? Quel tort vous
» ont fait les Scythes ? Quelle raison pouvez-
» vous alléguer pour leur déclarer la guerre ?
» Celle que vous avez portée contre les Baby-
» loniens était en même temps et nécessaire
» et juste ; aussi les Dieux l'ont-ils favorisée
» d'un heureux succès. C'est à vous, sei-
» gneur, de juger si celle que vous entre-
» prenez maintenant a les mêmes carac-
» tères. »

Il n'y avait que le zèle généreux d'un frère
uniquement occupé de la gloire de son prince et du bien public, qui pût inspirer une
telle liberté ; mais aussi il n'y avait, du côté
du prince, qu'une parfaite modération ca-

pable de la souffrir. Darius, comme Tacite (1) le remarque d'un grand empereur,
avait su joindre deux choses qui, pour l'ordinaire, sont inalliables, la souveraineté et
la liberté. Loin de se choquer de celle que
son frère avait prise, il le remercia de son
conseil, mais n'en profita pas : l'engagement
était pris. Il partit de Suze à la tête d'une armée
de sept cent mille hommes ; sa flotte était de
six cents vaisseaux, composée principalement
d'Ioniens et d'autres nations grecques, qui
habitaient les côtes de l'Asie mineure. Il marcha vers le Bosphore de Thrace, qu'il passa
sur un pont de bateaux. De là, il se rendit
sur le Danube, appelé autrement Isther, qu'il
passa également sur un pont de même struc-
ture. Il érigea en plusieurs endroits de son
passage des colonnes, avec des inscriptions
magnifiques ; dans l'une desquelles il s'appelait *le meilleur et le plus beau de tous les
hommes.* Quelle vanité ! quelle petitesse !

Ib d. c. 102.
118. 132.

Dès que les Scythes eurent appris que le
roi de Perse marchait contre eux, ils prirent
la sage précaution de mettre en sûreté leurs
femmes et leurs enfans, en les faisant passer
sur des chariots vers les parties les plus sep-
tentrionales, avec tous leurs troupeaux. Ils
avaient eu soin aussi de boucher tous les puits
et toutes les fontaines, et de consumer tous
les fourrages dans les lieux où les Perses devaient passer ; ensuite ils vinrent au-devant
d'eux, non pour leur livrer combat, mais
pour les attirer dans l'intérieur du pays. En

(1) Nerva Cœsar res olim dissociabiles miscuit ; prin-
cipatum ac libertatem. *Tacit. in vit. Agricol. c.* 3.

effet, dès que les Perses paraissaient vouloir les attaquer, ils se retiraient toujours, en avançant dans le pays.

Darius, fatigué par ces longues courses, qui ruinaient son armée, envoya un héraut au roi des Scythes, appelé Indathyrse, et lui dit par sa bouche : « Prince des Scythes, » pourquoi fuis-tu continuellement devant » moi ? Que ne t'arrêtes-tu enfin, ou pour » me donner bataille, si tu te crois en état » de me résister ; ou, si tu te sens trop fai- » ble, pour reconnaître ton maître en lui » présentant la terre et l'eau. » Les Scythes étaient fiers, extrêmement jaloux de leur liberté, et ennemis déclarés de tout escla- vage. Indathyrse répondit ainsi : « Si je fuis » devant toi, prince des Perses, ce n'est pas » que je te craigne ; je ne fais autre chose » maintenant que ce que j'ai coutume de faire » en temps de paix. Nous n'avons, nous au- » tres Scythes, ni villes ni terres à défendre. » Si tu veux nous forcer au combat, viens » attaquer les tombeaux de nos pères, et tu » sentiras qui nous sommes. Pour la qualité » de maître que tu prends, garde-la pour » d'autres que pour les Scythes. Je ne recon- » nais pour maître que le grand Jupiter, l'un » de mes aïeux, et la déesse Vesta. »

Plus Darius s'engageait dans l'intérieur de la Scythie, plus il avait à souffrir. Son armée était réduite à une fort grande extrémité, lorsqu'il arriva de la part des Scythes un hé- raut chargé d'offrir pour présens, à Darius, un oiseau, une souris, une grenouille et cinq flèches. Il demanda ce que signifiaient ces

présens. L'officier répondit qu'il avait ordre
de les lui offrir, et rien de plus, que c'était
à lui d'en pénétrer la signification. Ce prince
conclut d'abord que les Scythes lui livraient
la terre et l'eau, marquées par la souris et la
grenouille, leur cavalerie qui avait la légèreté des oiseaux, leurs propres personnes et
leurs armes, désignées par leurs flèches. Go-
brias, l'un des sept conjurés contre le mage,
donna un autre sens à l'énigme. « Sachez,
» dit-il aux Perses, que si vous ne vous en-
» volez dans l'air comme les oiseaux, ou si
» vous ne vous cachez dans la terre comme
» les souris, ou si vous ne vous enfoncez dans
» l'eau comme les grenouilles, vous ne pour-
» rez échapper aux flèches des Scythes. »

Strab. l. 7: p. 3o5. et l. 16. p. 837. Hérod. l. 4. c. 134. 140. En effet, l'armée, conduite dans un pays
inculte, désert, et absolument destitué d'eau,
se trouva exposée à un danger presque inévi-
table de périr; et Darius lui-même ne fut pas
exempt de ce péril; ce qui le fit renoncer
sans délibérer davantage à sa folle entreprise.
On songea donc sérieusement au retour; et
pour tromper l'ennemi, les Perses allumè-
rent beaucoup de feux à l'ordinaire; et ayant
laissé dans le camp les vieillards et les malades, avec les ânes qui faisaient beaucoup
de bruit, ils se mirent en marche pour gagner le Danube. Les Scythes ne s'en aperçurent que le lendemain matin. Ils firent sur-
le-champ un gros détachement pour aller
vers le Danube; et, comme ils connaissaient
parfaitement les chemins, ils arrivèrent au
pont long-temps avant les Perses. Ils pressè-

rent vivement les Ioniens, à qui Darius avait confié la garde du pont, de le rompre.

On mit l'affaire en délibération. Miltiade, Athénien, prince de la Chersonnèse de Thrace, et qui depuis s'acquit tant de gloire par la célèbre victoire de Marathon sur les Perses, fut d'avis de rompre le pont. Tous les autres chefs pensèrent comme lui, à l'exception d'Hystiée, tyran de Milet, qui ramena tout le monde à un avis contraire. Il fut donc résolu que l'on ne romprait pas le pont, et qu'on attendrait le roi. Ce prince arriva de nuit au pont du Danube, qu'il repassa heureusement. Après quoi il traversa le Bosphore avec le reste de ses troupes, et se retira à Sardes, où il passa l'hiver pour rafraîchir ses troupes, qui avaient extrêmement souffert dans cette expédition aussi malheureuse que mal concertée.

Darius, de retour à Sardes, ayant été pleinement informé qu'il devait son salut et celui de toute son armée à Hystiée, qui avait persuadé aux Ioniens de ne point rompre le pont sur le Danube, le fit venir à sa cour, et lui dit de demander hardiment la récompense qu'il souhaitait. Hystiée lui demanda Mircine d'Edonée, sur le Strymon en Thrace, avec la liberté d'y bâtir une ville. Il n'eut pas de peine à obtenir sa demande. Il s'en retourna à Milet, d'où il partit pour la Thrace, après avoir fait équiper une flotte. Dès qu'il eut pris possession de son nouveau territoire, il s'appliqua sur-le-champ à exécuter l'entreprise qu'il avait projetée, d'y bâtir une ville.

Hérod. l. 5. c. 11 et 23.

Ibid. a 23. 25.

Mégabyse, qui était alors gouverneur de la Thrace pour Darius, ayant représenté au roi le préjudice que l'exécution de cette entreprise pourrait causer à ses affaires dans ces quartiers-là, Hystiée fut mandé à la cour, sous prétexte qu'on avait besoin de ses conseils. Darius l'ayant ainsi attiré auprès de lui, l'emmena avec lui à Suze, lui faisant entendre qu'il ne pouvait se passer d'un ami aussi fidèle que lui; et qu'il trouverait bien en Perse de quoi se dédommager avantageusement de tout ce qu'il pouvait quitter en Thrace. Hystiée, flatté de cette distinction, accompagna Darius à Suze.

Pendant que Mégabyse était encore en Thrace, il avait député plusieurs seigneurs de Perse vers Amyntas, roi de Macédoine, pour lui demander qu'il donnât la terre et l'eau à Darius son maître; c'était la formule ordinaire de soumission. Amyntas accorda sans peine ce qu'on désirait de lui, et fit à ces envoyés tout l'honneur possible. Dans un repas qu'il leur donna, ils demandèrent, vers la fin, qu'on fît venir les dames, ce qui était contre l'usage du pays; cependant le roi n'osa le leur refuser. Echauffés par le vin, et se croyant tout permis comme dans leur pays, ils gardèrent peu de mesure à l'égard de ces princesses. Le fils du roi, nommé Alexandre, n'avait pu voir sans une extrême indignation, la manière dont on avait traité sa mère et ses sœurs. Il les fit sortir de la salle sous quelque prétexte, comme pour y revenir bientôt après, et eut aussi la précaution de faire retirer le roi son père. Dans l'intervalle, il fit habiller

en femmes des jeunes gens, qu'il arma de
poignards sous leurs habits. Quand les pré-
tendues dames furent rentrées, et que les députés se mirent en état de les traiter comme
ils avaient déjà fait auparavant, alors les poignards furent tirés, et l'on fit main-basse sur
les seigneurs persans et sur toute leur suite,
sans qu'un seul de leurs gens fût épargné. On
n'ignora pas cette exécution à Suze, et on y
nomma des commissaires pour en informer;
mais Alexandre, à force de présens, étouffa
l'affaire, et elle n'eut point de suite.

Les Scythes, pour se venger de l'invasion *Hérod. l. 6.*
de Darius dans leur pays, passèrent le Da- *c. 40.*
nube, et ravagèrent toute cette partie de la
Thrace, qui s'était soumise aux Perses, jusqu'à l'Hellespont.

Vers le même temps, Darius voulant éten- An. M. 3406.
dre sa domination du côté de l'Orient, pour Av. J.-C. 508.
se faciliter la conquête de ce pays-là, forma
le dessein d'en faire auparavant la découverte. Pour cet effet, il fit construire et équiper
une flotte à Caspatyre, ville située sur l'Inde,
et en plusieurs endroits sur le même fleuve.
Il en donna le commandement à Scylax,
Grec, qui entendait parfaitement la marine.
Il lui ordonna de descendre ce fleuve, et de
découvrir, autant qu'il lui serait possible,
tous les pays qui étaient le long de ses bords,
de l'un et de l'autre côté, jusqu'à son em-
bouchure dans l'Océan méridional. Scylax
exécuta ponctuellement les ordres du roi. Il
parcourut le fleuve de l'Inde, entra par le
détroit de Babelmandel dans la mer Rouge;
et après un voyage de trente mois, depuis

son départ de Caspatyre, il aborda en Egypte, dans le même port (1) d'où autrefois Néchao, roi d'Egypte, avait fait partir les Phéniciens, qui étaient à son service, pour faire le tour des côtes d'Afrique. De là il se transporta à Suze, où il rendit compte au roi de ses découvertes. Après cela, Darius entra dans les Indes avec une armée, réduisit ce *Hérod. l. 3.* grand pays sous sa domination. On s'attendrait naturellement à connaître les circonstances d'une guerre si importante : Hérodote n'en dit pas un mot. Il nous apprend seulement que le pays des Indes faisait le vingtième des gouvernemens de l'empire de ce prince, et qu'il lui rapportait tous les ans trois cent soixante talens d'or, ce qui monte à près d'onze millions.

ARTICLE III.

Révolte des Ioniens.

An. M. 3500, Av. J C. 504. Aristagore, qui commandait à Milet pour Hystiée, dont il était neveu et gendre, roulant dans sa tête le dessein de rétablir les exilés de l'île de Naxe (2), qui s'étaient réfugiés à Milet, où ils imploraient tous les jours son assistance ; ce gouverneur, dis-je, plein de ce beau dessein, et n'étant pas assez puissant pour exécuter de lui-même ce qu'il projetait, se rendit à Sardes, et communiqua l'affaire à Artapherne, frère du roi. Il lui représenta que c'était là une occasion

(1) On croit que ce port est le même que celui où est aujourd'hui située la ville de Suez, au fond de la mer Rouge.

(2) Dans la mer Egée, aujourd'hui l'Archipel.

très - favorable pour réduire Naxe sous la puissance du roi ; que, si une fois il en était maître, toutes les autres Cyclades tomberaient d'elles-mêmes, l'une après l'autre, sous sa domination ; qu'ensuite l'île d'Eubée (Négrepont), qui était aussi grande que celle de Cypre, serait très-facile à conquérir ; ce qui donnerait au roi un libre passage en Grèce, et les moyens de soumettre tout ce pays à son obéissance : qu'au reste cette entreprise ne demandait qu'une centaine de vaisseaux pour être exécutée avec succès. Cette proposition plut si fort à Artapherne, qu'au lieu de cent vaisseaux qu'Aristagore lui demandait, il lui en promit deux cents, pourvu qu'il obtînt le consentement du roi.

Le roi, ébloui par les grandes espérances dont on le flattait, ne manqua pas d'approuver extrêmement cette entreprise, qui pourtant n'était qu'injustice, qu'ambition démesurée, que perfidie de la part d'Aristagore et d'Artapherne. Aucune considération ne l'arrête un moment. Le projet le plus criant est formé et accepté sans la moindre hésitation : l'utilité, la convenance décident seules. Cette île est à la bienséance des Perses ; c'est un titre suffisant pour y porter la guerre : et il faut juger à peu près de même de presque toutes les autres expéditions de ce prince.

Dès qu'Artapherne eut obtenu le consentement du roi pour cette entreprise, il se mit en devoir de l'exécuter. Afin de cacher son dessein, et de surprendre ceux de Naxe, il fit courir le bruit que la flotte allait vers l'Hellespont ; et il envoya, au printemps suivant, le nombre de vaisseaux dont il était convenu, sous le commandement de Méga-bate, noble Persan, de la famille royale d'Achemène ; mais sa commission portant qu'il obéirait aux ordres d'Aristagore, ce fier Persan ne put supporter d'être sous le commandement d'un Ionien, qui, d'ailleurs, agissait à son égard avec hauteur et empire. Cette pique fit naître entre ces deux généraux, une division qui alla si loin, que Mégabate, pour se venger d'Aristagore, fit savoir sous main aux Naxiens, que c'était à eux qu'on en voulait. Sur cet avis, ils pourvurent si bien à leur défense, que les Perses, après avoir employé quatre mois au siége de la capitale de l'île, et consumé toutes leurs provisions, furent obligés de se retirer.

Hérod l. 5. c. 35. 36. Cette entreprise ayant ainsi échoué, Mégabate en rejeta toute la faute sur Aristagore, et le décria absolument auprès d'Artapherne. L'Ionien sentit tout d'un coup que l'affaire entraînerait, non-seulement la perte de son gouvernement, mais sa ruine entière. L'extrémité où il se voyait réduit, lui fit naître la pensée de se révolter contre le roi, n'envisageant point d'autre moyen de se tirer de cet embarras. A peine avait-il formé ce dessein, qu'il reçut un message de la part d'Hystiée, qui lui conseillait la même chose. Hystiée, dégoûté des manières persanes, et désirant ardemment de retourner en son pays, donna ce conseil à Aristagore, comme le moyen le plus apparent de parvenir à ses fins. Il se flattait qu'en cas qu'il s'excitât quelques troubles en Ionie, il pourrait

rait persuader à Darius de l'envoyer en ce
pays-là pour les apaiser, comme cela arriva effectivement. Dès qu'Aristagore eut vu
ses desseins appuyés des ordres de son oncle, il les communiqua aux chefs des Ioniens,
qu'il trouva très-disposés à entrer dans ses
vues. Il ne délibéra donc plus ; et, déterminé à la révolte, il ne songea plus qu'à en
préparer les voies. Pour cela, il parcourut
toute l'Ionie ; et par son exemple, par son
crédit, et peut-être même par la crainte, il
obligea tous les autres tyrans à renoncer,
comme lui, à la tyrannie, et à s'unir tous
dans une commune ligue, dont il se fit déclarer le chef. Ensuite il leva l'étendard de
la révolte contre le roi, et arma puissamment, par terre et par mer, pour lui faire la
guerre.

Aristagore, dans la vue de pousser plus
vigoureusement cette guerre, se rendit à Lacédémone au commencement de l'année suivante, pour engager cette ville à entrer dans
ses intérêts. Il n'oublia pas de représenter à
Cléomène, qui était pour lors sur le trône,
qu'il était de la grandeur et de la gloire de
Sparte, la plus puissante ville de la Grèce,
de concourir au dessein qu'il avait de rendre
la liberté à toute la Grèce; mais Cléomène
refusa absolument d'entrer dans cette ligue,
et ordonna à Aristagore de sortir de Sparte
avant le coucher du soleil. Aristagore, ne
désespérant point de vaincre l'inflexibilité de
Cléomène, le suivit jusque dans sa maison.
Il lui offrit cinquante talens pour se le rendre favorable ; mais le Lacédémonien, qui

An. M. 3503.
Av. J. C. 501.
Hérod. l. 5,
c. 37. 38.

était un homme droit, ne se laissa pas surprendre par ces offres. Gorgo, qui était la
fille de Cléomène, âgée de huit ou neuf ans,
et que son père n'avait pas voulu faire sortir de la chambre, ne craignant rien d'un
enfant de cet âge, s'écria, lorsqu'elle entendit toutes ces propositions : « Fuyez, mon
» père, fuyez ; cet étranger vous corrom-
» pra. » Cléomène se mit à rire, et se retira
en effet. Aristagore sortit de Sparte.

Hérod. l. 5.
c. 55 et 96. 97.
Il passa de là à Athènes, où on lui fit un
accueil plus favorable. Il trouva les Athéniens parfaitement disposés à accepter tout
ce qui pouvait leur être proposé contre les
Perses, envers qui ils étaient extrêmement
irrités, à cause qu'ils voulaient rétablir Hyp-
pias sur le trône d'Athènes. Aristagore obtint
des Athéniens tout ce qu'il leur demanda. Ils
résolurent d'abord d'envoyer vingt vaisseaux
à son secours. La suite de l'histoire nous
montrera que cette petite flotte fut la première cause et l'origine de tous les maux
qui arrivèrent depuis, tant aux Perses qu'aux
Grecs.

An. M. 3504.
Av. J. C. 500.
Hérod. l. 5.
c. 99. 103.
Les Ioniens ayant rassemblé toutes leurs
forces, et assistés de vingt vaisseaux d'Athènes et de cinq d'Erétrie, ville d'Eubée, firent
voile pour Ephèse ; et y ayant laissé leur flotte, ils marchèrent vers la ville de Sardes,
qu'ils trouvèrent sans défense, et dont ils se
rendirent maîtres, excepté la citadelle, où
Artabane se retira, et où on ne put le forcer. Un soldat ayant mis le feu à une maison,
la flamme se communiqua aux autres, et
réduisit toute la ville en cendres.

Darius ayant appris l'incendie de Sardes, *Ibid. c. 105.* et la part que les Athéniens y avaient eue, 107. résolut, dès ce temps-là, de faire la guerre à la Grèce; et afin qu'il ne vînt jamais à l'oublier, il ordonna à un de ses officiers de lui dire à haute voix, chaque jour, lorsqu'il prendrait son repas : *Seigneur, souvenez-vous des Athéniens.* Comme Aristagore, chef de la révolte, était neveu et gendre d'Hystiée, et son lieutenant à Milet, Darius crut que celui-ci pourrait bien avoir conduit toute cette trame; et il eut avec lui une explication, où il lui découvrit sa pensée, et les justes raisons qu'il avait de le soupçonner. Hystiée, qui était un rusé courtisan, et un maître habile dans l'art de dissimuler, parut surpris et affligé; et, prenant un ton qui marquait en même temps et de la douleur et de l'indignation, il persuada à Darius que non-seulement il n'était pas coupable de la révolte des Ioniens, mais que le seul moyen d'apaiser ces troubles, était de l'y envoyer. Darius, séduit par cet air de bonne foi, le crut sur sa parole, et lui permit de retourner en Ionie.

Cependant les révoltés, malgré un échec *An. M. 3506.* considérable qu'ils avaient eu, et la déser- *Av. J. C. 498.* tion des Athéniens, qui les avaient abandonnés, ne perdirent pas courage, et poussèrent toujours leur pointe. Leur flotte fit voile vers l'Hellespont, et réduisit Byzance et la plupart des autres villes grecques, situées de ce côté-là. Les généraux persans, ayant partagé les troupes entre eux, marchèrent par trois différentes routes pour aller attaquer les rebelles, et les défirent en plusieurs rencontres, dans l'une desquelles Aristagore fut tué.

Quand Hystiée fut arrivé à Sardes, son génie intrigant lui fit former un complot contre le gouvernement, dans lequel il attira un grand nombre de Perses; mais la diligence d'Artapherne le fit échouer. Tous les complices furent mis à mort, Hystiée aurait eu alors le même sort; mais il s'était retiré dans l'île de Chio, avant que le complot fût découvert. Quoique son projet fût absolument déconcerté par là, s'imaginant néanmoins qu'il pourrait encore exécuter quelque entreprise d'importance, s'il était une fois à la tête de la ligue, il fit quelques tentatives pour entrer à Milet; mais elles ne lui réussirent pas. Il fut donc obligé de retourner à Chio.

Là, comme on lui eut demandé pourquoi il avait si fortement pressé Aristagore de se révolter, et avait attiré ainsi de si grands malheurs à l'Ionie, il répondit que c'était parce que le roi avait résolu de transférer les Ioniens en Phénicie, et les Phéniciens en Ionie. C'était une pure fiction de sa part, et une imposture qu'il avait fabriquée; un semblable dessein n'étant jamais venu dans l'esprit de Darius. Cet artifice néanmoins servit merveilleusement, tant à le justifier dans l'esprit des Ioniens, qu'à les animer à poursuivre la guerre avec vigueur; car, alarmés de cette transmigration, ils prirent une ferme résolution de se défendre jusqu'à l'extrémité.

Les généraux persans, voyant que Milet
An. M. 3507.
Av. J. C 497.　était le centre de la confédération, résolu-

·ent d'y conduire toutes leurs forces, comp-
:ant que s'ils pouvaient emporter cette place,
toutes les autres tomberaient d'elles-mêmes.
En effet, après avoir battu les alliés dans un
combat naval, ils tournèrent leurs armes
contre cette ville, qui devint bientôt la proie
du vainqueur. Toutes les villes révoltées rentrèrent dans le devoir, et la paix fut rendue
à l'Ionie, d'où les desseins ambitieux d'Aristagore et d'Hystiée l'avaient bannie depuis
six ans:

Ce dernier eut sa part dans le malheur
général des Ioniens. Car cette même année
ayant été pris par les Perses, il fut conduit à
Sardes, où Artapherne le fit pendre sur-le-
champ, sans en demander la permission à
Darius, de peur que l'affection de ce prince
pour Hystiée, ne le portât à lui accorder
son pardon. La suite fit voir que cette con-
jecture était bien fondée; car dès que Darius eut vu la tête d'Hystiée, il témoigna
beaucoup de mécontentement contre les auteurs de sa mort, et fit enterrer honorable-
ment cette tête, comme les restes d'un homme à qui il avait des obligations infinies, et
dont le souvenir n'avait pu être effacé par la
grandeur des fautes qu'il avait commises depuis. Hystiée était de ces hommes inquiets,
hardis, entreprenans, qui joignent à beaucoup de grandes qualités des vices encore
plus grands; à qui le mensonge, la perfidie,
le parjure et le sang même des peuples ne
coûtent rien, s'il est nécessaire pour leur élévation. Hystiée eut une fin digne de ses sentimens, et assez ordinaire à ces politiques

Horod. l. 6
c. 6. 10. et
31. 33.

Fin d'Hys-
tiée.
Hérod. l. 6.
c. 29. 30.

irréligieux, qui sacrifient tout à leur ambition et à leur fortune.

ARTICLE IV.

Expédition des armées de Darius contre la Grèce.

An. M. 3510.
Av. J. C 494.
Hérod. l. 6.
c. 43 45.

Darius, ayant rappelé tous ses autres généraux, dans la vingt-huitième année de son règne, envoya Mardonius, fils de Gobryas, jeune seigneur d'une illustre famille de Perse, qui venait d'épouser une de ses filles, pour commander en chef dans toutes les parties maritimes de l'Asie, avec ordre de faire une invasion dans la Grèce, et de le venger des Athéniens et des Erétriens pour l'incendie de Sardes. Le prince montrait peu de sagesse dans ce choix, où il préférait un jeune homme de faveur à ses plus vieux et plus expérimentés généraux ; surtout dans une guerre très-difficile, dont le succès lui tenait fort à cœur, et qui intéressait infiniment la gloire de son règne. La qualité de gendre du roi pouvait augmenter son crédit, mais n'ajoutait rien à son mérite, et ne le rendait pas excellent général.

A son arrivée dans la Macédoine, où il était passé avec l'armée de terre, tout le pays, effrayé de sa puissance, se soumit. Mais sa flotte, ayant voulu doubler le mont Athos (nommé présentement Campo Santo) pour gagner les côtes de la Macédoine, fut accueillie d'une si violente tempête, que plus de trois cents vaisseaux, avec plus de vingt mille hommes, y périrent. Dans le même temps l'armée de terre reçut un échec non moins con-

sidérable : car, comme elle campait dans un
lieu mal sûr, les Thraces tombèrent de nuit
sur le camp des Perses, en firent un grand
carnage, et blessèrent Mardonius lui-même. Tous ses mauvais succès l'obligèrent bientôt après de retourner en Asie, avec la honte
et la douleur d'avoir mal réussi dans cette expédition, tant par terre que par mer.

Darius s'aperçut trop tard que la jeunesse
et le peu d'expérience de son gendre étaient
la cause de l'échec qu'avaient reçu ses troupes : il le rappela et mit à sa place deux autres généraux; Datis, Mède de nation, et Artapherne, fils d'Artapherne son frère, qui
avait été gouverneur de Sardes. Ce prince
songeait sérieusement à mettre à exécution
le grand dessein qu'il roulait depuis long-
temps dans son esprit, qui était d'attaquer la
Grèce avec toutes ses forces, et surtout de
tirer une illustre vengeance des Athéniens et
de ceux d'Erétrie, dont l'entreprise contre
Sardes lui était toujours présente.

Il faut nous rappeler dans l'esprit l'état où Etat d'A-
pour lors était Athènes, et nous former quel- thènes.
que idée des grands hommes qui eurent part
à la célèbre victoire de Marathon. Athènes,
récemment délivrée de la servitude où elle
avait été réduite pendant plus de trente ans,
sous Pisistrate et ses enfans, commençait à
goûter en paix les avantages de la liberté.
Lacédémone, qui dominait dans la Grèce,
jalouse du repos qu'elle avait procuré en partie aux Athéniens, essaya de faire remonter
sur le trône Hippias, fils de Pisistrate. Athènes voulut se maintenir dans l'indépendan-

ce; Hippias eut recours aux Perses, et il servit de guide et de conducteur aux généraux que le roi de Perse envoya contre la Grèce.

Parmi les Athéniens, Miltiade fut celui qui se distingua le plus dans la guerre contre les Perses, dont nous allons parler. Il était fils de Cimon, d'une maison fort noble et fort ancienne, originaire d'Egine. Les fils de Pisistrate l'avaient envoyé dans la Chersonnèse de Thrace, pour succéder à Stésagoras son frère, qui était mort sans enfans, et qui avait hérité de son oncle Miltiade, frère de Cimon, la souveraineté de ce pays. Pendant son séjour dans la Chersonnèse il épousa Hégésipyle, fille d'Olore, un roi de Thrace du voisinage, de laquelle il eut Cimon, ce fameux général des Athéniens, dont nous parlerons dans la suite. Miltiade, ayant renoncé à son établissement dans la Thrace, s'embarqua, avec tout ce qu'il avait, sur cinq vaisseaux, et fit voile vers Athènes, où il acquit une grande réputation.

Dans le même temps, deux autres citoyens, plus jeunes que Miltiade, Aristide et Thémistocle, se faisaient connaître à Athènes. Quoique d'un caractère différent, ils rendirent tous deux de grands services à la république. Thémistocle ne négligeait rien pour se rendre agréable au peuple, et pour se faire des amis. Comme on lui reprochait un jour qu'il gouvernerait parfaitement s'il ne penchait pas quelquefois plus pour l'un que pour l'autre : « A Dieu ne plaise, répondit-il, que je » sois jamais assis sur un tribunal où mes » amis n'aient pas plus de crédit que les étran-

» gers! » Cléon , qui entra quelque temps après dans le maniement des affaires publiques à Athènes , garda une conduite tout opposée. Il assembla ses amis, et leur déclara qu'il renonçait à leur amitié , de peur qu'elle ne lui fît commettre des injustices. C'était leur faire bien peu d'honneur. Ce n'est pas à ses amis , dit Plutarque , mais à ses passions qu'il devait renoncer.

Aristide sut garder un sage tempérament entre ces deux excès vicieux. Admirateur de Lycurgue, il était porté pour l'aristocratie. Il ne cherchait point à plaire à ses amis aux dépens de la justice ; mais d'ailleurs il était toujours prêt à leur rendre service. Avec cette contrariété d'humeurs et de principes, il n'est pas étonnant que, pendant tout le temps de leur administration, il y ait eu une opposition continuelle entre eux. Aristide s'opposait sans cesse aux desseins de Thémistocle, qui était hardi et entreprenant, lorsqu'ils étaient même justes et utiles , pour l'empêcher de prendre une autorité qui aurait pu devenir pernicieuse à la république. Un jour qu'il l'emporta sur Thémistocle , qui avait proposé une chose fort avantageuse, il ne put se retenir en sortant de l'assemblée , et dit tout haut : « Qu'il n'y avait de salut pour les » Athéniens, qu'à les jeter tous deux dans le » Barathre (c'était le lieu où l'on jetait les » coupables condamnés à mort). » L'intérêt commun les réunissait ; et quand ils étaient près de partir pour la campagne, ou pour quelque autre expédition, ils convenaient ensemble de déposer, au sortir de la ville, leurs

Aristide.

Plut. in Apoph. p. 175.

I 5

dissensions, avec liberté de les reprendre à leur retour.

La passion dominante de Thémistocle, était l'ambition et l'amour de la gloire. Après la bataille de Marathon, comme on célébrait partout la valeur et la conduite de Miltiade, qui l'avait gagnée, Thémistocle devint tout pensif; il passait les nuits sans reposer, et ne se trouvait plus aux festins publics. Ses amis, étonnés de ce changement, lui en demandaient la raison; il leur répondait : *Que les trophées de Miltiade ne lui laissaient point de repos.* Dès lors la passion des armes le saisit.

Pour Aristide, l'amour du bien public était le grand mobile de toutes ses actions. Constant, ferme dans les changemens imprévus, ni élevé par les honneurs, ni abattu par les mépris et les refus, il conservait toujours sa tranquillité et sa douceur ordinaires. L'estime qu'on faisait de la droiture de ses intentions, de la pureté de son zèle, et de la sincérité de sa vertu, parut un jour où l'on jouait une pièce d'Eschyle. L'acteur ayant récité ce vers, qui contenait l'éloge d'Amphiaraüs : *Il ne veut point paraître homme de bien et juste, mais l'être effectivement ;* tout le monde jeta les yeux sur Aristide, et lui en fit l'application.

Tel était le caractère de ces deux illustres Athéniens, qui commencèrent à faire connaître toute l'étendue de leur mérite, dans le temps que Darius attaqua la Grèce.

Darius envoie des hérauts dans la Ce prince, avant de s'engager entièrement dans cette entreprise, jugea à propos de son-

der les Grecs, et de savoir quelle était la disposition de ces différens peuples à son égard.
Dans cette vue, il envoya des hérauts par
toute la Grèce, pour demander en son nom
la terre et l'eau. C'était la manière dont les
Perses avaient coutume d'exiger la soumission de ceux qu'ils voulaient assujettir. A l'arrivée de ces hérauts, plusieurs villes grecques,
redoutant la puissance des Perses, firent ce
qui leur était commandé; mais la plupart le
refusèrent absolument. Les hérauts mêmes
qui allèrent à Sparte et à Athènes, y furent
plus mal reçus que partout ailleurs. Les uns
furent jetés dans un puits, et les autres dans
une fosse profonde, avec ordre de prendre
de là de l'eau et de la terre (1). On serait
moins étonné d'un traitement si indigne, s'il
ne s'agissait que d'Athènes. C'est une suite
du gouvernement populaire, brusque, impétueux et violent, où la raison est rarement
écoutée, et où l'on n'agit que par passion. On
ne reconnaît point ici l'équité et la gravité
spartaines. Ils pouvaient refuser ce qu'on leur
demandait : mais traiter ainsi des officiers pu-

Grèce, pour
demander
l'eau et la
terre.
Hérod. l. 7.
c. 133. 136.
An. M 3511.
Av. J. C. 493.

---

(1) La démarche que firent dans la suite les Spartiates, d'envoyer à Xerxès deux citoyens, pour expier,
par le sacrifice de leur vie, le crime commis en la personne des hérauts qui avaient été mis à mort à Sparte,
nous porte à conjecturer que le roi de Perse avait envoyé deux hérauts à Sparte, et deux aussi à Athènes.

Pour ce qui est de la seconde question, le Barathre,
qui était une fosse profonde où les Athéniens précipi-
taient ceux qui étaient coupables des plus grands crimes,
peut nous déterminer à croire que c'étaient les Athéniens
qui jetèrent les hérauts du roi de Perse dans le Barathre, et les Spartiates, par conséquent, dans un puits.

6

blics, c'était violer ouvertement le droit des gens.

An. M. 35r3.
Av. J. C. 491.
Hérod. l. 6.
c. 94, 101.
119.

Darius, informé du traitement indigne qu'on avait fait à ses officiers, fit partir avec empressement Datys et Artapherne, qu'il venait de nommer généraux, pour commander l'armée qu'il envoyait en Grèce. Leurs ordres portaient de mettre au pillage Erétrie et Athènes ; d'en brûler toutes les maisons et tous les temples ; d'en faire prisonniers tous les habitans, et de les lui envoyer ; et pour cet effet, ils s'étaient munis d'un grand nom-

Plut. in mo-
ral. p. 329.

bre de chaînes. Ils mirent, sans différer, à la voile, avec une flotte de cinq ou six cents vaisseaux, et une armée de cinq cent mille hommes. Ils soumettent toutes les îles de la mer Egée, vont assiéger Erétrie, la prennent, la réduisent en cendres, et envoient à Darius tous les habitans qu'ils y trouvent. Ce prince, contre leur attente, les traita avec bonté, et leur donna, pour habitation, un village du pays de Cissie, à une journée de Suze.

Philost. l. 1.
c. 17.
Hérod. l. 6.
c. 102. 120.
Corn. Nep.
in Milt. c. 4.
6.
Justin. l. 2.
c. 8.
Plut. in Aris-
tid. p. 321.

Après l'expédition d'Erétrie, les Perses s'avancèrent vers l'Attique. Hippias les conduisit à Marathon, petite ville située sur le bord de la mer. Ils firent savoir à Athènes le sort d'Erétrie, espérant que cette nouvelle obligerait la ville de se rendre sur - le - champ. Athènes n'en fut pas ébranlée ; elle fit prendre les armes aux esclaves, ce qui ne s'était point encore pratiqué jusque là. Les Athéniens, avec une armée de dix mille hommes, marchèrent courageusement contre l'ennemi, dont l'armée montait à cent mille hommes d'infanterie, et dix mille de cavalerie.

Aristide, faisant réflexion qu'un commandement qui change tous les jours, tel qu'était alors celui des généraux Athéniens qui commandaient l'armée en chef chacun à leur tour, est nécessairement faible, inégal, peu suivi, contraire souvent à lui-même, et ne peut avoir ni projet, ni exécution uniformes, remit le commandement à Miltiade, comme plus habile et plus expérimenté que lui. Les autres généraux en firent autant, l'amour du bien public étouffant en eux tout sentiment de jalousie; et l'on vit en ce jour, qu'il est presque aussi glorieux de reconnaître le mérite d'autrui, que de l'avoir soi-même. Miltiade crut devoir attendre que son tour fût arrivé. Pour lors, en habile capitaine, il songea à regagner, par l'avantage du poste, ce qui lui manquait du côté du nombre. Il rangea son armée au pied d'une montagne, afin que l'ennemi ne pût l'envelopper et la prendre par derrière. Les Athéniens n'attendirent pas qu'on vînt les attaquer. Dès qu'on eut donné le signal, ils coururent de toutes leurs forces contre l'ennemi. Les Perses regardaient cette première démarche comme une folie, pour des gens qui étaient en si petit nombre; mais ils furent bientôt détrompés.

Le combat fut rude et opiniâtre. Les deux ailes des Athéniens, étant restées victorieuses de celles des Perses, survinrent fort à propos pour le corps de bataille, qui avait été obligé de plier, et qui commençait à se rompre, accablé par le nombre des ennemis. Alors la déroute des Perses fut entière. Ils

Défaite des Perses à Marathon, par Miltiade.
An. M. 3514.
Av. J.C. 490.

prirent tous la fuite, non vers leur camp,
mais vers leurs vaisseaux, pour s'y sauver.
Les Athéniens les y poursuivirent, mirent le
feu à plusieurs, et en prirent sept. Il périt
de leur côté dans le combat près de deux
cents hommes, et du côté des Perses plus de
six mille, sans compter ceux qui tombèrent
dans la mer, ou qui furent consumés par le
feu qu'on mit aux vaisseaux. Hippias fut tué
dans le combat. Telle fut la fin de cet ingrat
et perfide citoyen, qui, animé de haine et
de vengeance contre sa patrie, avait armé
les Perses contre elle, parce qu'elle ne voulait pas le reconnaître pour son tyran.

Plut. de g'or.
Athen p. 347.

Aussitôt après la bataille, un soldat athénien, encore tout fumant du sang des ennemis, se détacha de l'armée, et courut de
toutes ses forces à Athènes, pour porter à ses
concitoyens l'heureuse nouvelle de la victoire.
Quand il fut arrivé à la maison des magistrats, il ne leur dit que deux mots : *Réjouis-*
sez-vous, nous sommes vainqueurs, et il
tomba mort à leurs pieds (1).

Les Perses firent voile pour Athènes, dans
le dessein de la surprendre, avant que les
Athéniens pussent y être arrivés pour la secourir ; mais ceux-ci marchèrent au secours
de leur patrie avec neuf tribus, et ils firent
tant de diligence, qu'ils y arrivèrent le jour

Honneurs
rendus aux
morts à la
bataille de
Marathon.
Pausan. in
Attic. p. 6o.
61.

même. Ainsi le dessein des Perses avorta. On
rendit aux morts, sur le champ de bataille,
tout l'honneur qui leur était dû. On leur érigea à tous, dans le lieu même où la bataille
s'était donnée, d'illustres monumens, où leurs

(1) χαιρετε , χαιρομεν.

noms et celui de leurs tribus étaient marqués.
On en construisit trois séparément; l'un pour
es Athéniens, l'autre pour les Platéens, et
un troisième pour les esclaves. Dans la suite
on y ajouta le tombeau de Miltiade. Pour
conserver le souvenir de cette journée mémorable, les Athéniens firent peindre la bataille
le Marathon, où Miltiade était représenté à
a tête de dix chefs, exhortant les soldats, et
eur donnant l'exemple. Ce tableau était placé à Athènes dans une galerie qui était ornée
et enrichie de différentes peintures, toutes
excellentes et de la main des meilleurs maîtres.

On est étonné au reste de voir une puissance si formidable venir échouer contre une
petite ville sans défense et sans murs; et l'on
est presque tenté de refuser sa croyance à
un événement qui paraît si peu vraisemblable, et qui est cependant très-certain. Cette
bataille seule fait voir ce que peut l'habileté
d'un général qui sait prendre ses avantages.
Platon, en plus d'un endroit, prend à tâche
de relever la journée de Marathon; et il veut
qu'on la regarde comme la source et la première cause de toutes les victoires qui ont été
remportées depuis. En effet, c'est elle qui ôta
à la puissance persanne cette terreur qui la
rendait si formidable, et qui faisait tout plier
devant elle; qui apprit aux Grecs à connaître leurs forces, et à ne pas trembler devant
un ennemi qui n'avait de terrible que le nom;
qui leur fit comprendre que la victoire ne
dépend point du nombre, mais du courage
des troupes, que mit dans tout son jour la

gloire qu'il y a à sacrifier sa vie pour la patrie et la conservation de la liberté ; qui les remplit enfin, pendant toute la suite des siècles, d'une noble émulation, et d'un vif désir d'imiter leurs ancêtres, et de ne point dégénérer de leur vertu.

Triste fin de Miltiade.
Hérod l. 6. c. 132. 136.
Corn. Nep. in Miltiad. c. 7. 8.
An. M. 3515.
Av. J C. 489.

La reconnaissance des Athéniens à l'égard de Miltiade ne fut pas de longue durée; car, au retour d'une expédition contre l'île de Paros, qui ne réussit pas au gré des Athéniens, et où il avait reçu une blessure fort dangereuse, il fut appelé en jugement par un citoyen nommé Xantippe, qui l'accusa d'avoir trahi sa patrie, et d'avoir reçu pour cela de grandes sommes du roi des Perses. Quelque peu vraisemblable que fût cette accusation, elle prévalut contre le mérite et l'innocence de Miltiade. Il fut condamné à perdre la vie et à être jeté dans le Barathre. Le magistrat s'opposa à l'exécution d'un jugement si inique. Toute la grâce qu'on fit au libérateur de la patrie, fut de commuer la sentence de mort en une amende de cinquante mille écus. Comme il était hors d'état de la payer, il fut mis en prison, et y mourut de la blessure qu'il avait reçue à Paros. Cornélius Népos remarque que ce qui engagea principalement les Athéniens à en user ainsi à l'égard de Miltiade, fut son mérite même, et sa grande réputation, qui firent craindre au peuple, délivré assez récemment du joug de la servitude à laquelle Pisistrate les avait réduits, que celui-ci, qui avait été autrefois tyran de la Chersonnèse, ne voulût le devenir à Athènes. Ainsi, elle aima mieux punir un innocent, que d'avoir tou-

jours devant les yeux un tel sujet de crainte (1). On le vit bien clairement dans l'exil
d'Aristide, de Simon, et de tant d'autres généraux, qui devinrent victimes d'une si étrange politique, à qui tout mérite était suspect,
et qui convertissait la vertu même en crime.

L'attachement inviolable d'Aristide à la jus- *Plut. in Aris.*
tice, l'obligea, en plusieurs occasions, de *p. 322. 328.*
s'opposer à Thémistocle, qui gagna, par ses
intrigues, les suffrages du peuple pour écarter son rival, et vint à bout de le faire bannir. Dans cette sorte de jugement, les citoyens donnaient leurs suffrages, en écrivant
le nom de l'accusé sur une coquille, appelée
en grec ὄστρακον d'où est venu le nom d'Ostracisme. Ici, un paysan, qui ne savait pas écrire, et qui ne connaissait pas Aristide, s'a-
dressa à lui-même, pour le prier de mettre
le nom d'Aristide sur sa coquille. « Cet hom-
» me vous a-t-il fait quelque mal, lui dit Aris-
» tide, pour le condamner ainsi ? Non, ré-
» pliqua l'autre, je ne le connais pas même,
» mais je suis fatigué et blessé de l'entendre
» partout appeler *le juste.* » Aristide, sans
répondre une seule parole, prit tranquillement la coquille, y écrivit son nom, et la
lui rendit. Il partit pour son exil, en priant
les Dieux de ne pas permettre qu'il arrivât à
sa patrie aucun accident qui le fît regretter.
Il est étonnant qu'après des traitemens si
indignes, Athènes ait trouvé des citoyens attachés à son service et zélés pour sa gloire.

Quand Darius apprit la défaite de son ar-

(1) Hæc populus respiciens, maluit eum innoxium
plecti, quàm se diutiùs esse in timore.

Val. Max
l. 5. c. 3.
Hérod. l. 7.
c. 1.

méc à Marathon, il entra dans une grand
colère, et ce mauvais succès, loin de le décourager et de le détourner de la guerre contre la Grèce, ne fit que l'animer à la poursuivre, et à la pousser avec plus de vigueur,
pour se venger en même temps et de l'incendie de Sarde et de la honte reçue à Marathon ; mais avant de pouvoir exécuter ce projet, il fut obligé d'aller en Egypte, pour apaiser une révolte presque générale, qu'il étouffa
heureusement. Diodore raconte que ce prince, voulant faire mettre sa statue avant celle
de Sésostris, le grand-prêtre des Egyptiens
lui représenta qu'il n'avait pas encore égalé
la gloire de ce conquérant ; et que le roi,
loin d'être choqué de la liberté de l'Egyptien,
répondit qu'il travaillerait à le surpasser.

Darius
apaise une
révolte en
Egypte.
Lib. 1. p. 54.
et 85.

Sa mort.
An. M. 3519.
Av. J.C. 485
Son carac-
tè.e.

Dans le temps que ce prince méditait de
tomber sur la Grèce avec toutes ses forces, il
fut prévenu par la mort. Il mourut fort âgé,
et après un règne de trente-six ans. On ne
peut disconvenir que Darius n'eût d'excellentes qualités, mais il avait aussi de grands
défauts, dont l'empire se sentit encore plus
que de ses vertus ; car la condition des rois
est telle, qu'ils vivent et agissent pour leurs
sujets (1). Tout ce qu'ils font, soit en bien,
soit en mal, ils le font pour leurs sujets. On
voyait en lui un fonds de douceur, d'équité,
de clémence et de bonté pour ses peuples ; il
aimait la justice et respectait les lois ; il esti-
mait le mérite et le récompensait. Il prenait
volontiers conseil et savait en profiter. Il y

(1) Ita nati estis, ut bona malaque vestra ad rempu-
blicam pertineant. *Tacit. l. 4. c. 8.*

a eu peu de princes plus habiles que lui dans
l'art de régner, et plus expérimentés dans la
guerre. Ce qui fait la plus solide gloire de
Darius, c'est d'avoir été choisi de Dieu même, aussi-bien que Cyrus, pour être l'instrument de ses miséricordes sur son peuple,
le protecteur déclaré des Israélites, et le res-
taurateur du temple de Jérusalem.

CHAPITRE II.

Histoire de Xerxès jointe à celle des Grecs.

Le règne de **Xerxès** n'a été que de douze
ans, mais il est rempli de grands événemens.

ARTICLE I.

Xerxès monte sur le trône. Il se dispose à porter la guerre contre les Grecs.

Selon un ancien usage des Perses, c'était
au prince régnant à nommer celui qui devait monter sur le trône après lui. Les troubles et les disputes qui survinrent après la
mort de Darius à ce sujet, nous donnent lieu
de croire, ou que ce prince n'avait pas satisfait à cette loi, ou que ses enfans n'eurent
aucun égard à ce qu'il avait réglé. Artabazane alléguait en sa faveur, qu'étant l'aîné
de tous ses frères, la coutume et l'usage de
toutes les nations lui adjugeaient la succession préférablement à tout autre. Xerxès ré-
pliquait qu'il était fils de Darius par Atosse,
fille de Cyrus, qui avait fondé l'empire des
Perses, et qu'il était plus juste que la cou-

ronne de Cyrus tombât à un de ses descendans, qu'à un autre qui ne l'était pas. Il ajoutait qu'il était fils aîné de Darius roi, au lieu qu'Artabazane était né de Darius lorsqu'il était encore homme privé. Il appuyait cette dernière raison par l'exemple des Lacédémoniens, qui n'appelaient à la succession du royaume que les enfans qui étaient nés depuis que leur père était roi. Les deux princes contendans, ne pouvant pas s'accorder, convinrent de bonne foi de prendre pour arbitre de leur différend, Artabane, leur oncle, et de s'en rapporter sans appel à son jugement. Ce prince adjugea la succession à Xerxès.

Elle est adjugée à Xerxès.
An. M. 3519.
Av. J.C. 485.
Pendant tout le temps que dura cette dispute, les deux frères se donnèrent réciproquement toutes les marques d'une amitié véritablement fraternelle, se faisant des présens, et se donnant même des repas, d'où l'estime et la confiance mutuelles écartaient, de part et d'autre, toute crainte et tout soupçon. Quand Artabane eut prononcé en faveur de Xerxès, dans le moment même son frère se prosterna devant lui, le reconnaissant pour son maître, et le plaça, de sa propre main, sur le trône ; montrant, par cette conduite, une grandeur d'ame véritablement royale, et infiniment supérieure à toutes les grandeurs humaines. Quelle honte pour des chrétiens qui passent leur vie à plaider et à se disputer avec acharnement un très-médiocre patrimoine!

An. M. 3520.
Av. J.C. 484.
Dès que Xerxès fut monté sur le trône, il forma le dessein de faire la guerre aux Grecs. (Il ne prétendait plus, disait-il, qu'on ache-

tât pour lui des figues de l'Attique , qui étaient excellentes, et ne voulait en manger que lorsque le pays lui appartiendrait.) Avant de s'engager dans une entreprise de cette importance (1), il crut devoir assembler son conseil, et prendre les avis de tout ce qu'il y avait de plus grands et de plus illustres personnages à sa cour. Il leur proposa le dessein qu'il avait de porter la guerre contre la Grèce. Ses motifs étaient le désir qu'il avait d'imiter ses prédécesseurs, qui tous avaient illustré leur règne et leur nom par de nobles entreprises ; l'obligation où il était de venger l'insolence des Athéniens, qui avaient osé attaquer Sardes et la brûler ; la nécessité de réparer l'affront reçu à Marathon ; l'espérance des grands avantages qu'on pourrait tirer de cette guerre, qui entraînerait après elle la conquête de l'Europe, le plus riche et le plus fertile pays qui fût dans l'univers. Il ajoutait que cette guerre avait déjà été résolue par son père Darius, dont il ne faisait que suivre et exécuter les intentions.

Tous ceux qui composaient le conseil, ou louèrent extrêmement le dessein du roi, ou gardèrent le silence. Il n'y eut qu'Artabane, oncle de Xerxès, prince recommandable par son âge et par sa prudence, qui eut le courage de parler et de faire sentir au roi les inconvéniens d'une semblable entreprise.

« Grand roi, dit-il en s'adressant à Xerxès,

(1) Il est à remarquer que le fameux historien Hérodote naquit cette année à Halicarnasse en Carie ; car il avait 53 ans lorsque la guerre du Péloponnèse commença.

» souffrez que je vous dise ici mon sentiment,
» avec la liberté qui convient à mon âge et à
» vos intérêts. Quand Darius, votre père et
» mon frère, songea à porter la guerre con-
» tre les Scythes, je fis tout mon possible
» pour l'en détourner. Vous savez ce que lui
» coûta cette entreprise, et quel en fut le suc-
» cès. Les peuples que vous allez attaquer sont
» infiniment plus à craindre que les Scythes.
» Les Grecs passent pour être, et sur terre et
» sur mer, les meilleures troupes qu'il y ait.
» Si les Athéniens seuls ont pu défaire l'ar-
» mée nombreuse commandée par Datys et
» par Artapherne, que faut-il attendre de
» tous les peuples de la Grèce réunis ensem-
» ble ? Vous songez à passer d'Asie en Europe,
» en jetant un pont sur la mer. Et que de-
» viendrons-nous, si les Athéniens vainqueurs
» font avancer leur flotte vers ce pont, et le
» rompent ? Je tremble encore quand je pense
» que, dans l'expédition de Scythie, on fit
» dépendre la vie du roi votre père, et le sa-
» lut de toute l'armée, de la bonne foi d'un
» seul homme , et que si Hystiée le milésien
» eût, comme on l'y exhorta fortement, rom-
» pu le pont qu'on avait jeté sur le Danube,
» c'en était fait de l'empire persan. Ne vous
» exposez point, seigneur , à un pareil dan-
» ger ; d'autant plus que rien ne vous y obli-
» ge. Prenez du temps pour y réfléchir. Quand
» on a délibéré mûrement sur une affaire,
» quel qu'en soit le succès, on n'a rien à se
» reprocher. La précipitation , outre qu'elle
» est imprudente , et presque toujours mal-
» heureuse , est suivie de funestes effets. Sur-

» tout, grand prince, ne vous laissez point
» éblouir, ni par le vain éclat d'une gloire
» imaginaire, ni par le pompeux appareil
» de vos troupes. Ce sont les arbres les plus
» élevés qui ont le plus à craindre de la fou-
» dre. Comme Dieu seul est grand, il est en-
» nemi de l'orgueil, et il se plaît à abaisser
» tout ce qui s'élève ; et souvent les plus nom-
» breuses armées fuient devant une poignée
» d'hommes, parce qu'il remplit ceux-ci de
» courage, et jette la terreur parmi les au-
» tres. »

Après qu'Artabane eut ainsi parlé au roi,
il se tourna vers Mardonius, et lui reprocha
le peu de sincérité ou de jugement qu'il avait
fait paraître, en donnant au roi une idée des
Grecs entièrement contraire à la vérité, et
le tort extrême qu'il avait, de vouloir engager témérairement les Perses dans une guerre
qu'il ne souhaitait que par des vues d'ambition ou d'intérêt. « Au reste, ajouta-t-il, si
» l'on conclut pour la guerre, que le roi, dont
» la vie nous est chère, demeure en Perse :
» et pour vous, puisque vous le désirez si for-
» tement, marchez à la tête des armées les
» plus nombreuses que vous aurez pu amas-
» ser. Cependant, qu'on mette quelque part
» en dépôt vos enfans et les miens, pour ré-
» pondre du succès de la guerre. S'il est fa-
» vorable, je consens que mes enfans soient
» mis à mort; mais s'il est tel que je le prévois,
» je demande que vos enfans et vous-même,
» à votre retour, soyez traités comme le mé-
» rite le téméraire conseil que vous donnez à
» votre maître. »

Xerxès, qui n'était pas accoutumé à se voir contredire de la sorte, entra en fureur. « Remerciez les Dieux, dit-il à Artabane, de ce » que vous êtes le frère de mon père, sans » quoi vous porteriez dans le moment même » la juste peine de votre audace; mais je vous » en punirai autrement, en vous laissant ici » parmi les femmes, à qui vous ressemblez » par votre lâche timidité, pendant qu'à la » tête de mon armée, je marcherai où mon » devoir et la gloire m'appellent. » Cependant, lorsque ce premier mouvement de colère fut passé, et que la nuit lui eut laissé le loisir de faire réflexion sur les deux différens avis qu'on lui avait donnés, il reconnut qu'il avait eu tort de maltraiter son oncle, et il ne rougit pas de réparer sa faute le lendemain en plein conseil, avouant nettement que sa jeunesse et son peu d'expérience l'avaient fait manquer à ce qu'il devait à un prince aussi respectable qu'Artabane, et par son âge et par sa sagesse.

Cet aveu si sincère, et qui devait coûter si cher à son amour-propre, loin de paraître au conseil une faiblesse dans Xerxès, fut regardé comme l'effort d'une grande ame. En effet, rien n'est plus grand, ni en même temps plus rare, que de voir un roi puissant avouer ses fautes, quand il lui arrive d'en faire, sans chercher ni prétextes, ni excuses pour les couvrir. Xerxès reconnut dans cette occasion, que le plus pressant besoin d'un prince (1), est de trouver un ami fidèle et sin-

(1) Nullum majus boni imperii instrumentum, quàm bonos amicos. *Tacit. Hist. l.* 4. *c.* 4.

cère,

cère, qui ne lui cache rien Les princes, faussement délicats sur la grandeur, ont la honte d'être toujours pleins de défauts, et de n'en jamais convenir. On était déjà trop avancé pour retourner en arrière. La guerre fut résolue, et du consentement même d'Artabane, qui, sur la foi de quelque vision, se rendit, croyant qu'il y avait en cela quelque chose de divin.

La guerre contre la Grèce est résolue.

Xerxès, pour ne rien omettre de ce qui pouvait contribuer à faire réussir son dessein, entra en confédération avec les Carthaginois, le plus puissant peuple qui fût alors en Occident ; et convint avec eux que, pendant que les Perses attaqueraient la Grèce, les Carthaginois tomberaient sur les nations grecques qui étaient en Sicile et en Italie, pour les empêcher de venir au secours des autres Grecs. Ainsi, Xerxès, après avoir soulevé contre la Grèce tous les peuples du monde alors connus, partit de Suze, et marcha vers Sardes, où était le rendez-vous de l'armée de terre, pendant que celle de mer s'avançait aussi le long des côtes de l'Asie mineure, vers l'Hellespont.

Départ de Xerxès. Au M. 3524. Av. J.C. 480.

Ce prince avait donné ordre de percer le mont Athos, qui s'avance dans l'Archipel en forme de presqu'île. C'était pour éviter les naufrages, qui étaient très-fréquens en cet endroit-là, qu'il s'était, disait-il, déterminé à ce travail, plus fastueux que nécessaire. Mais la véritable raison était de se signaler par quelque entreprise extraordinaire, et d'une exécution difficile, comme Tacite le dit de Néron (1). Ce prince, qui avait la folie de

(1) Erat incredibilium cupitor.

Plut. de irâ. cohib. p.455.

croire qu'il était le maître des élémens et de toute la nature, avait en conséquence écrit une lettre au mont Athos en ces termes, pour lui intimer ses ordres : *Superbe Athos, qui portes ta tête jusqu'au ciel, ne sois pas si hardi que d'opposer à mes travailleurs des pierres et des roches qu'ils ne puissent couper, autrement je te couperai toi-même en entier, et te précipiterai dans la mer.*

Hérod. l. 7. c. 3o. 3a. Ibid. c. 44. 46.

Lorsque Xerxès fut arrivé à Sardes, il envoya de là des hérauts à toutes les villes de la Grèce, excepté à Athènes et à Lacédémone, pour demander qu'on lui donnât l'eau et la terre. Dès que le printemps fut venu, il partit de Sardes, et tourna sa marche vers l'Hellespont. Quand il y fut arrivé, il voulut se donner le plaisir de voir un combat naval. On lui avait préparé un trône sur une hauteur, d'où il découvrait toute la mer chargée de ses vaisseaux, et toute la terre couverte de ses troupes ; il sentit d'abord un mouvement secret de joie, se regardant comme le plus fortuné des mortels ; mais faisant réflexion, que, de tant de milliers d'hommes, il n'en resterait pas un seul dans cent ans, il ne put refuser des larmes à l'instabilité des choses humaines.

Artabane, qui ne perdait aucune occasion de se rendre utile au jeune prince, et de lui inspirer des sentimens de bonté pour son peuple, lui fit sentir l'obligation d'un roi, qui, ne pouvant prolonger la vie à ses sujets, devait au moins, comme un bon père, employer tous ses soins à leur en adoucir les pei-

nes et les amertumes. Cependant Xerxès avait
fait construire à grands frais un pont de bateaux sur l'Hellespont, pour faire passer les
troupes d'Asie en Europe, par le détroit nommé jadis Hellespont, maintenant celui des
Dardanelles ou de Gallipoli, qui a plus d'un
quart de lieue. Une violente tempête survint
tout-à-coup, et rompit le pont. Xerxès en
fut transporté de colère et de fureur; et pour
se venger d'un si cruel affront, il commanda
qu'on jetât dans la mer deux paires de chaînes pour la mettre aux fers, et qu'on lui donnât trois cents coups de fouet, faisant en
même temps couper la tête à tous ceux qui
avaient eu la conduite de l'ouvrage.

*Hérod. l 7.
c. 23 36.*

On construisit de nouveau deux ponts, l'un
pour les troupes, l'autre pour le bagage et les
bêtes de charge. Xerxès choisit des ouvriers
plus habiles que les premiers; et voici comme
ils s'y prirent. Ils mirent en travers trois cent
soixante vaisseaux, les uns à trois rangs de
rames, les autres à cinquante rames, dont les
flancs regardaient le Pont-Euxin ; et du côté
qui regarde la mer Egée, ils en mirent trois
cent quatorze. Ensuite ils jetèrent dans l'eau
de grosses ancres de part et d'autre pour affermir tous ces vaisseaux contre la violence des
vents, et contre le courant de l'eau. Ils laissèrent, du côté de l'orient, trois passages entre les vaisseaux, par où de petites barques
pouvaient aller au Pont-Euxin, et en revenir
facilement. Après cela ils plantèrent des pieux
en terre ferme, avec de gros anneaux, et y
attachèrent, de part et d'autre, six gros câbles sur chacun des ponts, deux faits de chan-

Ibid. c. 36.

vre , et quatre faits d'une sorte de roseaux appelés βίβλος. Il fallait que ceux de chanvre fussent d'une force extraordinaire , puisque chaque coudée pesait un talent, ou quarante-deux livres de notre poids. Les câbles placés sur la longueur des vaisseaux , allaient d'un côté de la mer à l'autre. Cet ouvrage étant achevé, ils rangèrent en travers, sur la longueur des vaisseaux et sur les câbles, des troncs d'arbres coupés exprès pour cet usage , et mirent dessus des planches liées et jointes ensemble, pour tenir lieu de sol et de plancher, puis ils couvrirent le tout de terre, et ajoutèrent, de côté et d'autre , des barrières ou *garde - fous*, afin que les bêtes ne s'épouvantassent pas en voyant la mer. Telle fut la construction du fameux pont de Xerxès.

Il traverse le détroit de l'Hellespont. Quand l'ouvrage fut achevé, on marqua le jour du trajet. Ce prince avant de passer , versa des libations dans la mer ; et se tournant vers le soleil, la principale Divinité de l'empire , il implora son secours pour l'entreprise qu'il commençait , et le pria de lui continuer sa protection jusqu'à ce qu'il eût fait la conquête de l'Europe ; après quoi il jeta dans la mer le vase qui avait servi aux libations, une autre coupe d'or, et un cimeterre persan. L'armée employa sept jours et sept nuits à passer le détroit.

Dénombrement des troupes de Xerxès. Quand Xerxès arriva aux Thermopyles , ses forces de terre et de mer faisaient ensemble le nombre de deux millions six cent quarante-un mille six cent et dix hommes, sans compter les valets, les eunuques, les femmes, les vivandiers ; et ces autres sortes de gens

qui suivent l'armée, et qui montaient à un
nombre égal ; de sorte que le total des personnes qui accompagnèrent Xerxès dans cette
expédition, était de cinq millions deux cent
quatre-vingt-trois mille deux cent vingt personnes : c'est le calcul que nous en donne Hérodote. Plutarque et Isocrate s'accordent avec
lui. Diodore de Sicile, Pline, Elien, et d'autres, rabattent beaucoup de ce nombre. En
effet, on a peine à comprendre comment il
était possible de trouver des vivres suffisamment pour une armée si prodigieuse. Il est
vrai qu'Hérodote remarque que Xerxès avait
employé quatre années entières à faire les
préparatifs de cette guerre ; mais cette précaution de l'historien n'empêche pas que la
chose ne paraisse toujours incroyable. Au
reste, quoi qu'il en soit, l'histoire ne fait mention d'aucune autre armée aussi nombreuse
que celle-ci ; car, suivant le calcul de ceux
qui donnent le moins de troupes à Xerxès,
il avait au moins un million d'hommes à sa
suite. De tant d'hommes rassemblés, nul ne
le disputait au roi pour la beauté du visage,
ni pour la grandeur de la taille ; faible louan-
ge pour un prince, quand elle est seule. Aussi, Justin, après le dénombrement de ces
troupes, ajoute-t-il, qu'une si grande armée
manquait de chef : *Huic tanto agmini dux
defuit.*

*Hérod. l. 7.
c. 56. 99. et
184. 187.*

Xerxès, après avoir fait le dénombrement
de ses troupes de terre et de mer, demanda
à Démarate s'il croyait que les Grecs osas-
sent l'attendre. Celui-ci, obligé dans cette
occasion de s'expliquer, le fit avec une no-

Démarate
dit librement
au roi son
sentiment
sur son en-
treprise.
*Hérod. l. 7.
c. 101. 105.*

blesse et une liberté dignes d'un roi de Sparte. « Puisque vous me l'ordonnez, grand prin-
» ce, reprit Démarate, la vérité va vous parler
» par ma bouche. Pour ne vous parler que
» de mes Lacédémoniens, soyez sûr que,
» nés et nourris dans la liberté, ils ne prê-
» teront jamais l'oreille à aucun accommo-
» dement qui tende à la servitude. Fussent-
» ils abandonnés par tous les autres Grecs,
» et réduits à une troupe de mille soldats,
» ou à un nombre encore moindre, ils vien-
» dront au-devant de vous, et ne refuseront
» point le combat. » Le roi, entendant un
tel discours, se mit à rire; mais l'événement
justifia la prédiction de Démarate. Ce Spartain était un des deux rois de Lacédémone,
qui, ayant été exilé par la faction de ses ennemis, s'était réfugié en Perse, où il avait été
comblé de biens et d'honneurs. Comme on s'é-
tonnait un jour qu'un roi se fût laissé exiler,
et qu'on lui en demandait la cause : *C'est,*
dit-il, *qu'à Sparte la loi est plus forte que
les rois.* Il fut très-considéré en Perse. Mais
ni l'injustice de ses citoyens, ni les bons traitemens du roi, ne purent lui faire oublier sa
patrie. Dès qu'il sut que Xerxès travaillait
aux préparatifs de la guerre, il en avait donné avis aux Grecs par une voie secrète; bien
différent d'Hippias, qui avait armé les Perses contre Athènes, sa patrie.

Les Athé-
niens et La-
cédémoniens
députent inu-
tilement vers
les alliés.

*Hérod. l. 7.
c. 145. 146.*

Lacédémone et Athènes, qui étaient les
deux plus puissantes villes de la Grèce, et
celles à qui Xerxès en voulait le plus, ne s'é-
taient pas endormies à l'approche de l'ennemi. Averties depuis long-temps des mouve-

mens de ce prince, elles avaient envoyé des députés dans toutes les villes grecques, pour demander du secours, et faire une ligue contre l'ennemi commun; mais tous leurs mouvemens furent inutiles; l'armée formidable des Perses avait jeté partout la terreur et l'alarme, et tous les peuples, excepté ceux de Tespie et de Platée, s'étaient soumis aux hérauts que Xerxès avait envoyés pour demander la terre et l'eau. Ainsi, les Lacédémoniens et les Athéniens se trouvèrent réduits presqu'à eux seuls. Dans cette extrémité, ils ne perdirent pas courage. La vue du danger parut, au contraire, les ranimer et leur inspirer une nouvelle ardeur. Ils nomment des généraux, mettent en mer une flotte de trois cents vaisseaux, et envoient aux Thermopyles Léonide, roi de Lacédémone, avec quatre mille hommes pour en défendre le passage.

Les Thermopyles sont un défilé ou passage du mont OEta, entre la Thessalie et la Phocide, qui n'a que vingt-cinq pieds de largeur, qu'un petit nombre de troupes pouvait défendre, et qui était l'unique endroit par où l'armée de terre des Perses pouvait entrer en Achaïe, et venir assiéger Athènes. Ce fut là que l'armée des Grecs s'arrêta.

Lorsque Xerxès fut arrivé aux Thermopyles, il fut fort surpris d'apprendre qu'on se préparait à lui en disputer le passage. Il s'était toujours flatté qu'au premier bruit de son armée, les Grecs prendraient la fuite. Il attendit quatre jours, pour leur donner le temps de se retirer. Il essaya, pendant cet intervalle, de gagner Léonide par de magnifiques pro-

Combat des Thermopyles.
An. M. 3524.
Av. J.C. 480.
Ibid. c. 172-173.

messes ; toutes ses propositions furent reje-
tées avec hauteur et indignation. Puis, Xerxès
lui ayant écrit qu'il eût à lui livrer ses armes,
Léonide lui répondit en deux mots, d'un
style et d'une fierté vraiment laconiques :
Viens les prendre. Il ne fut plus question
que de se préparer au combat. Le roi fit marcher d'abord contre eux les Mèdes, avec ordre
de les saisir tout vivans, et de les lui amener.
Les Mèdes ne purent soutenir l'effort des
Grecs, et prirent honteusement la fuite. Ils
furent relevés par les Perses, surnommés les
Immortels, au nombre de dix mille hommes, qui n'eurent pas un meilleur succès
que les Mèdes.

Xerxès, désespérant de pouvoir forcer des
troupes si déterminées à vaincre ou à mourir, était dans un grand embarras, et ne savait quel parti prendre, lorsqu'un habitant
du pays vint lui montrer un sentier détourné
vers une éminence, qui était au-dessus des
ennemis, et qui les commandait. Il y envoya un détachement, qui marcha toute la
nuit, y arriva à la pointe du jour, et s'en em-
Senec. Epist. para. Léonide, voyant qu'il était impossible
82. de résister aux ennemis, obligea le reste des
alliés de se retirer, et demeura avec ses trois
cents Lacédémoniens, résolus de mourir tous,
à l'exemple de leur chef. Le roi les exhorta
à prendre de la nourriture, en ajoutant qu'ils
souperaient ensemble chez Pluton : il les me-
Mort de na ensuite au combat. Le choc fut très-rude
Léonide. et très-sanglant. Léonide tomba mort des premiers. Les Lacédémoniens firent des efforts
incroyables de valeur pour défendre son corps

mort. Enfin, accablés par le nombre, plutôt que vaincus, ils périrent tous, excepté un seul qui se sauva à Lacédémone, où il fut traité comme un lâche et comme un traître à sa patrie, sans que personne voulût avoir commerce avec lui, ni lui parler. Mais peu de temps après, il répara avantageusement sa faute, dans la bataille de Platée, où il se distingua d'une manière particulière. Xerxès, outré de dépit contre Léonide, qui avait osé lui tenir tête, fit attacher son cadavre à une potence, et se couvrit lui-même de honte en voulant déshonorer son ennemi.

On éleva dans la suite, par ordre des amphictyons, un superbe monument tout près des Thermopyles, à ces braves défenseurs de la Grèce, avec deux inscriptions, dont l'une regardait en général tous ceux qui étaient morts aux Thermopyles, et l'autre était particulière aux Spartiates. La simplicité en est remarquable. Elle était du poète Simonide. La voici traduite en notre langue : *Passant, va annoncer à Lacédémone que nous sommes morts ici pour obéir à ses lois.* Cicéron a rendu les vers du poète grec, par ce distique :

Dic, hospes, Spartæ nos te hic vidisse jacentes,
Dùm sanctis patriæ legibus obsequimur. *Tusc. Quæst. l.* 1.

Quarante ans après, Pausanias, qui remporta la victoire de Platée, fit transporter, des Thermopyles à Sparte, les ossemens de Léonide, et lui érigea un magnifique tombeau. Le sien fut placé aussi tout près.

K 5

Hérod. l. 8.
c. 24. 25.

Le roi de Perse perdit aux Thermopyles plus de vingt mille hommes, du nombre desquels se trouvèrent deux de ses frères. On eut grand soin de cacher cette perte, qui aurait pu décourager les troupes, et, pour cela, on les fit enterrer. Le jour même de l'action des Thermopyles, il se donna aussi un grand combat naval auprès d'Arthémise, promontoire de l'Eubée. Cette action et celle des deux jours suivans, ne furent pas décisives ; mais elles servirent beaucoup à animer les Grecs, et à les convaincre, par leur propre expérience, que le grand nombre n'a rien de formidable pour de braves soldats qui ont le courage de combattre de pied ferme, et qui sont déterminés à mourir plutôt que de prendre la fuite.

Combat naval auprès d'Arthémise.

ARTICLE II.

Progrès de Xerxès dans la Grèce. Ses mauvais succès.

Les Athéniens abandonnent leur ville.

Cependant Xerxès était entré dans la Phocide, brûlant et saccageant les villes des Phocéens. Dans cette extrémité, les Athéniens, qui se voyaient tout près de tomber entre les mains des Perses, et de porter tout le poids de leur colère et de leur vengeance, prirent la résolution d'abandonner leur ville, et de s'embarquer. La plupart firent passer leurs pères et leurs mères, qui étaient âgés, avec leurs femmes et enfans, dans la ville de Trézène, dont les habitans les reçurent avec beaucoup de générosité et d'humanité; car ils firent ordonner qu'ils seraient nourris aux dépens du public, et établirent un fonds

Petite ville de l'Argolide.

pour le paiement des maîtres qui les instrui-
raient. Il est beau de voir une ville exposée,
comme celle-ci, aux plus grands maux, étendre son attention et sa libéralité au milieu
de telles alarmes, jusqu'à l'éducation des enfans d'autrui !

Xerxès arriva enfin à Athènes, que ses habitans avaient abandonnée, excepté un petit
nombre de citoyens qui s'étaient retirés dans
la citadelle, où ils se défendirent jusqu'à la
mort, avec un courage incroyable, sans vouloir entendre à aucun accommodement. Le
roi, ayant forcé la citadelle, y mit le feu et
la brûla. Il dépêcha aussitôt un courrier à
Suze pour porter cette agréable nouvelle à
Artabane son oncle, et il lui envoya en même
temps un grand nombre de tableaux et
de statues. Celles d'Harmodius et d'Aristogiton, libérateurs d'Athènes, en faisaient
partie.

Les Grecs se trouvèrent fort partagés pour
déterminer l'endroit où devait se donner le
combat. Le plus grand nombre, à la tête desquels était Eurybiade, généralissime de la
flotte, voulait qu'on s'approchât de l'isthme
de Corinthe, pour être plus près de l'armée
de terre qui gardait cette entrée, sous la conduite de Cléombrote, frère de Léonide, et
plus à portée de défendre le Péloponnèse.
D'autres, qui avaient Thémistocle pour eux,
prétendaient que c'était trahir la patrie que
d'abandonner un poste aussi avantageux que
celui de Salamine. Et comme celui-ci soutenait son sentiment avec beaucoup de chaleur, Eurybiade leva la canne sur lui. L'Athé-

Xerxès entre dans Athènes.

Pausanias, l. 1. p. 14.

Division parmi les Grecs.

Hérod. l. 8. c. 56. 65.

Plut. in Themist. p. 117.

nien , sans s'émouvoir : *Frappe*, dit-il, *mais écoute* : et continuant de parler, il montra de quelle importance il était pour la flotte des Grecs, dont les vaisseaux étaient plus légers et beaucoup moins nombreux que ceux des Perses , de donner la bataille dans un détroit comme celui de Salamine , qui mettrait l'ennemi hors d'état de faire usage d'une grande partie de ses forces. Cette modération, jointe à la force de ses raisons , fit revenir à son avis Eurybiade et tous les officiers, et on résolut de donner la bataille dans le détroit de Salamine.

Hérod. l. 8. c. 67. 70.

Du côté des Perses, on avait tenu aussi un conseil de guerre pour savoir s'il fallait hasarder un combat naval. Tous furent pour donner la bataille, parce qu'ils savaient que le roi penchait de ce côté-là. Il n'y eut qu'Arthémise , reine de Carie (1), qui s'opposa à ce dessein. Elle représenta au roi qu'il fallait traîner la guerre en longueur ; ce qui ne manquerait pas d'augmenter la division parmi les Grecs ; que chacun se retirerait pour aller défendre son pays , et qu'alors le roi se rendrait maître , sans peine , et presque sans coup férir , de toute la Grèce. Cet avis si sage ne fut point suivi, et l'on résolut de donner la bataille.

Hérod. l. 8. c. 71. 78.

Thémistocle sachant que , dans la flotte grecque, on songeait encore à aller vers l'isthme , fit donner avis à Xerxès que les alliés grecs étant réunis dans le même lieu, il lui serait facile de les vaincre, et de les accabler

(1) Cette princesse est différente d'Arthémise , femme de Mausole.

tous à la fois. Le roi le crut, et fit environner de nuit Salamine par un grand nombre
de vaisseaux, pour ôter aux Grecs tout moyen
de sortir de ce poste. Personne ne s'aperçut
que l'armée fût ainsi enveloppée. Aristide
vint la nuit même d'Egine, où il commandait quelques troupes, et traversa, avec un
très-grand danger, toute la flotte des ennemis. Quand il fut auprès de Thémistocle, il
le tira à part, et lui parla ainsi : « Thémis-
» tocle, si nous sommes sages, nous renon-
» cerons désormais à cette vaine et puérile
» dissension qui nous a divisés jusqu'ici, et,
» par une plus noble et plus salutaire ému-
» lation, nous combattrons à l'envi à qui
» servira mieux la patrie; vous, en comman-
» dant et faisant le devoir d'un bon et sage
» capitaine; et moi, en vous obéissant et en
» vous aidant de ma personne et de mes con-
» seils. »

Thémistocle, étonné d'une telle grandeur
d'ame, honteux de s'être laissé vaincre par
son rival, et ne rougissant point de lui en
faire l'aveu, promit d'imiter sa générosité,
et lui fit confidence de la ruse qu'il avait
imaginée pour tromper le Barbare. Il le pria
ensuite d'aller trouver Eurybiade, pour lui
représenter qu'il n'y avait d'autre salut pour
eux, que de combattre à Salamine; ce qu'il
fit avec joie et avec succès.

On se prépara donc de part et d'autre au
combat. Les Perses, qui savaient que le roi
avait les yeux attentifs sur eux, ce prince
ayant fait placer son trône sur une éminence, d'où il pouvait voir le combat, attaquè-

rent d'abord les Grecs avec une impétuosité
et un courage capables de répandre la terreur partout ; mais ce premier feu se ralen-
tit bientôt quand on fut dans la mêlée. Les
Ioniens furent les premiers qui prirent la
fuite, et ils furent bientôt suivis du reste de
la flotte. Arthémise se signala par des efforts
incroyables de hardiesse, en sorte que Xerxès la voyant ainsi combattre, s'écria que,
dans cette bataille, les hommes avaient paru
des femmes, et que les femmes avaient montré un courage d'hommes (1).

La manière dont cette reine (2) se sauva
ne doit pas être omise. Se voyant vivement
poursuivie par un vaisseau athénien, auquel
il ne paraissait pas qu'elle pût échapper, elle
arbora le pavillon grec, attaqua un vaisseau
des perses, monté par Damasithymus, roi de
Calynde, ville de Lycie, avec qui elle avait
eu une querelle, et le coula à fond ; ce qui
fit croire à ceux qui la poursuivaient, que
son vaisseau était du parti des Grecs, et ils
ne songèrent plus à l'attaquer. Tel fut le succès de la bataille de Salamine, l'une des

(1) Quippè ut in viro muliebrem timorem, ita in mu-
liere virilem audaciam cerneres. *Just. l. 2. c. 12.*

(2) Il paraît qu'Arthémise ne se piquait pas moins de
ruse que de courage. On dit que voulant se rendre maîtresse de Latmus, petite ville de Carie, qui était à sa
bienséance, elle mit ses troupes en embuscade, et que ;
sous prétexte de célébrer la fête de la mère des Dieux,
dans le bois qui lui était consacré auprès de la ville, elle
s'y rendit avec un grand équipage d'eunuques, de femmes, de trompettes et de tambours. Les habitans accoururent pour voir cette cérémonie religieuse ; et, pendant
ce temps, les troupes d'Arthémise s'emparèrent de Latmus. *Polian. Stratag. l. 8. c. 53.*

plus mémorables dont il soit parlé dans l'Histoire Ancienne, et qui a rendu à jamais célèbres le nom et le courage des Grecs. Il y eut beaucoup de navires des Perses de pris, et un plus grand nombre encore qui furent coulés à fond.

Thémistocle, pour délivrer promptement la Grèce d'un ennemi si puissant, fit avertir secrètement le roi, que les Grecs songeaient à rompre le pont. Ce prince, effrayé d'une *Retraite de* telle nouvelle, ne perdit point de temps, et *Xerxès.* partit de nuit, ayant laissé Mardonius avec une armée de trois cent mille hommes, pour réduire la Grèce. Lorsque ce prince fut arrivé au détroit de l'Hellespont, il trouva le pont rompu par une rude tempête, et fut obligé de passer le trajet dans une barque de pêcheurs. C'était un spectacle bien propre *Justin. l. 2.* à faire connaître l'instabilité des choses hu- *c. 13.* maines, que de voir dans une petite barque, presque sans suite et sans équipage, un prince, aux armes et aux vaisseaux duquel, peu de temps auparavant, à peine la terre et la mer avaient pu suffire. Tel fut le succès de l'expédition de Xerxès contre la Grèce. Thé- *Plut. in The-* mistocle eut presque tout l'honneur de cette *mist. p. 20.* victoire, la plus signalée que les Grecs aient jamais remportée contre les Perses. La vérité força ceux qui étaient les plus jaloux de sa gloire, à lui rendre ce témoignage. Sa sagesse, sa valeur et son attention à savoir profiter de tout, furent le salut de la Grèce. Le premier soin des Grecs, après la victoire, fut d'envoyer à Delphes les prémices du riche butin qu'ils avaient fait sur les Perses, pour

Hérod. l. 7.
c. 165. 167.
Diod. l. 11.
p. 16. 22.

remercier les Dieux de leur protection. Hérodote place la défaite des Carthaginois, par Gélon, tyran de Syracuse, au jour que se donna le combat de Salamine. J'en ai marqué ailleurs les circonstances.

Hérod. l. 8.
c. 113. 131.
136. et 140.
144.

Mardonius, qui était resté en Grèce avec un corps d'armée de trois cent mille hommes, fit passer l'hiver à ses troupes dans la Thessalie. Il envoya cependant Alexandre, roi de Macédoine, avec plusieurs seigneurs persans, à Athènes, pour tenter de détacher ses habitans du reste des alliés. Aristide, qui était alors le premier des archontes, leur fit cette réponse : « Sachez, leur dit-il en leur
» montrant le soleil de sa main, que tant
» que cet astre continuera sa course, les
» Athéniens seront mortels ennemis des Per-
» ses, et qu'ils ne cesseront de venger sur
» eux le ravage de leurs terres, l'incendie de
» leurs maisons et de leurs temples. »

Mardonius
ravage l'At-
tique. Il brû-
le Athènes.
Hérod. l. 9.
c. 1. 13.
Plut. in
Arist p. 224.
Diod. Sic.
l. 11, p. 23.

Quand le général persan eut appris, par la réponse des Athéniens, que nul prix, nul avantage ne pouvait les porter à vendre leur liberté, il marcha avec toute son armée vers l'Attique, détruisant tout ce qu'il rencontrait dans sa marche. Les Athéniens n'étant pas en état de résister à ce torrent, abandonnèrent une seconde fois leur ville, et se retirèrent à Salamine. Mardonius entra dans Athènes, brûla les maisons et démolit tout ce qui avait échappé au saccagement de l'année précédente ; puis il se retira du côté de la Béotie. Les Lacédémoniens et les Athéniens l'y suivirent avec une armée de soixante mille hommes, sous la conduite de Pausanias, roi de Lacédémone, et d'Aristide, général des Athéniens. Les deux armées s'étant rencontrées auprès de Platée, en vinrent aux mains. Le choc fut des plus rudes, et, de part et d'autre, on montra un courage de lions. La victoire fut long-temps disputée ; mais le général persan étant tombé mort, toute l'armée prit la fuite. Les alliés les poursuivirent et les taillèrent presque tous en pièces. De sorte que, de trois cent mille hommes dont cette armée était composée, il ne s'en sauva pas cinquante mille. Par cette victoire, les Grecs se délivrèrent, une fois pour toutes, des invasions de ces peuples, aucune armée persane ne s'étant plus fait voir depuis ce temps-là en deçà de l'Hellespont.

Bataille de Platée.
An. M. 3526.
Av. J.C. 478.

Le butin fut immense. On trouva dans le camp de Mardonius de grandes sommes d'or et d'argent monnayé, des coupes, des vases, des colliers, des bracelets d'or et d'argent sans nombre et sans prix. Justin remarque, avec raison, que ces dépouilles devinrent funestes à la Grèce, et commencèrent à y jeter l'amour des richesses et le goût du luxe (1). On commença, selon leur religieuse coutume, par mettre à part la dîme de tout le butin pour les Dieux : le reste fut partagé également entre les villes et les peuples qui avaient fourni des troupes et les officiers qui s'étaient distingués dans le combat. On est frappé, avec raison, de l'attention merveilleuse de ces peuples idolâtres, à s'acquitter

(1) Undè primùm Græcos diviso inter se auro persico divitiarum luxuria cepit. *L. 2. c. 14.*

en tout des devoirs de la religion. Il est beau, ce me semble, de voir des païens protester ainsi publiquement, qu'ils attendent tout de la Divinité; qu'ils se croient obligés de lui rapporter tout; qu'ils la regardent comme la source des succès et des victoires, comme l'arbitre souveraine des Etats et des empires. On dressa des monumens de cette victoire à Sparte, à Athènes et à Platée. Il fut même arrêté que chaque année, toutes les villes de la Grèce enverraient des députés dans cette dernière ville pour faire des sacrifices à Jupiter-Libérateur, et aux Dieux de la ville; que, de cinq ans en cinq ans, on y célébrerait des jeux, qu'on appellerait les jeux de la liberté.

Bataille de Mycale.

Le même jour que les Grecs combattirent à Platée, leur armée navale remporta en Asie une mémorable victoire sur les restes de la flotte ennemie. Les Perses ayant pris terre à Mycale, promontoire du continent d'Asie, où était campée leur armée de terre, forte de cent mille hommes, les Grecs les y suivirent, et par le secours des Ioniens, ils forcèrent leur camp et brûlèrent tous leurs vaisseaux. La bataille de Platée se donna le matin, et celle de Mycale l'après-midi. Xerxès ayant appris ces deux grandes défaites, abandonna Sardes avec la même précipitation qu'il avait fait Athènes après la bataille de Salamine. Il donna ordre, avant son départ, de brûler tous les temples des villes grecques d'Asie; ce qui fut exécuté. Ce prince passant par Babylone, à son retour à Suze, y détruisit aussi tous les temples. Il était conduit en cela par un principe de religion. Les Per-

Hérod. l. 9. c. 89. 105.

Diod. l. 11. p. 26. 28.

Strab. l. 14. p. 674.

Arian. l. 7.

ses étaient persuadés que c'était insulter la Divinité, que de vouloir la renfermer dans les temples matériels, elle qui remplit tout l'univers. Peut-être que le désir de se dédommager des frais que lui avait coûtés sa malheureuse expédition, le porta à piller les richesses immenses qui étaient dans ces temples.

Parmi le grand nombre de femmes que Xerxès avait épousées, il y en avait une nommée Amestris, qui était un monstre de cruauté. Sur le simple soupçon que la femme de Masiste, frère du roi, dame d'un rare mérite et d'une grande vertu, était sa rivale, elle lui fit couper les oreilles, le nez, la langue, les lèvres et les mamelles, qu'elle fit jeter aux chiens en sa présence, et la renvoya ainsi mutilée en la maison de son mari. Cependant Xerxès avait mandé son frère, pour le préparer à cette triste nouvelle. Il lui témoigna qu'il désirait qu'il se séparât de sa femme, et qu'il lui donnerait en la place une de ses filles en mariage. Masiste, qui avait un attachement extrême pour sa femme, ne put se résoudre à l'abandonner ; ce qui fit que Xerxès lui dit, tout en colère, que puisqu'il refusait sa fille, il n'aurait ni elle ni sa femme, et qu'il apprendrait à ne pas rejeter les offres de son maître ; il le renvoya avec cette inhumaine réponse.

Un tel procédé ayant jeté Masiste dans un grand trouble, et lui faisant tout craindre, il se hâta de retourner chez lui, pour voir ce qui s'y passait ; et il trouva sa femme dans le déplorable état que nous venons de

Cruauté d'Amestris.
Hérod. l. 7.
c. 107. 112.

marquer. En étant irrité au point que l'on peut s'imaginer, il assembla toute sa famille, ses domestiques et tous ceux qui étaient dans sa dépendance, et fit toute la diligence possible pour gagner la Bactriane, dont il était gouverneur, résolu, dès qu'il y serait arrivé, de lever une armée, et de faire la guerre au roi, pour se venger de ce traitement barbare. Mais Xerxès, informé de son départ précipité, et soupçonnant par là ce qu'il avait dessein de faire, le fit suivre par un parti de cavalerie, qui, l'ayant atteint, le mit en pièces avec ses enfans et tous ceux qui étaient avec lui. Se trouve-t-il un exemple plus tragique de vengeance, que celui que je viens de rapporter ? On rapporte encore de cette princesse une autre action qui n'est pas moins cruelle ni moins impie. Elle fit brûler vifs quatorze enfans des meilleures maisons des Perses, en sacrifice aux Dieux infernaux, pour obéir à une coutume superstitieuse, usitée chez les Perses.

Masiste ayant été mis en pièces avec ses enfans, Xerxès donna le gouvernement de la Bactriane à Histaspe, son second fils, qui, se trouvant par là obligé de vivre loin de la cour, fournit à Artaxerxe, son plus jeune frère, l'occasion de monter sur le trône après la mort de leur père.

L'histoire d'Hérodote finit à la bataille de Mycale, et au siége de la ville de Seste par les Athéniens.

ARTICLE III.

Evénemens mémorables en Grèce. Mort de Xerxès.

La guerre, appelée vulgairement la guerre de Médie, qui n'avait duré que deux ans, ayant été terminée, les Athéniens, de retour dans leur patrie, y firent venir leurs femmes et leurs enfans, qu'ils avaient mis en dépôt ailleurs pendant la guerre, et songèrent à rétablir leur ville, qui avait été presque entièrement détruite par les Perses, et à l'environner de bonnes murailles, pour la mettre hors d'insulte. Les Lacédémoniens en ayant eu avis, entrèrent en jalousie, et commencèrent à craindre qu'Athènes, déjà trop puissante sur mer, venant à se fortifier de jour en jour, n'entreprît de leur faire la loi, et de leur enlever l'autorité et la prééminence qu'ils avaient toujours eues jusque là dans la Grèce. Ils députèrent vers les Athéniens, pour leur représenter que l'intérêt commun de la Grèce demandait qu'on ne laissât hors du Péloponnèse aucune ville fortifiée, de peur qu'en cas d'une seconde irruption, elle ne servît de place d'armes aux barbares; mais le sénat, pénétrant sans peine le véritable dessein des Lacédémoniens, caché sous le faux prétexte du bien public, usa comme eux de ruse et de remise, sans donner de réponse précise, jusqu'à la consommation de l'ouvrage. On leur dit seulement qu'on enverrait des députés à Lacédémone, pour satisfaire la république sur les craintes et les soupçons qu'elle avait.

Athènes rétablie et entourée de murs.
An. M. 3526.
Av. J.C. 478.

Thuc l 1. *p.* 59. 62.
Diod. l. 11. *p.* 30. 31.
Justin. l. 2. *c.* 15.

Thémistocle qui , depuis la bataille de Salamine , avait un grand crédit à Athènes , se
fit nommer parmi les députés , et avertit le
sénat de ne pas faire partir ses collègues avec
lui , ni tous ensemble. La chose fut ainsi exécutée. Cependant on pressait extrêmement
l'ouvrage à Athènes , et l'on ne se donnait de
repos ni jour ni nuit. On ne l'ignorait pas à
Lacédémone ; et l'on en fit de grandes plaintes à Thémistocle , qui nia absolument le fait,
et pressa les Lacédémoniens d'envoyer à
Athènes de nouveaux députés , pour s'assurer par eux-mêmes de ce qui en était , et de
ne point s'arrêter à des bruits vagues et con-
fus , qui étaient sans fondement. Il fit donner avis , sous main , à Athènes , d'y retenir
les députés jusqu'à leur retour , comme autant d'otages , craignant avec raison qu'on
ne l'arrêtât , lui et ses collègues , à Lacédémone. Pour lors , Thémistocle ayant demandé audience , leur déclara , en plein sénat ,
que les Athéniens avaient environné leur ville
de bonnes murailles , qu'ils l'avaient jugé nécessaire pour leur propre sûreté , et qu'ils
étaient en état de défendre leur ville contre
quiconque oserait l'attaquer. Ce discours dé-
plut beaucoup aux Lacédémoniens ; mais ,
soit par sentiment d'estime et de reconnaissance pour les Athéniens , soit impuissance
de s'opposer à leurs entreprises , ils prirent le
parti de dissimuler ; et les députés , renvoyés
de part et d'autre avec honneur, retournèrent
dans leur ville.

 Ce ne fut pas là le seul ouvrage que Thémistocle entreprit ; il s'appliqua avec la mê-

me ardeur à achever de bâtir et de fortifier le Pyrée. Car, dès le temps qu'il était en charge, il avait commencé ce grand ouvrage. Thémistocle, qui avait formé en lui-même le dessein de supplanter les Lacédémoniens, et de substituer les Athéniens à leur place dans le gouvernement de la Grèce, ne perdait point de vue ce grand projet. Un jour il déclara, en pleine assemblée, qu'il avait conçu un dessein important, mais qu'il ne pouvait le communiquer au peuple, parce que, pour le faire réussir, il avait besoin d'un profond secret ; il demanda qu'on lui nommât quelqu'un avec qui il pût s'en expliquer. Tous nommèrent Aristide, et s'en rapportèrent entièrement à son avis. Thémistocle lui dit qu'il songeait à brûler la flotte des Grecs, qui était dans un port voisin, et que par là Athènes deviendrait certainement maîtresse de toute la Grèce. Aristide retourna à l'assemblée, et déclara simplement que rien ne pouvait être plus utile que le projet de Thémistocle ; mais qu'en même temps rien n'était plus injuste. Tout le peuple, d'une voix commune, défendit à Thémistocle de passer outre. On voit par là que ce ne fut point sans fondement qu'on accorda à Aristide, de son vivant même, le surnom de *juste ;* surnom infiniment préférable à tous ceux que les conquérans recherchent avec tant d'ardeur, et qui approche, en quelque sorte, l'homme de la Divinité. On est, au contraire, indigné de la noirceur et de la perfidie du dessein de Thémistocle. Eût-il cent fois plus de mérite qu'on ne lui en donne, cette action suffirait seule pour ternir tout l'éclat de sa gloire ; car c'est le cœur, c'est-à-dire, la probité et la droiture qui décident du vrai mérite.

Au reste je ne sais si, dans toute l'histoire, il y a un fait plus digne d'admiration, que celui que je viens de rapporter. Ce ne sont point des philosophes à qui il ne coûte rien d'établir, dans leurs écoles, de belles maximes et de sublimes règles de morale, et qui décident que l'utile ne doit jamais l'emporter sur l'honnête. C'est un peuple entier, intéressé dans la proposition qu'on lui fait, et qui néanmoins, sans hésiter un moment, la rejète d'un commun accord, par cette unique raison qu'elle est contraire à la justice.

La fierté de Pausanias fait prendre le commandement aux Lacédémoniens.
An. M. 3528.
Av. J.C. 476.
Thucyd. l. 1.
p. 65. et 84. 86.

Les Grecs, animés par l'heureux succès de leurs armes, envoyèrent une flotte pour délivrer leurs alliés du joug des Perses. Elle était commandée par Pausanias, pour les Lacédémoniens. Aristide et Cimon, fils de Miltiade, y commandaient pour les Athéniens. Après avoir mis en liberté les villes de l'île de Cypre, elle prit la ville de Byzance, où elle fit prisonniers les plus riches et les plus considérables seigneurs de Perse.

Pausanias, qui songeait à gagner les bonnes grâces de Xerxès, aux dépens de sa patrie, fit courir le bruit que les seigneurs persans prisonniers s'étaient sauvés, et les renvoya à ce prince, avec une lettre où il s'engageait à lui livrer la ville de Sparte et toute la Grèce, à condition qu'il lui donnerait sa fille en mariage. Xerxès lui fit une réponse favorable, et lui fit tenir de grosses sommes d'argent pour gagner les principaux des Grecs.

Pausanias

Pausanias changea dès ce moment sa conduite. La vie pauvre, frugale et modeste de Sparte, ses lois dures et austères, inexorables également pour les grands comme pour les petits et les pauvres, lui devinrent insupportables. Craignant de se voir, à son retour, dans une égalité qui le confondrait avec le dernier des citoyens, il quitta les manières et les mœurs de son pays, prit l'habillement et la fierté des Perses, et imita leur somptuosité et leur magnificence. Par sa conduite dure et impérieuse, il rendit odieux à tous les alliés le gouvernement des Lacédémoniens. Les manières douces, honnêtes et prévenantes d'Aristide et de Cimon, l'humanité et la justice qui paraissaient dans toutes leurs actions, leur attention à l'égard de tout le monde, engagèrent les alliés à passer sous le commandement des Athéniens, et à se mettre sous leur protection.

Plut. in Arist. p. 333.

Sur les plaintes que l'on recevait à Lacédémone, au sujet de Pausanias, qu'on accusait de trahir sa patrie, et de livrer la Grèce aux Perses; les éphores le rappelèrent à Sparte pour lui faire rendre compte de sa conduite. Il se tira avec avantage de ce premier jugement, et s'en retourna à Byzance; de là, il continuait toujours ses pratiques secrètes avec le général persan. Il ne fut pas longtemps sans recevoir un second ordre des éphores de se rendre à Sparte, sous peine d'être déclaré, en cas de désobéissance, ennemi public et traître à sa patrie. Il s'y rendit dans l'espérance de se tirer encore de ce jugement, à force d'argent. On commença par le mettre

Trahison de Pausanias

An. M. 3530.
Av. J.C. 474.

*Thucyd. l. 1.
Diod. l. 1.
Corn. Nep. in Pausan.*

en prison ; puis il fut produit devant ses juges : mais, comme on n'avait point une évidence entière pour prononcer peine de mort contre lui, il fut élargi. Une lettre qu'il envoyait au roi de Perse, et qui fut remise aux éphores, rendit son crime certain et manifeste. Dès ce moment, on se mit en devoir de l'arrêter ; mais Pausanias ayant reconnu à l'air du visage de l'un des éphores, qu'on avait pris quelque fâcheuse résolution contre lui, se sauva dans un temple de Pallas. Les éphores n'osant l'en tirer de force, de crainte de violer la sainteté de cet asile sacré, prirent le parti d'en fermer l'entrée, d'en découvrir le toit, et de le laisser ensuite périr là de faim et de misère, exposé à toutes les injures de l'air. On dit que la mère du coupable fut la première à porter les pierres pour murer la porte. Cela est bien dans le goût et dans le caractère des dames de Sparte. Ils l'en tirèrent pourtant un moment avant sa mort. Son corps fut enterré dans un lieu voisin. Par la réponse de l'oracle de Delphes, on lui érigea deux statues dans le temple, pour apaiser la colère de la déesse justement irritée. Telle fut la fin de Pausanias, en qui une folle ambition étouffa tous les sentimens de probité, d'honneur, d'amour de la patrie, de zèle pour la liberté, de haine et d'aversion pour les barbares.

Thémistocle exilé. Une violente passion pour la gloire, accompagnée d'un vif désir de dominer seul, avait rendu Thémistocle odieux à ses concitoyens, et l'avait fait bannir d'Athènes, par l'ostracisme. Il se retira à Argos. Ce fut là que Pausanias lui communiqua son projet, et le pressa d'y entrer. Thémistocle rejeta bien loin la proposition du Lacédémonien, et refusa absolument de prendre aucune part à ses desseins. Néanmoins, les Athéniens, persuadés par ses accusateurs et ceux qui lui portaient envie, qu'il était du complot avec Pausanias, pour livrer la Grèce aux Perses, envoyèrent des gens à Argos pour se saisir de sa personne ; mais Thémistocle en ayant été averti à temps, passa dans l'île de Corcyre, de là en Epire, et enfin se réfugia chez Admète, roi des Molosses. Ce prince, quoiqu'il eût quelque sujet de mécontentement contre Thémistocle, surpris et touché de voir à ses pieds le plus grand homme de la Grèce, et le vainqueur de l'Asie, le releva aussitôt, et lui promit toute sa protection. En effet, les Lacédémoniens et les Athéniens étant venus le demander, il refusa absolument de leur livrer un suppliant et un hôte qui s'était réfugié chez lui, dans l'espérance d'y trouver un asile sacré et inviolable.

Vers ce temps-là mourut Aristide. Il avait rempli les premières charges de la république avec distinction, et manié les finances avec une autorité absolue ; et, ce qui est bien plus, avec une justice, une fidélité et une réserve si grandes, qu'il vint à bout de se faire aimer dans un emploi où c'est beaucoup de ne pas se rendre odieux (1). C'est le plus bel éloge qu'on puisse faire d'un surintendant, ou contrôleur-général des finances. Il est difficile de porter

---

(1) *In officio amorem consequeris, in quo odium vitare difficile est.* *Senec.*

plus loin le mépris des richesses. Il paraissait aimer la pauvreté par goût et par estime, et, loin d'en rougir, il n'en tirait pas moins de gloire que de tous ses trophées, et de toutes les victoires qu'il avait remportées. Il mourut si pauvre, qu'il ne laissa pas de quoi se faire enterrer. Il fallut que l'Etat fît les frais de ses funérailles, et se chargeât de faire subsister sa famille. De toutes les vertus d'Aristide, la plus connue, et celle qui se fit le plus sentir, fut la justice, qui lui mérita le surnom de *juste;* surnom véritablement grand, ou, pour mieux dire, véritablement divin. Thémistocle, dit Platon, Cimon et Périclès, ont rempli leur ville de superbes bâtimens, de portiques, de statues, de richesses, d'ornemens et d'autres vaines superfluités de ce genre; mais Aristide a travaillé à la remplir de vertus.

Les mauvais succès qu'avait eus Xerxès dans son expédition contre la Grèce, lui abattirent enfin le courage. Renonçant à tout projet de guerre et de conquête, il se livra entièrement au luxe et à la mollesse, et ne pensa plus qu'à ses plaisirs. Artabane, hircanien de nation, capitaine de ses gardes, et depuis long-temps un de ses favoris, s'étant aperçu que cette conduite, peu digne d'un roi, lui avait attiré le mépris de ses sujets, crut que c'était une occasion favorable de conspirer contre son maître, dans l'espérance de remplir sa place, et de monter sur son trône. Etant entré dans la chambre où couchait le prince, il le tua pendant qu'il dormait. De là, il alla trouver Artaxerxe, troi-

sième fils de Xerxès; il lui apprit le meurtre de son père, et en chargea Darius son
frère aîné, comme si l'impatience de régner
l'eût porté à commettre ce parricide. Il ajouta que, pour se mettre pleinement en sûreté,
son dessein était de se défaire encore de lui;
qu'ainsi il était nécessaire qu'il se tînt sur ses
gardes. Ces discours ayant fait sur Artaxerxe
toute l'impression que souhaitait Artabane,
il alla sur-le-champ dans l'appartement de
son frère, et, soutenu par Artabane et par
ses gardes, il l'égorgea. La couronne appartenait, après Darius, à Hystaspe, le second fils de Xerxès; mais, comme il se trouvait alors dans la Bactriane, dont il était gouverneur, Artabane mit sur le trône Artaxerxe,
dans le dessein de ne l'y laisser que jusqu'à
ce qu'il eût formé un parti assez fort pour
l'en chasser. Mais le jeune prince ayant découvert son complot, travailla à le prévenir,
et le fit mourir avant qu'il eût pu exécuter
sa trahison. Xerxès fut un prince en qui l'on
vit peu de bonnes qualités. Il était vain, plein
de lui-même et entêté. Il n'avait ni lumières
pour concerter un projet, ni courage pour
l'exécuter. On remarque en lui un orgueil et
une bassesse de sentimens qui font pitié, et
quelquefois une brutalité et une barbarie qui
font horreur.

LIVRE NEUVIÈME.

SUITE DE L'HISTOIRE DES PERSES ET DES GRECS.

CE livre renferme l'histoire des Perses et des Grecs, pendant quarante-huit ans et quelques mois, qui est le temps que dura le règne d'Artaxerxe, *longue-main*, dont les six dernières années concourent avec les six premières de la guerre du Péloponnèse.

CHAPITRE PREMIER.

CE chapitre renferme l'histoire des Perses et des Grecs, depuis le commencement du règne d'Artaxerxe jusqu'à la guerre du Péloponnèse, qui commença la quarante-deuxième année du règne de ce prince.

ARTICLE I.

Commencement du règne d'Artaxerxe.

An M. 3531.
Av. J. C. 473.
Strab. l. 15.
p 735.

Les historiens grecs donnent à ce prince le surnom de *longue-main*; selon Strabon, à cause que ses mains étaient si longues, qu'étant tout droit, il en pouvait toucher ses genoux ; selon Plutarque, parce qu'il avait la main droite plus longue que l'autre. A cela près, il passait pour le plus bel homme de son temps ; mais on vantait encore plus sa bonté et sa générosité. Quoiqu'il se vît délivré, par la mort d'Artabane, d'un dangereux

*In Artax.
p.* 1011.
Il détruit le parti d'Artabane.
Ctes. c. 30.

compétiteur, il lui restait encore deux obstacles à vaincre, avant que d'être paisible possesseur de la couronne : l'un dans Hystaspe son frère aîné, gouverneur de la Bactriane ; l'autre dans le parti d'Artabane. Il commença par ce dernier, dont il triompha par une sanglante bataille qu'il remporta sur les rebelles. Il extermina tous ceux qui étaient entrés dans cette conjuration, et particulièrement l'eunuque Mitridate, qui l'avait trahi. Il le fit mourir du supplice des auges, ce qui se faisait de cette manière. On mettait le criminel à la renverse dans une auge, et après l'avoir fortement attaché aux quatre coins, on le couvrait d'une autre auge, à la réserve de la tête, des pieds et des mains, qui sortaient par des trous faits exprès. Dans cette posture incommode, on lui présentait la nourriture nécessaire, qu'on le forçait de prendre malgré lui : pour boisson, on lui donnait du miel détrempé dans du lait, on lui en frottait tout le visage, ce qui attirait sur lui une quantité incroyable de mouches, d'autant plus qu'il était toujours exposé aux rayons ardens du soleil. Les vers engendrés de ses excrémens, lui rongeaient les entrailles au dedans. Ce supplice durait ordinairement quinze ou vingt jours, pendant lesquels le patient souffrait des tourmens indicibles.

Plutarq. in Artax. pag. 1019.

Artaxerxe, ayant dissipé le parti d'Artabane, se trouva en état d'envoyer une armée dans la Bactriane, qui soutenait le parti de son frère ; mais il n'y eut pas le même succès. Il eut même quelque désavantage dans un premier combat ; mais il le défit quelque temps

Et celui d'Hystaspe.

après, dans une seconde bataille. Cette victoire le rendit paisible possesseur de l'empire. Dès qu'il se vit tranquille, il s'appliqua à réformer les abus et les désordres qui s'étaient introduits dans le gouvernement. Une conduite si pleine de sagesse et de zèle pour le bien public, lui attira bientôt l'estime et l'amour de ses sujets ; ce qui fait le principal soutien des souverains.

Thémistocle se réfugie vers Artaxerxe.

Ce fut chez ce prince que Thémistocle, selon Thucydide, se réfugia vers le commencement de son règne. Quand cet illustre Athénien fut arrivé à la cour du roi des Perses, il se fit annoncer sous le nom d'un Grec, qui venait pour entretenir le roi d'affaires importantes. Ayant été admis à l'audience, il se prosterna profondément devant le roi, et l'adora ; puis se relevant : « Grand roi, dit-il » par un trucheman, je suis Thémistocle, athé- » nien, qui, ayant été banni par les Grecs, » viens ici chercher un asile. J'ai fait, à la » vérité, beaucoup de maux aux Perses, mais » je ne leur ai pas moins fait de bien, par » les salutaires avis que je leur ai fait don- » ner plus d'une fois ; et je suis en état de » leur rendre encore de plus grands services » que jamais. Mon sort est entre vos mains. » Vous pouvez montrer ici, ou votre clémen- » ce, ou votre colère. Par l'une, vous sauve- » rez un suppliant ; par l'autre, vous per- » drez le plus grand ennemi de la Grèce. »

Le roi ne lui répondit rien sur l'heure, quoiqu'il fût rempli d'admiration pour son grand sens et pour sa hardiesse ; mais on dit qu'avec ses amis il se félicita de cette aventure, comme d'un très-grand bonheur. On ajoute que, s'étant couché, l'excès de sa joie fit qu'il s'écria trois fois tout endormi : J'ai Thémistocle l'athénien. Le lendemain, dès la pointe du jour, il manda les plus grands seigneurs de sa cour, et fit appeler Thémistocle, qui ne s'attendait à rien que de triste; mais la sérénité, qui paraissait sur le visage du roi, releva ses espérances. En effet, il lui fit un accueil très-favorable, et lui dit qu'il commençait par lui donner deux cents talens, somme qu'il avait promise à quiconque le lui livrerait, et qui, par cette raison, lui était due, puisqu'il avait apporté lui-même sa tête, en se livrant à lui. Ce prince lui marqua une estime et une considération extraordinaires. Il lui fit épouser une dame des plus nobles familles de Perse, lui donna une maison et un équipage convenables, et lui assigna des revenus pour s'entretenir honnêtement. Thémistocle s'appliqua à apprendre la langue persane, pour être en état d'entretenir le roi, sans avoir besoin d'interprète. Il y réussit si bien, que, dans l'espace d'un an, il parvint à parler le persan plus élégamment que les Perses mêmes.

Athènes chercha à réparer la perte qu'elle venait de faire dans la personne de Thémistocle, en confiant à Cimon le commandement des armées. Cimon était fils de Miltiade. Il avait donné pendant sa jeunesse dans de grands écarts, qui le déshonorèrent et le firent rebuter du peuple. Aristide, qui découvrit en lui de grandes qualités à travers ses défauts, le consola, lui rendit l'espérance, et

Commencemens de Cimon.

An. M. 3533.
Av. J. C. 471.
Diod. l. 11.
p. 45.

L 5

s'appliqua à le former, pour en faire un homme d'Etat ; en quoi il réussit parfaitement bien. Plutarque observe qu'après ces premiers écarts, il n'y eut rien dans la vie de Cimon que de grand et de noble ; qu'il ne céda, ni à Miltiade en courage et en hardiesse, ni à Thémistocle en prudence et en bon sens, mais qu'il fut plus juste et plus homme de bien que l'un et l'autre; et que, ne leur étant en rien inférieur dans les vertus militaires, il les surpassa de beaucoup tous deux, dans les vertus morales.

Cimon commença à se signaler par la conquête de la ville d'Eione sur le Strymon, Amphipolis, et d'autres endroits de la Thrace. Le sort d'Eione est trop singulier pour ne pas le rapporter. Boges en était gouverneur pour le roi de Perse. Assiégé par Cimon, et pouvant se retirer en Asie avec toute sa famille et ses effets, il crut qu'il était de son honneur de périr plutôt que de se sauver ou de se rendre. Il se défendit avec un courage incroyable. Quand il vit que les vivres lui manquaient absolument, il jeta du haut des murs dans le fleuve Strymon, tout l'or et l'argent qui étaient dans la ville; puis il fit allumer un bûcher, et ayant égorgé sa femme, ses enfans, et tous ceux qui composaient sa maison, il les fit jeter au milieu des flammes, et s'y précipita lui-même. Férocité et barbarie que les païens appelaient merveilleuse générosité. Cimon se rendit aussi maître de l'île de Scyros, où il trouva les os de Thésée, fils d'Egée. Il les fit charger sur sa galère, et les porta dans sa patrie. Le peuple les reçut avec des

marques extraordinaires de joie et d'allégresse. Il n'y eut jamais de capitaine grec
qui rabaissât la fierté et la puissance du grand
roi de Perse, comme le fit Cimon. Après qu'il
eut chassé les barbares de la Grèce, il ne leur
laissa pas le temps de respirer, mais il les
poursuivit vivement avec une flotte de plus
de deux cents voiles; attaqua la leur et la défit, quoiqu'elle fût plus nombreuse que la
sienne. Après cette victoire, il met sans différer ses troupes à terre, les mène droit aux
barbares, qui étaient campés sur le rivage,
et en fait un carnage horrible. Le nombre des
prisonniers fut infini, et le butin immense.

Cimon ayant, dans un seul jour, remporté deux victoires qui égalaient presque la
gloire des deux journées de Salamine et de
Platée, y mit le comble par la défaite de la
flotte des Phéniciens, qui venaient au secours des Perses. L'année suivante, ce gé- *Ibid.*
néral chassa les Perses de la Chersonnèse de
Thrace. Il attaqua ensuite les habitans de
l'île de Thase, qui s'étaient révoltés contre
les Athéniens, et se rendit enfin maître de
l'île après un siége de trois ans.

Les conquêtes de Cimon, et la puissance An. M. 3538.
des Athéniens, qui prenait tous les jours de Av. J.C. 466.
nouveaux accroissemens, donnaient beau- *Thucyd. l. 1.*
p. 92.
coup d'inquiétude à Artaxerxe. Pour en pré- *Plutarq. in*
venir les suites, il songea à envoyer Thémis- *Themist.*
tocle dans l'Attique, à la tête d'une nombreuse armée, et il lui en fit faire la proposition.
Thémistocle se trouva dans un grand embarras. Il ne voulait ni désobliger le roi, qui l'a-
vait comblé de biens, ni manquer à ce qu'il

devait à sa patrie ingrate ; peut-être même que la crainte de ne pas réussir dans une guerre où il aurait en tête Cimon, ne lui per-mit pas de se déclarer contre Athènes. Pour se délivrer de ce cruel embarras, il but du sang de taureau, et mourut ainsi à Magné-sie, âgé de soixante-cinq ans. Le roi, ayant appris la cause de sa mort, l'estima et l'ad-mira encore davantage. Thucydide, historien sensé, qui était d'Athènes, et presque con-temporain, rapporte différemment la mort de Thémistocle. Il ne dissimule pas à la vé-rité le bruit qui avait couru du poison; mais il croit qu'il mourut simplement de mala-die, et que ses amis transportèrent secrète-ment ses os à Athènes. Ce récit paraît bien plus naturel et plus vraisemblable.

Thémistocle a été certainement un des plus grands hommes qui aient paru dans la Grèce. Grandeur d'ame, courage invincible, présence d'esprit, pénétration, vues élevées, nobles, hardies, étendues ; en un mot, il ne manquait d'aucune des qualités qui font un grand conquérant et un grand homme d'E-tat. Mais celles du cœur, qui sont les quali-tés essentielles, lui manquaient. Je veux dire la probité, la sincérité, la droiture, la bonne foi. Il ne fut pas non plus exempt de soup-çons d'avarice ; ce qui est une grande tache dans la vie d'un homme d'Etat. On rapporte de lui néanmoins une belle action et une bel-le parole, qui marquent un sentiment noble et désintéressé. Sa fille étant recherchée en mariage, il préféra un honnête homme pau-vre, à un riche dont la réputation était sus-

pecte; et il dit que, dans le choix d'un gendre, *il aimait mieux du mérite sans biens,
que du bien sans mérite* (1).

Mais je mets encore infiniment au-dessus
de toutes les grandes qualités de Thémistocle,
la rare modération qu'il fit paraître en deux
occasions décisives, où c'en était fait de la
Grèce, s'il eût écouté les conseils d'une ambition mal entendue, et qu'il se fût piqué
d'un faux point d'honneur, comme il est si
ordinaire aux gens de sa profession et de son
âge. La première est, lorsqu'au préjudice de
sa patrie et de sa propre personne, on nomma pour généralissime de la flotte un Lacédémonien. Il fut le premier à porter les Athéniens à se désister de leur prétention, quelque juste qu'elle fût, pour prévenir les funestes effets que la division entre les alliés
n'aurait pas manqué d'avoir. Et combien est
admirable sa présence d'esprit et son sang-
froid, lorsque Eurybiade, avec un geste me-
naçant et des paroles piquantes, leva la canne
sur lui ! Qu'on se souvienne que Thémistocle
n'était pas alors fort âgé; qu'il était plein d'ardeur pour la gloire; qu'il commandait une flotte nombreuse, et qu'il avait pour lui la raison.

ARTICLE II.

Révolte de l'Egypte.

Cependant les Egyptiens, ennuyés de se
voir toujours sous le joug d'une domination
étrangère, se révoltèrent, et prirent Inarus,
prince des Libyens, pour leur roi. Ils appe-

An. M. 3544.
Av. J.C. 460.
Thucyd. l. 1.
p. 67. 72.
Ctes. c. 32.
35.

----

(1) Malo virum qui pecuniâ egeat, quàm pecuniam
quæ viro. *Cicer. de off. l.* 2. *n.* 11.

*Diod. l. 11.
p. 54. 59.*

lèrent à leur secours les Athéniens, qui passèrent promptement en Egypte, avec une flotte de deux cents voiles. Artaxerxe leva de son côté une armée de trois cent mille hommes pour soumettre les rebelles. Les succès furent variés. Les Perses furent d'abord battus; mais dans un second combat, Inarus fut entièrement défait par Mégabyse, général persan, et beau-frère du roi. Ce prince, se voyant perdu sans ressource, composa pour lui, pour les Egyptiens et pour quelques Athéniens, et se rendit. Après cela l'Egypte retourna sous le joug des Perses, comme auparavant. Les Athéniens y perdirent beaucoup de monde, une flotte de deux cents voiles, et une autre de cinquante qui venait au secours de la première. Le sort des prisonniers qu'on avait faits dans cette guerre, fut bien triste.

Inarus est
livré à la reine.
An. M. 3556.
Av. J.C. 448.
*Ctes. c. 35.
40.*

Artaxerxe, après avoir résisté pendant cinq ans aux importunités de sa mère, qui lui demandait Inarus et les Athéniens, pour les sacrifier aux mânes de son fils Achéménide, qui était péri dans cette expédition, les lui accorda enfin. Aveugle et cruelle faiblesse d'un prince, qui se rend perfide, pour se rendre complaisant à une mère injuste et inhumaine! Cette cruelle princesse, sans aucun égard pour la foi donnée, fit crucifier Inarus, et trancher la tête aux Athéniens.

Douleur de
Mégabyse.
Son désespoir.

Mégabyse en fut au désespoir, sentant que l'affront retombait principalement sur lui. Il quitta la cour, et se rendit en Syrie, dont il était gouverneur. Son mécontentement alla jusqu'à se révolter ouvertement. Le roi envoya deux armées contre lui ; mais elles furent battues et mises en fuite par Mégabyse. Artaxerxe, voyant qu'il ne le pouvait réduire par la force, entama une négociation, dont il chargea sa sœur Amytis, qui était femme de Mégabyse. La négociation réussit; le roi lui pardonna, et il revint à la cour.

Un jour qu'ils étaient à la chasse, un lion s'étant levé sur ses jambes de derrière, prêt à se lancer sur le roi, Mégabyse, effrayé du danger où il le voyait, par affection et par zèle pour lui, lui lança un dard, et tua le lion. Artaxerxe, sous prétexte qu'il avait manqué de respect pour son prince, en frappant la bête avant lui, ordonna qu'on lui tranchât la tête. Sa sœur et sa mère eurent bien de la peine à obtenir que cette sentence fût mitigée, et changée en un exil perpétuel. Quelque temps après il rentra encore en grâce par le moyen de sa belle - mère et de sa femme, et même en faveur. Il s'y conserva jusqu'à sa mort, qui arriva quelques années après. C'était le plus habile homme du royaume, aussi-bien que le meilleur capitaine. Artaxerxe lui devait et la couronne et la vie; mais il est bien dangereux pour un sujet que son maître lui ait de trop grandes obligations (1).

La septième année du règne d'Artaxerxe, Esdras obtint de lui une ample commission pour retourner à Jérusalem avec tous ceux de sa nation qui voudraient le suivre, pour y rétablir l'état et la religion des Juifs. Ce prince ordonna à ses officiers de fournir exactement aux Juifs tout ce qui serait nécessaire

Esdras va à Jérusalem. An. M. 3537. Av. J. C. 467. Esdr. c. 7. etc.

____

(1) Pro gratiâ odium redditur. *Tacit.*

pour le culte de leur Dieu, *de peur*, ajoute-t-il, *que sa colère ne s'allume contre le royaume du roi et de ses enfans.*

Puis Néhémie.
An. M. 3550.
Av. J. C. 454.
Nehem. c. 1 et 2.

La vingtième année de son règne, il donna, à la prière de Néhémie, un célèbre édit pour rétablir la ville et les portes de Jérusalem. C'est de ce décret que se prend le commencement des soixante-dix semaines de la célèbre prophétie de Daniel, après lesquelles le Messie devait paraître, et être mis à mort. On croit assez communément qu'Artaxerxe est l'Assuérus qu'Esther, cette illustre Juive, épousa.

ARTICLE III.

Périclès. Semences de division entre Athènes et Lacédémone.

Caractère de Périclès.
*Plut. in vit.
Peric. p.* 153.
156.

Périclès, des deux côtés, descendait des premières maisons et des plus illustres familles d'Athènes. Il eut pour maître Anaxagore, qui l'instruisit à fond de cette partie de la philosophie, qui traite des choses naturelles, que nous appelons physiques; il ne négligea pas la connaissance de Dieu et des choses spirituelles. Périclès était d'un caractère doux et insinuant, éclairé, sobre, modéré, et possédant, dans un degré éminent, le talent de la parole; talent qu'il cultiva avec Moyens qu'il emploie pour gagner le peuple. le plus de soin, parce qu'il le regardait comme l'instrument le plus nécessaire à quiconque veut conduire et manier le peuple. Il n'eut pas lieu de se repentir du temps qu'il avait donné à cette étude; car le succès passa toutes ses espérances. On disait qu'il foudroyait, qu'il tonnait, qu'il mettait toute la

Grèce en mouvement, tant il excellait dans l'art de parler. On ne pouvait se défendre de la solidité de ses raisonnemens, ni de la douceur de ses paroles ; ce qui faisait dire que la Déesse de la persuasion, avec toutes ses grâces, résidait sur ses lèvres (1). Ce fut là le premier moyen qu'il mit en œuvre pour gagner le peuple.

Un second moyen que Périclès mit en usage, et qui ne fut pas moins efficace que le premier, fut de partager aux citoyens les terres conquises, et de leur distribuer, pour les jeux et les spectacles, les deniers publics. Cette malheureuse politique devint très-funeste à la république ; car, outre que cet usage épuisait le trésor public, il rendit le peuple dissolu et somptueux, de sobre et de modéré qu'il était auparavant. C'est par ces moyens que Périclès s'acquit sur l'esprit du peuple, un crédit qui ne différait guère du pouvoir monarchique. Pour mieux affermir son autorité, il entreprit d'abaisser le tribunal de l'aréopage, dont il n'était pas membre. Le peuple, enhardi et soutenu par Périclès, bouleversa tout l'ancien ordre du gouvernement, ôta au sénat la connaissance de la plupart des causes, ne lui laissant que les plus communes et en très-petit nombre.

La quatrième année du règne d'Archidamus, il y eut à Sparte le plus terrible tremblement de terre dont on eût jamais ouï parler. En plusieurs endroits les montagnes furent ébranlées jusque dans leurs fondemens,

Plut. in Per. in Cimon.

An. M. 3534.
Av. J. C. 470.
Plut. in Cim.

_____

(1) Cujus in labris veteres comici leporem habitasse dixerunt, *Cicer.*

et le pays fut englouti dans des abîmes; toute la ville fut bouleversée, excepté cinq maisons qui restèrent seules au milieu de cette désolation épouvantable; et, pour comble de malheur, leurs esclaves, qu'on appelait Ilotes, se révoltèrent. Dans cette extrémité, les Lacédémoniens envoyèrent à Athènes demander du secours, qui leur fut accordé sur les vives représentations que fit Cimon aux Athéniens. Il fut nommé pour commander les troupes, et marcha sans différer au secours des Lacédémoniens avec quatre mille hommes.

Semences de division entre Athènes et Sparte.

Quelque temps après les Lacédémoniens appelèrent encore les Athéniens à leur secours. Quand les troupes furent arrivées sous la conduite de Cimon, ils le renvoyèrent comme suspect de mauvais desseins, et capable de tourner leurs armes contre eux. Voilà la première semence de division, qui s'entretint et se fortifia depuis par divers mécontentemens réciproques. Les Athéniens pleins de colère et de ressentiment, se déclarèrent, dès ce jour-là, ennemis de tous ceux qui prenaient les intérêts de Lacédémone; et à la première occasion qu'ils en trouvèrent, ils bannirent Cimon par la voie de l'ostracisme.

Thucyd. l. 1 p. 67. 68.

Cimon est banni; il est rappelé. An. M. 3554. Av. J.C. 450. Plut. Ibid. Diod. l. 12. p. 73. 74.

Les Athéniens ne furent pas long-temps sans s'apercevoir de l'absence de Cimon. Ils sentirent le besoin qu'ils en avaient, et le rappelèrent de son bannissement. La réconciliation de Sparte et d'Athènes, et une trêve de cinq ans, qu'il leur fit conclure, furent le fruit de son rétablissement. Après qu'il eut étouffé la guerre qui commençait à s'allumer entre les Grecs, il mit en mer une flotte de deux cents voiles, et mena les Athéniens contre les Perses; car il ne pensait à rien moins qu'à détruire la puissance du grand roi de Perse. Il attaqua séparément ses généraux Artabaze et Mégabyse, les défit, leur prit cent vaisseaux, en coula à fond plusieurs autres, et leur tua un nombre prodigieux d'hommes. *Ses victoires sur les Perses.*

Artaxerxe, las d'une guerre où il venait de faire de si grandes pertes, résolut, de l'avis de son conseil, d'y mettre fin par un accommodement. Ses généraux, par son ordre, en firent faire la proposition à Athènes. On choisit de part et d'autre des plénipotentiaires, qui convinrent des articles : le traité fut ratifié et juré de part et d'autre, et la paix proclamée. Ainsi finit cette guerre, qui, depuis que les Athéniens avaient brûlé Sardes, avait duré cinquante-un ans, et qui avait coûté la vie à une infinité d'hommes, tant du côté des Perses que de celui des Grecs. Pendant qu'on travaillait à la conclusion du traité de paix, Cimon mourut, soit de maladie, soit d'une blessure qu'il avait reçue au siége de Citium. L'histoire ne parle point de statues ou de monumens érigés en son honneur, ni d'obsèques magnifiques après sa mort. Les regrets et les larmes du peuple en firent sans doute le plus bel ornement. *Diodor. p. 74. 75.* *An. M. 3555. Av. J.C 449.* *Sa mort.*

Ce grand homme réunissait en lui seul toutes les grandes qualités d'un homme d'épée et d'un homme d'État. Outre cela, on admirait avec raison sa grande modestie au milieu des premiers emplois, son désinté- *Son éloge.*

ressentent, sa sobriété et sa simplicité. Il était ami fidèle, zélé pour sa patrie, bienfaisant, et libéral jusqu'à la magnificence. Il faisait de ses biens un usage que Gorgias marque en peu de mots, mais d'une manière vive et élégante : *Cimon*, dit-il, *amassait des richesses pour s'en servir, et il s'en servait pour se faire estimer et honorer.* On peut voir ici, en passant, quel était le but, quelle était l'ame des plus belles actions du paganisme, et combien Tertullien avait raison de définir un païen, quelque parfait qu'il parût, un animal vain et glorieux : *Animal gloriæ.* La suite fit encore mieux sentir quelle perte la Grèce avait faite. Après Cimon, il n'y eut presque aucun des généraux grecs, qui fit rien de considérable ni d'éclatant contre les barbares. Animés par les orateurs, qui se rendaient maîtres du peuple, et qui répandaient dans les assemblées un esprit de trouble et de division, ils se tournèrent les uns contre les autres, et en vinrent à une guerre ouverte : ce qui fut un répit bien utile pour les affaires du roi, et la ruine de celles des Grecs. Je reviens à Périclès.

Ce qui faisait le plus d'honneur à Périclès, dans l'esprit du peuple, était la magnificence des bâtimens et des ouvrages dont il orna et embellit la ville, qui jetait les étrangers dans l'admiration et le ravissement, et leur donnait une grande idée de la puissance des Athéniens. C'est une chose étonnante de voir en combien peu de temps furent achevés tant de divers ouvrages d'architecture, de peinture, de sculpture et de gravure; et comment

néanmoins ils furent tout d'un coup portés
au plus haut point de perfection; car chacun
de ces ouvrages, achevés si rapidement et
sans modèle qu'on pût imiter, avait une beauté qui sentait déjà l'antique; et plus de cinq
cents ans après, on y remarquait une certaine fraîcheur de jeunesse, comme s'ils ne
venaient que de sortir des mains de l'ouvrier.

Phidias, ce célèbre sculpteur, présidait à
tout le travail, et en avait l'intendance générale. Ce fut lui qui fit en particulier la statue de Pallas, si estimée dans l'antiquité par
les connaisseurs. Elle était d'ivoire et d'or,
et haute de vingt-six coudées, ou trente-neuf
pieds. Il y avait parmi les ouvriers une ardeur et une émulation incroyables. Périclès
donna l'idée de l'Odéon, ou théâtre de la musique, sur le modèle du pavillon du roi Xerxès,
et proposa un décret, par lequel il était ordonné qu'on célébrerait des jeux de musique à la fête des Panathénées; et ayant été
élu juge et distributeur des prix, il régla la
manière dont les musiciens devaient jouer de
la flûte et de la lyre, et chanter. Les jeux de
musique furent toujours faits dans ce théâtre
depuis ce temps-là.

Tant de magnifiques ouvrages, qui faisaient l'admiration de toute la terre, excitèrent la jalousie contre Périclès. Ses ennemis ne cessaient de crier contre lui dans les
assemblées. On se plaignait que les contributions des alliés étaient employées à dorer
et à embellir la ville d'Athènes, au déshon-
neur du peuple, et contre la volonté et l'in-
tention de la Grèce. Ces plaintes n'étaient

Plin. l. 36. c. 5.

Plaintes contre Péri-clès. *Plutarc. in Periel.*

pas sans quelque fondement; mais Périclès trouvant dans la force et la douceu de son éloquence le moyen de se justifier aux yeux du peuple, l'emporta sur Thucydide son adversaire, et le fit condamner à subir le ban de l'ostracisme.

Lorsque Périclès se vit délivré de son adversaire, et seul revêtu de toute l'autorité, il convertit le gouvernement en aristocratie, ou plutôt en une espèce de royauté, sans néanmoins s'écarter jamais de l'utilité publique, ni faire dégénérer son autorité en tyrannie. L'art de gouverner, qu'il possédait admirablement, lui donnait presque un pouvoir suprême, qu'il rendit perpétuel et sans bornes en sa personne. Il faut pourtant avouer, à la gloire de Périclès, que ce qui lui donna cette grande autorité, ne fut pas seulement la force de son éloquence, mais, comme dit Thucydide, la réputation de sa vie et de sa grande probité, l'élévation d'une ame noble et désintéressée, le mépris qu'il faisait des richesses, qui fut tel, que, quoiqu'il eût manié long-temps, avec un pouvoir souverain, les finances de la république, il n'augmenta pourtant pas d'une seule drachme le bien que son père lui avait laissé. Telle fut la source et la cause véritable du crédit suprême de Périclès dans la république; digne fruit de sa droiture et de son parfait désintéressement.

CHAPITRE II.

Guerre du Péloponnèse.

La guerre du Péloponnèse commença vers la fin de la première année de l'olympiade 87, et dura vingt-sept ans.

An. M. 3573.
Av. J.C. 431.

ARTICLE PREMIER.

Source de division entre Lacédémone et Athènes. Commencement de la guerre.

Potidée, ville de Macédoine, était une ville de Corinthe, qui y envoyait tous les ans des magistrats ; mais elle dépendait pour lors d'Athènes, et lui payait contribution. Les Athéniens, dans le mouvement général où était la Grèce, craignant que cette ville ne vînt à se révolter, et n'entraînât dans sa révolte le reste de leurs alliés de la Thrace, ordonnèrent aux habitans de démolir les murailles de leur ville, de leur mettre en main des otages pour être garans de leur fidélité, et de renvoyer les magistrats que Corinthe leur avait donnés. Des demandes si injustes avancèrent la révolte. Potidée se déclara contre les Athéniens, et plusieurs villes voisines suivirent son exemple. Athènes et Corinthe y envoyèrent des troupes. Il y eut une action entre les deux armées, près de Potidée. Celles des Athéniens remportèrent l'avantage. Alcibiade, encore tout jeune, et Socrate son maître, s'y distinguèrent d'une manière particulière. C'est une chose assez curieuse de

Thucyd. l 1.
p. 37. 42.
Diod. l. 12.
p. 93. 94.

Plut. in conv.
p. 219. 220.
In Alcib. p.
194.

voir un philosophe endosser la cuirasse, et d'examiner comment il se tire d'un combat. Il n'y avait personne dans toute l'armée qui soutînt les fatigues de la guerre comme Socrate. La faim, la soif, le froid, étaient des ennemis qu'il était accoutumé à mépriser et à vaincre sans peine. Pendant que les autres soldats, revêtus de bons habits et de peaux très-chaudes, se tenaient dans leurs tentes bien clos et couverts, n'osant paraître à l'air, Socrate sortait sans être plus vêtu qu'à l'ordinaire, et marchait pieds nus. Par sa gaîté et par ses bons mots, il faisait la joie de la table, et invitait par son exemple les autres à boire. Quand on en vint à l'action, il fit merveilleusement bien son devoir. Alcibiade ayant été blessé et porté par terre, Socrate se mit au-devant de lui, le défendit courageusement, et, à la vue de toute l'armée, il empêcha les ennemis de le prendre, et de se rendre maîtres de ses armes. Le prix de la valeur était dû à Socrate, mais les généraux le donnèrent à Alcibiade à cause de sa naissance. Socrate contribua plus qu'un autre, par le témoignage avantageux qu'il rendit à son courage, à lui faire adjuger la couronne et l'armure complète qui étaient le prix d'honneur.

Siége de Potidée. Potidée fut assiégée par les Athéniens. Les Corinthiens, dans la crainte de perdre une place de cette conséquence, sollicitèrent fortement leurs alliés, et tous députèrent conjointement à Lacédémone, pour se plaindre des Athéniens, comme infracteurs de la paix qui régnait dans la Grèce. L'affaire fut mise

en

en délibération dans une assemblée du peuple, et la guerre fut résolue d'un commun consentement, et de celui de tous les alliés, qui donnèrent tous leurs suffrages par ordre. Ce décret de Lacédémone ne fut pas tant un effet des plaintes des alliés, que de la jalousie de la grandeur des Athéniens, qui avaient déjà assujetti une bonne partie de la Grèce. Les Athéniens, de leur côté, se déterminèrent, par le conseil de Périclès, à soutenir la guerre contre les Lacédémoniens et leurs alliés.

Lacédémone déclare la guerre à Athènes.

Le premier acte d'hostilité, qui commença la guerre, vint de la part des Thébains, qui attaquèrent Platée et la prirent par trahison ; mais ils eurent lieu de s'en repentir. Car les Platéens les ayant attaqués de nuit, les tuèrent tous, excepté deux cents qu'ils firent prisonniers, et qui, peu de temps après, furent mis à mort. Les Athéniens, avertis de ce qui se passait à Platée, y envoyèrent aussitôt du secours et des vivres. La paix étant manifestement rompue, on se prépara de part et d'autre ouvertement à la guerre. Toute la Grèce était dans une espèce de fermentation. Le grand nombre inclinait vers les Lacédémoniens, comme vers les libérateurs de la Grèce, et l'on se portait avec chaleur pour leur parti. Les Lacédémoniens, profitant de cette ardeur, levèrent des troupes, et envoyèrent contre Athènes une armée de soixante mille hommes, sous la conduite d'Archidamus leur roi.

Première année de la guerre. Siége de Platée. Thucyd. l. 2. p. 99. 122. Diod. l. 11. p. 97. 100. Plutarc. in Pericl. p. 170.

Quand les troupes furent arrivées à l'isthme de Corinthe, Archidamus, plein de zèle pour

Archidamus marche contre Athènes.

Tom. II.

M

le salut de la Grèce, et attentif à ne rien négliger pour prévenir les suites funestes de
cette rupture, envoya un Spartiate à Athènes, pour faire une dernière tentative. Mais,
bien loin de réussir dans son ambassade, on
ne voulut pas même lui donner audience,
ni le laisser entrer dans la ville. On lui fit
donc commandement de se retirer du pays
dans le jour même. Archidamus ne voyant
plus aucune espérance d'accommodement,
se mit en marche vers l'Attique, à la tête de
son armée, composée de troupes choisies.

Cependant les Athéniens, dont les troupes
n'étaient pas assez nombreuses pour entrer
en campagne, et pour tenir tête à l'ennemi,
encouragés par les vives exhortations de Périclès, emmenèrent de la campagne leurs
femmes, leurs enfans, leurs meubles et tous
leurs effets, et se retirèrent dans la ville, dans
le dessein de n'en venir jamais à une bataille,
et de consumer les forces de l'ennemi en traî-
nant la guerre en longueur. Archidamus, qui

avait différé d'entrer dans l'Attique, pour attirer les Athéniens à un accommodement,
n'usa plus d'aucun délai, et y entra au milieu de la moisson. Après avoir ravagé toute
la contrée, il s'avança jusqu'à Acharnes, l'un
des plus grands bourgs d'Athènes, et qui n'é-
tait qu'à quinze cents pas de la ville. Il y
campa, dans l'espérance que les Athéniens,
indignés de le voir si près d'eux, sortiraient
pour défendre leur pays, et lui donneraient
occasion de les engager dans une bataille.

Ils eurent effectivement beaucoup de peine, fiers et impétueux comme ils étaient, à

soutenir cette insulte de la part d'un ennemi à qui ils ne se croyaient pas inférieurs en
courage. Le ravage de leurs terres et l'incendie de leurs maisons qu'ils voyaient brûler
sous leurs yeux, les mettaient hors d'eux-mêmes. Ils ne pouvaient plus supporter cet affreux spectacle, et demandaient, qu'à quelque prix que ce fût, on les fît combattre.
Mais Périclès, qui voyait bien que c'était exposer la ville à une perte certaine, fut inflexi-
ble aux prières et aux menaces qu'on mettait
en usage pour l'ébranler, et refusa constam-
ment de les mener au combat. Ils tâchaient
de le piquer par des chansons et par des sa-
tires, en décriant sa conduite, comme celle
d'un homme lâche et insensible, qui laissait
tout en proie à leurs ennemis. Cléon fut celui qui montra le plus d'acharnement contre
lui. Il était fils de corroyeur et corroyeur lui-
même. Il s'était élevé par la brigue. Il avait
une voix terrible et imposante, avec un art
merveilleux de gagner le peuple, et de le
mettre dans ses intérêts. Son caractère propre était une estime démesurée de lui-même, une folle confiance dans son mérite, et
une hardiesse dans ses discours poussée jusqu'à l'impudence et l'effronterie. Tous ces
mouvemens n'émurent point Périclès. Une
force d'ame invincible le mettait au-dessus
des bruits et des clameurs (1). Ce qu'il avait　Il se retire.
prévu, arriva. Les ennemis, voyant que les
Athéniens ne sortaient point de la ville, et
apprenant que la flotte ennemie ravageait
leurs terres, décampèrent; et après avoir fait

(1) Spernendis rumoribus validus. *Tacit.*

2

le dégât dans tout le pays qui se trouva sur leur route, ils rentrèrent dans le Péloponnèse, et se retirèrent chacun chez eux. C'est ainsi que se termina la première campagne.

Au commencement de la seconde campagne, l'ennemi entra dans le pays comme auparavant, et y fit le dégât. Mais la contagion en fit un bien plus grand dans Athènes; on n'en avait jamais vu de semblable. Les corps les plus robustes ne pouvaient y résister. Les soins et l'habileté des médecins étaient pour eux une faible ressource. Les maisons et les temples mêmes étaient remplis de cadavres. La ville n'offrait partout qu'une affreuse image de la mort, sans remède pour le présent, et sans espérance pour l'avenir.

Les Athéniens, voyant leur pays ravagé en même temps par deux grands fléaux, la guerre et la peste, commencèrent à perdre courage, et à murmurer contre Périclès qu'ils regardaient comme l'auteur de tous leurs maux. Ils envoyèrent à Lacédémone pour tenter quelque voie d'accommodement, déterminés à céder ce qu'on leur demanderait; mais les ambassadeurs revinrent sans avoir pu rien obtenir. Alors les plaintes et les murmures recommencèrent de nouveau, et toute la ville était dans un trouble et dans une confusion qui faisaient tout craindre. Périclès, dans une consternation si générale, ne put s'empêcher d'assembler le peuple. Il essaya de l'adoucir, de le rassurer et de l'encourager. Les motifs de gloire, d'honneur, le souvenir des belles actions de leurs ancêtres, le titre flatteur de maîtres de la Grèce, et sur-

Deuxième et troisième année.
An. M. 5574.
Av. J.C. 430.
Thucyd. l.2.
p. 130.
L'Attique ravagée par la peste.

Le commandement ôté à Périclès.

tout la jalousie contre Sparte, ancienne et per-
pétuelle rivale d'Athènes, étaient les moyens
ordinaires qu'employait Périclès pour remuer
et animer les Athéniens, et ils lui avaient
toujours réussi. Mais ici le sentiment des
maux présens l'emportait sur tout le reste,
et étouffait toute autre pensée. La présence
seule, et la vue de Périclès les révoltait. Ils
lui ôtèrent sa charge de général, et le condamnèrent à une amende qui montait, selon
les uns, à quinze talens ; et selon d'autres à
cinquante.

Le peuple d'Athènes ne fut pas long-temps
sans se repentir du mauvais traitement qu'il
avait fait à Périclès, et il désira ardemment
de le revoir dans ses assemblées. Il se tenait
alors renfermé dans sa maison, accablé de
douleur pour la perte qu'il venait de faire de
tous ses enfans que la peste avait enlevés.
Alcibiade et ses autres amis lui persuadèrent Son rétablis-
de sortir et de se montrer. Le peuple lui demanda pardon de son ingratitude : Périclès,
touché de ses prières, et persuadé qu'un bon
citoyen ne doit jamais conserver de ressentiment contre sa patrie, reprit le gouvernement.

Potidée qui était, comme nous l'avons dit, An. M. 3575.
l'occasion de cette guerre, soutenait depuis Av. J. C. 429.
trois ans un siége des plus rudes. Les habi-
tans réduits à l'extrémité, manquant de vivres, jusque là que quelques-uns vécurent
de chair humaine, et n'espérant aucun secours du Péloponnèse, se rendirent, et furent
reçus à composition. Ils sortirent de la ville
avec leurs femmes et leurs enfans, sans avoir

chacun plus d'un habit et les femmes deux et quelque peu d'argent pour leur retraite.

Sa mort. Périclès, peu de temps après, tomba malade de la peste. Comme il était à l'extrémité et sur le point de rendre le dernier soupir, ses principaux amis s'entretenant ensemble dans sa chambre de son rare mérite, parcouraient ses exploits et ses victoires, ne croyant pas être entendus du malade, qui paraissait n'avoir plus de connaissance. Périclès rompant tout-à-coup le silence : « Je » m'étonne, leur dit-il, que vous conserviez » si bien dans votre mémoire, et que vous re- » leviez des choses qui me sont communes » avec tant d'autres capitaines, pendant que » vous oubliez ce qu'il y a de plus grand dans » ma vie, et de plus glorieux pour moi. *C'est,* » ajouta-t-il, *qu'il n'y a pas un seul citoyen* » *à qui j'aie fait prendre le deuil.* » Belle parole qui seule fait l'éloge le plus accompli d'un ministre. Il est aisé de juger combien Athènes regretta un tel citoyen.

Son éloge. On a pu remarquer, dans ce qui a été dit de Périclès, qu'il réunissait en lui seul presque tous les genres de mérite qui font les grands hommes : d'amiral, par son habileté dans la marine ; d'excellent capitaine, par ses conquêtes et ses victoires ; de surintendant des finances, par le bon ordre qu'il y mit ; de ministre d'Etat, par les moyens qu'il sut employer pour faire fleurir le commerce et tous les arts. A ces grands talens il joignait une conduite pleine de sagesse, de modéra-tion, de désintéressement et de zèle pour le bien public, qu'il se proposa toujours comme le véritable but de son gouvernement.

Périclès cependant fut blâmé d'avoir épuisé le trésor public, pour enrichir la ville d'ornemens superflus. Et Platon, qui jugeait des choses selon la vérité et non selon l'éclat extérieur, fait observer en plus d'un endroit, après Socrate son maître, que Périclès, avec tous ces beaux ouvrages, n'avait point contribué à rendre un seul de ses concitoyens meilleur, mais plutôt à corrompre la pureté et la simplicité de leurs mœurs anciennes par l'amour et le goût du luxe et des richesses, qu'il introduisit dans Athènes.

Anaxagore mourut la même année que Périclès. On dit que ce philosophe ayant formé la résolution de se laisser mourir de faim, Périclès, averti à propos du désespoir de son maître, courut à sa maison avec une extrême diligence, tout éperdu et désolé. Il employa les prières les plus tendres et les plus touchantes, pour le porter à vivre, ajoutant que ce n'était pas lui qu'il pleurait, mais qu'il se pleurait lui-même, s'il était assez malheureux pour perdre un ami si sage, si fidèle et si capable de lui donner de bons conseils dans les pressans besoins de la république. Alors Anaxagore se découvrant un peu la tête, lui dit : *Périclès, ceux qui ont besoin de la lumière d'une lampe, ont soin d'y verser de l'huile.* Le reproche était doux, mais vif. Périclès aurait dû le prévenir. Bien des lampes s'éteignent ainsi dans un Etat par la faute et la négligence de ceux qui devraient les entretenir.

Ce qu'il y eut de plus mémorable dans les

Mort d'A-
naxagore.
*Plut. in Pe-
ricl* p. 162.

4

Quatrième et cinquième année de la guerre.

Siége de Platée.
An. M. 3576
Av. J.C. 428
Thucyd. l. 2.
p. 147. 151.
Diodor. l. 22.
p. 102. 109.

années suivantes, fut le siége que les Lacédémoniens avaient mis devant Platée, l'un des plus célèbres de l'antiquité, par la grandeur des travaux de part et d'autre, mais surtout par la généreuse résistance des assiégés. Il n'y avait en toute la ville que quatre cents habitans, et quatre-vingts Athéniens, avec cent dix femmes pour leur apprêter à manger : néanmoins cette poignée de gens soutint, pendant trois ans, tous les travaux d'un pénible siége, et les efforts d'une nombreuse et courageuse armée qui les tenait assiégés.

Lorsque les Platéens se virent sans espérance de secours du côté d'Athènes, et dans la disette des vivres, ils firent le dessein de se sauver à travers le camp des ennemis ; mais la moitié, étonnée de la grandeur du péril et de la hardiesse de l'entreprise, perdit courage lorsqu'il la fallut exécuter ; l'autre moitié persista dans sa résolution, et se

Thucyd. l. 3.
p. 208. 220.
Diod. l. 12.
p. 109.

sauva après bien des dangers. Ceux qui étaient restés dans Platée, manquant de tout moyen de se défendre, se rendirent, à condition qu'on ne les punirait qu'avec connaissance de cause et selon les formes de la justice. Il vint pour cet effet cinq commissaires de Lacédémone, qui, sans les charger d'aucun crime, leur demandèrent simplement *s'ils avaient rendu quelque service, dans cette guerre, à Lacédémone et aux alliés.* Cette demande les surprit et les embarrassa. Ils firent ressouvenir les Lacédémoniens des services qu'ils avaient rendus à la Grèce, et en particulier à Lacédémone, lors du tremblement de terre qui fut suivi de la révolte de leurs esclaves.

De si justes remontrances paraissaient devoir faire quelque impression sur l'esprit des Lacédémoniens, mais elles furent inutiles ; les commissaires avaient apporté leurs ordres de Sparte. Ainsi ils persistèrent dans leur première demande : *Si les Platéens avaient rendu quelque service dans cette guerre à Lacédémone et aux alliés*, et les faisant passer l'un après l'autre, à mesure qu'ils répondaient *non*, on les égorgeait sans pardonner à aucun. J'omets ce qui se passa dans les deux campagnes suivantes, les événemens n'étant ni curieux ni intéressans.

La huitième année de la guerre du Péloponnèse, mourut Artaxerxe, après un règne de quarante-neuf ans commencés. La reine, sa femme, mourut aussi le même jour que lui. Ils furent transportés tous deux ensemble en Perse, dans le tombeau ordinaire des rois. Ce prince avait un fonds de bonté et de générosité, qui est rare dans les personnes de son rang. L'ordre que ce prince donna de faire relever les murs et les portes de Jérusalem, fait sa gloire la plus solide.

An. M. 3579
Av. J. C. 425.

———

LIVRE DIXIÈME.

SUITE DE L'HISTOIRE DES PERSES ET DES GRECS, ET DE LA GUERRE DU PÉLOPONNÈSE, SOUS LES RÈGNES DE XERXÈS SECOND, DE SOGDIEN, ET DE DARIUS NOTHUS.

CHAPITRE PREMIER.

Ce chapitre renferme l'histoire de treize années de la guerre du Péloponnèse, jusqu'à la dix-neuvième inclusivement.

ARTICLE I.

Sogdien tue Xerxès. Il est déclaré roi.

Artaxerxe n'avait eu d'enfans de la reine sa femme que Xerxès, qui lui succéda; mais il en avait dix-sept autres de ses concubines; entre autres Sogdien, Ochus et Arsite. Sogdien, de concert avec un des eunuques de Xerxès, conspira contre lui, et le tua un jour que ce prince était ivre et seul dans sa chambre, où il s'était retiré pour cuver son vin. Ainsi mourut ce prince, au bout de quarante-cinq jours. Sogdien, son meurtrier, fut déclaré roi à sa place.

Ctes. c. 47. 51.
Diod. l. 12. p. 115.

Ochus se révolte contre lui et le fait périr.

A peine ce prince fut-il sur le trône, qu'il fit mourir Bagoraze, le plus fidèle des eunuques de son père. Par ces deux meurtres, il devint l'horreur de l'armée et de toute la noblesse. Ochus, son frère, s'étant mis à la tête d'une puissante armée, pour venger la mort de son frère Xerxès, fut suivi de presque toutes les provinces, et proclamé roi. Sogdien se voyant ainsi abandonné, fit voir autant de lâcheté à défendre sa couronne, qu'il avait montré d'injustice et de cruauté à l'usurper. Contre l'avis de ses meilleurs amis, et des plus sages de ceux qui lui demeuraient encore attachés, il entra en traité avec son frère, qui, s'étant rendu maître de sa personne, le fit jeter dans la cendre (1), où il mourut d'une mort cruelle. Il ne jouit de l'empire que six mois et quinze jours.

Par la mort de Sogdien, Ochus se trouva maître de l'empire. Il ne s'y vit pas plus tôt établi, qu'il changea son nom d'Ochus en celui de Darius. Pour le distinguer, les historiens y ajoutent l'épithète *Nothus*, qui, en grec, veut dire bâtard. Ce prince est connu sous An. M. 3580 le nom de *Darius Nothus*. Son règne dura Av. J.C. 424 dix-neuf ans.

Arsite, voyant comment Sogdien avait supplanté Xerxès, et comment il avait été détrôné lui-même par Ochus, voulut en faire autant à ce dernier; mais le succès ne répondit point à ses desseins ambitieux, et sa rébellion lui fut très-funeste, comme nous l'allons voir. Ce prince, quoiqu'il fût frère d'Ochus, de père aussi-bien que de mère, se révolta ouvertement contre lui, et fut soutenu dans sa révolte par Artyphius, fils de Mégabyse. Ochus, que nous ne nommerons désormais que Darius, envoya Artasyras, un

(1) On remplissait une tour de cendre, jusqu'à une certaine hauteur, du haut de laquelle on précipitait le criminel, la tête la première.

de ses généraux, contre Artyphius, et marcha
en personne, à la tête d'une autre armée, contre Arsite. Artyphius, avec des troupes grecques qu'il avait à sa solde, battit deux fois le
général qu'on lui avait opposé ; mais, dans
une troisième bataille, on lui débaucha ses
troupes étrangères ; il fut battu lui-même, et
se vit réduit à la nécessité de se rendre, sur
quelques espérances de pardon qu'on lui donna. Le roi voulait le faire mourir, mais la
reine Parysatis, sœur et femme de Darius,
l'en détourna. C'était une femme habile,
intrigante et rusée, dont le roi, son mari,
suivait presque en tout les avis. Celui qu'elle
lui donna en cette occasion, était d'une profonde perfidie. Elle lui conseilla d'user de
clémence envers Artyphius, et de le bien
traiter, afin de faire espérer à son frère,
lorsqu'il verrait sa générosité pour un servi-
teur rebelle, de trouver pour lui-même un
traitement pour le moins aussi favorable, et
l'engager par là à se soumettre. Elle ajouta
que, quand il serait une fois maître de la
personne de ce prince, il ferait à l'un et à l'autre ce qu'il jugerait à propos. Darius suivit son
conseil, et il lui réussit. Arsite, informé de la
douceur dont on usait à l'égard d'Artyphius,
conclut que lui, qui était frère du roi, serait
traité encore plus favorablement ; et, sur cette
espérance, il traita avec son frère, et se rendit. Darius penchait beaucoup à lui sauver
la vie ; mais Parysatis, à force de lui représenter que la punition de ce rebelle était nécessaire pour sa sûreté, le détermina à s'en
défaire, en le faisant périr misérablement

dans la cendre , avec Artyphius. Ce ne fut
pourtant pas sans se faire une grande violence qu'il consentit à ce sacrifice, car il aimait tendrement ce frère. Il fit encore quelques autres exécutions, qui ne lui procurè-
rent pas la tranquillité qu'il en attendait ;
car son règne , dans la suite , fut troublé par
de violentes agitations, qui lui laissèrent bien
peu de repos.

Une des plus dangereuses fut celle que lui
suscita la révolte de l'Egypte. Les Egyptiens ,
las de la domination des Perses, accoururent
de toutes parts auprès d'Amyrthée Saïte, qui
était enfin sorti des marais, où il s'était main-
tenu depuis que la révolte d'Inarus avait été
étouffée. Les Perses furent chassés, et Amyrthée déclaré roi d'Egypte. Darius tourna toute son attention du côté de l'Egypte ; et ,
après plusieurs années de guerre , de fatigue
et de dépense, il força les Egyptiens de ren-
trer dans leur devoir. Il réduisit de même les
Mèdes , qui s'étaient aussi soulevés, et en
même temps que les Egyptiens. Pour châtier
leur rébellion, on appesantit leur joug, qui
avait été assez doux jusque là. C'est ce que
méritent des sujets rebelles, et ce qui ne
manque jamais d'arriver, quand la puissance à laquelle ils avaient voulu se soustraire
reprend le dessus.

Darius, après être venu à bout des rebelles
en Médie , et avoir rétabli les affaires d'E-
gypte , donna à Cyrus, le plus jeune de ses
fils , le gouvernement en chef de toutes les
provinces de l'Asie mineure ; commission importante , qui soumettait à ses ordres tous les

Révolte d'E-
gypte et de
Médie apai-
sée.

An. M. 3590.
Av. J. C. 414.
Ctes. LI.

An. M. 3597.
Av. J. C. 407.

gouverneurs particuliers de cette partie de l'empire. Revenons à la Grèce.

Septième, neuvième, dixième et onzième année de la guerre du Péloponnèse.

Les Athéniens, sous la conduite de Nicias, se rendirent maîtres de l'île de Cythère, qui est sur la côte de Lacédémone, et de là ils infestaient tout le pays. Les Lacédémoniens envoyèrent Brasidas dans la Thrace, pour faire une diversion des forces d'Athènes.

An. M. 3580.
Av. J. C. 424.

Diod. l. 12.
p. 314. 320.

Ce général engagea plusieurs villes dans son parti, soit par force, soit par intelligence, et encore plus par sa sagesse et sa modération. Il prit de cette manière la ville d'Amphipolis, malgré la diligence de Thucydide (1), général athénien, qui fit tout son possible pour secourir la ville. Les Athéniens ne laissèrent pas d'imputer la prise d'Amphipolis à leur général, et le condamnèrent à l'exil. Là perte de cette ville fut fort sensible à Athènes, tant parce qu'elle en tirait de grands revenus et du bois à faire des navires, que parce que c'était une porte pour entrer dans la Thrace, et qu'ils craignaient une défection générale des alliés qu'ils avaient dans ces quartiers. La conduite sage et modérée de Brasidas, soutenue de la déclaration qu'il faisait, qu'il était venu pour affranchir le pays, et rendre libres tous les peuples qui entreraient dans leur alliance, enleva en effet aux Athéniens un grand nombre de leurs alliés.

Combat auprès de Délie.

Thucyd. l. 4.
t. 311. 319.
Plut. in La-
cet. p. 181.

Cependant les Athéniens, commandés par Démosthène et Hippocrate, étaient entrés en Béotie, dans l'espérance que plusieurs villes embrasseraient leur parti, dès qu'ils se mon-

(1) Auteur de l'histoire de la guerre du Péloponnèse.

treraient. Les Thébains marchèrent à leur *In conviv.* rencontre près de Délie. Il s'y donna un com- *P. 221.* *Plut. in Al* bat assez considérable. Les Athéniens furent *cibiad p. 195.* défaits et mis en fuite. Socrate se trouva à cette action. On lui rend même ce témoi- gnage, que si tout le monde avait fait son de- voir comme lui, Athènes n'aurait pas reçu cet échec à Délie. Après la bataille, les vain- queurs assiégèrent la ville, et l'emportèrent d'assaut.

Il y avait à peu près égalité de pertes et *An. M. 3581.* d'avantages de côté et d'autre, et les deux peu- *Av. J C. 423.* *Thucyd. ibid.* ples commençaient à se lasser d'une guerre *Diod. l. 12.* qui leur coûtait beaucoup, et ne leur procu- rait aucun bien réel. Il se fit donc une trève d'un an entre les Athéniens et les Lacédémo- niens. Brasidas en fut si mécontent, qu'il ne put se résoudre à abandonner la ville de Scio- ne, qu'il avait prise deux jours après le trai- té, mais sans en avoir connaissance. Il alla encore plus loin, et ne fit point difficulté de recevoir Mende, petite ville voisine de Scio- ne. On juge bien que les Athéniens ne souf- frirent pas tranquillement une telle conduite. Cléon animait les esprits dans toutes les as- semblées, et soufflait le feu de la guerre. Ainsi deux hommes, de part et d'autre, s'op- posaient à la paix de la Grèce, et y mettaient un obstacle insurmontable, mais par des voies bien différentes ; Cléon, parce que la guerre couvrait ses vices et sa méchanceté ; Brasidas, parce qu'elle donnait un nouveau lustre à sa vertu.

Les Athéniens, entraînés par l'éloquence *An. M. 3582.* impétueuse et véhémente de Cléon, plus *Av. J. C. 422.*

Thucyd. l. 3.
p. 842
Diod. l. 12.
p 121. 122.
Athéniens
battus par
Brasidas.

que par la force de ses raisons, le mirent à la tête de leurs troupes, pour aller contre Brasidas, et pour réduire les villes qui s'étaient révoltées. Le général lacédémonien, qui connaissait parfaitement l'impétuosité et le peu d'habileté de son adversaire, affectait exprès une sorte de réserve et de crainte, pour amorcer sa témérité. Il se tenait enfermé dans Amphipolis, en sorte que personne ne paraissait sur les murailles, et toutes les portes de la ville étaient fermées. Cléon se repentait déjà de n'avoir pas amené des machines pour battre la place, croyant qu'il ne lui manquait que cela pour s'en rendre maître. Brasidas, dont le dessein était de l'attaquer à l'improviste, après avoir pris toutes ses mesures, fit brusquement une sortie, qui étonna et déconcerta les Athéniens. L'aile gauche se détacha aussitôt du gros pour se sauver à la course. Brasidas tourna toutes ses forces contre l'aile droite, où il trouva beaucoup de résistance. Il fut blessé mortellement et mis

Mort de
Cléon.

hors de combat. Cléon, qui ne s'attendait pas à cette attaque, prit la fuite, et fut tué par un soldat qui le rencontra. Les troupes des deux partis se battirent avec beaucoup de vigueur; mais enfin les Athéniens plièrent

Mort de
Brasidas.
Diod. p. 122.

et furent mis en déroute. Brasidas fut porté dans la ville, où il ne survécut que de quelques momens à sa victoire.

On rapporte une parole de la mère de Brasidas, qui marque bien le caractère spartain. Comme on louait en sa présence les grandes qualités et les grandes actions de son fils, et qu'on l'élevait, sans exception et sans comparaison, au-dessus de tous les autres : *Vous vous trompez*, dit-elle ; *mon fils était brave, mais Sparte a plusieurs citoyens qui le sont encore plus que lui.* Cette générosité d'une mère, qui préférait la gloire de l'Etat à celle de son fils et à la sienne, fut admirée et récompensée. Les éphores lui rendirent des honneurs publics.

Les deux hommes qui étaient le plus grand obstacle à la paix, étant morts, les esprits, de part et d'autre, se trouvèrent disposés à un accommodement, et la guerre fut comme suspendue de part et d'autre. Les deux peuples firent une trève d'un an, pendant laquelle chaque parti eut le temps de faire valoir ses droits et ses prétentions. Enfin, la paix fut conclue et signée pour cinquante ans, et l'un des principaux articles fut qu'on se rendrait réciproquement les villes et les prisonniers.

Alcibiade commençait alors à se pousser dans le gouvernement, et à paraître dans les assemblées. Socrate l'avait pris en affection depuis plusieurs années, et avait enrichi son esprit d'une infinité de belles connaissances. C'était un jeune homme qui réunissait à de grandes richesses, le crédit et la noblesse de sa famille. Il était d'une rare beauté, poli, civil, affable et plein d'esprit, en un mot, il réunissait tous les avantages qui font briller un jeune homme dans le monde, et qui sont pour lui des piéges presque inévitables. Aussi Alcibiade y fut-il pris, et ses déréglemens étaient si connus, qu'ils faisaient le sujet des entretiens d'Athènes. Il essaya de faire cesser ces bruits peu honorables, mais sans changer de vie.

Il avait un chien d'une taille extraordinaire et d'une grande beauté, qu'il avait acheté soixante et dix mines, c'est-à-dire, trois mille cinq cents livres. On voit que le goût pour les chiens est de vieille date. Il lui fit couper la queue, qui était justement ce qu'il avait de plus beau. Tous ses amis lui en firent de grands reproches, en lui disant, que toute la ville murmurait contre lui d'avoir gâté un si beau chien. *Voilà ce que je demande*, reprit Alcibiade en riant; *je veux que les Athéniens s'entretiennent du traitement que j'ai fait à mon chien, afin qu'ils ne parlent pas d'autre chose, et qu'ils ne disent pas pis de moi.*

Alcibiade avait un caractère souple et flexible, propre à prendre toutes les impressions que demandaient les différentes conjonctures des temps, se portant avec la même facilité et la même ardeur au bien et au mal, sérieux, enjoué, austère, affable, ami de la vertu et des gens vertueux; livré au vice et aux méchans, passant ainsi d'un excès à un autre tout contraire; de sorte qu'on lui appliquait ce que dit Homère du terroir d'Egypte, *qu'il portait beaucoup de drogues médicinales très-excellentes, et aussi beaucoup de poisons.* Et ce fut là, sans doute, la source de ce mélange de bien et de mal, qui parut toujours dans sa conduite. Son intime liaison avec Socrate aurait pu lui être d'un grand secours pour fixer son esprit

et son cœur, s'il avait su profiter des solides
instructions d'un maître si sage.

Alcibiade, qui, du caractère dont nous
venons de le marquer, n'était pas né pour
le repos, avait fait tous ses efforts pour traverser le traité qui venait de se conclure entre les deux peuples ; mais n'ayant pu y réussir, il travailla à en empêcher l'effet. Il était
piqué contre les Lacédémoniens, de ce qu'ils
ne s'adressaient qu'à Nicias, dont ils avaient
une grande opinion ; et qu'au contraire ils
paraissaient ne faire aucun cas de lui, quoique ses ancêtres eussent eu droit d'hospita-
lité avec eux.

La première chose qu'il fit pour rompre la
paix, c'est qu'ayant su que ceux d'Argos ne
cherchaient qu'une occasion de se séparer des
Spartiates, qu'ils craignaient autant qu'ils
les haïssaient, il les flatta secrètement de l'espérance que les Athéniens leur donneraient
du secours, en leur faisant entendre qu'ils
étaient près de rompre une paix qui leur
était désavantageuse.

En effet, les Lacédémoniens n'étaient pas
fort attentifs à en observer religieusement les
conditions, ayant fait alliance avec les peuples de la Béotie, contre l'esprit et la teneur
du traité auquel ils s'étaient engagés. Alcibiade, qui vit les Athéniens extrêmement indignés de cette mauvaise foi, n'oublia rien pour
les irriter davantage ; et, profitant de cette
conjoncture pour pousser à bout Nicias, il
souleva contre lui le peuple, en le rendant
suspect de trop d'attachement aux Lacédémoniens, et formant contre lui des accusa-

An. M. 3584.
Av. J. C. 420.
*Plut. in Al-
cibiad. p. 197.
198.*

tions qui ne manquaient pas tout-à-fait de vraisemblance, quoique dans le fond elles fussent destituées de vérité.

Un second moyen qu'il mit en œuvre, et qui lui réussit mieux que son éloquence et que tous ses autres grands talens, fut le mensonge et la perfidie ; car, abusant lâchement de la confiance que les ambassadeurs de Sparte avaient en lui, il les trahit publiquement, les traita, en pleine assemblée, de fourbes et de perfides, et exhorta le peuple à ne croire ni écouter des hommes qui mentaient impudemment, tandis que, dans la vérité, c'était lui seul qui mentait effrontément, et usait de fourberie. Les Athéniens, sur les représentations de Nicias, envoyèrent à Lacédémone une ambassade, mais qui n'eut aucun fruit, parce que la perfidie et les intrigues d'Alcibiade en avaient prévenu le succès. Le peuple, qui ignorait pleinement cette manœuvre, étant d'ailleurs charmé de l'éloquence et des grandes qualités d'Alcibiade, l'élut pour général, fit une ligue avec les Mantinéens et les Eléens qui avaient quitté le parti de Lacédémone, y joignirent les Argiens, et envoyèrent des troupes à Pyle, faire le dégât de la Laconie. Ainsi, ils se replongèrent dans la guerre qu'ils avaient voulu éviter.

In Alcibiad. p. 198. Plutarque, après le récit de l'intrigue d'Alcibiade, ajoute : « Personne ne saurait » approuver le moyen dont il se servit pour » arriver à son but ; mais ce fut pourtant un » coup de parti, d'avoir désuni et ébranlé » presque tout le Péloponnèse, et suscité en

» un seul jour tant d'ennemis aux Lacédé-
» moniens. » Il me semble que c'est condamner bien faiblement une fourberie et une
perfidie aussi noires que celles-ci, dont le
succès le plus heureux ne peut couvrir l'horreur, et qui ne peuvent être assez détestées.

Ce fut dans ce temps-là que l'ostracisme
prit fin. L'usage que le peuple en fit contre
un citoyen nommé Hyperbolus, fort méchant
homme, perdu totalement de réputation,
et insensible à l'infamie, par une extinction
entière de tout sentiment d'honneur, mit fin
à cette punition, qui parut être déshonorée
et flétrie, en tombant sur un sujet si indigne. Hyperbolus fut donc le dernier que l'on
condamna à ce ban, comme Hipparque,
proche parent du tyran Pisistrate, l'avait
souffert le premier.

Je passe sous silence plusieurs événemens
peu considérables, pour venir au plus important de tous, qui est l'expédition des Athéniens en Sicile, à laquelle Alcibiade les détermina.

Ce nouveau général avait pris un ascendant surprenant sur les esprits, quoique
pourtant il fût bien connu pour ce qu'il était ;
car ses grandes qualités étaient jointes à des
vices encore plus grands, qu'il ne se mettait
point en peine de dissimuler. Il vivait plongé
dans un luxe prodigieux, et dans une mollesse qui déshonorait la ville. Ce n'étaient tous
les jours que festins, que réjouissance, que
parties de plaisirs et de débauches. Il montrait peu de respect pour les coutumes du
pays, et encore moins pour la religion et

Seizième et
dix-septième
année.
Alcibiade
détermine les
Athéniens à
la guerre de
Sicile.
*Plut. in. Al-
cibiad. p.198-
200.*

pour les Dieux. Les gens sages et sensés, outre l'aversion que leur inspiraient tous ces déréglemens, craignaient extrêmement les suites de cette audace, de cette profusion et de ce profond mépris des lois, qu'ils regardaient comme autant de moyens et de degrés pour arriver à la tyrannie.

Les Grenouilles. *act.* 5. *scen.* 4.

Aristophane, dans une de ses comédies, marque admirablement par ce seul vers la disposition du peuple à son égard : *Il le hait,* dit-il, *et ne peut se passer de lui.* En effet, les largesses dont Alcibiade comblait le peuple, la somptuosité des jeux et des spectacles qu'il lui donnait ; la magnificence des présens qu'il faisait à la ville, et qui passait tout ce qu'on en peut dire ; la grâce et la beauté de toute sa personne ; son éloquence, sa force de corps, jointes au courage et à l'expérience ; en un mot, toutes ses grandes qualités faisaient que les Athéniens lui pardonnaient ses défauts, et les supportaient patiemment, tâchant toujours de les diminuer et de les couvrir sous des noms doux et favorables : car ils les appelaient des jeux, des gentillesses et des marques d'humanité et de bon naturel.

Timon le misanthrope, tout sauvage qu'il était, en jugea plus sainement. L'ayant rencontré un jour, comme il sortait de l'assemblée, très-content d'avoir obtenu tout ce qu'il avait demandé, et de se voir généralement honoré par le peuple, qui le reconduisait en foule ; loin de l'éviter comme il évitait tout le monde, il alla au-devant de lui, et lui tendant amiablement la main : *Cou-*

rage, mon fils, lui dit-il ; *tu fais fort bien de t'agrandir et de t'élever ; car c'est pour la ruine de tout ce peuple.* La guerre de Sicile prouvera que Timon ne se trompait pas.

Dès le temps de Périclès, les Athéniens s'étaient mis en tête de conquérir la Sicile. Ce sage conducteur, qui craignait et prévoyait les suites fâcheuses d'une entreprise si hasardeuse, fut toujours attentif à refréner, par sa puissance, cette folle ambition. Son autorité les empêcha, pour lors, de passer en Sicile ; mais elle ne leur en fit pas perdre le désir, et ils tournèrent toujours les yeux de ce côté-là. Périclès étant mort, et n'étant plus retenus par aucune considération, ils firent, en différens temps, plusieurs tentatives sur la Sicile ; et, sous prétexte d'envoyer de temps en temps des secours d'armes et de troupes aux villes opprimées ou maltraitées par les Syracusains, ils s'ouvraient un chemin pour les attaquer avec de plus grandes forces. Mais celui qui alluma le plus cette ardeur, ce fut Alcibiade, en repaissant le peuple de magnifiques espérances, dont lui-même était sans cesse occupé, ou, pour mieux dire, enivré. Les Athéniens infatués par ses discours, comptaient, comme lui, ne faire de la Sicile que leur place d'armes et leur arsenal, d'où ils partiraient pour aller conquérir Carthage, et se rendre maîtres de toute l'Afrique et de la mer, jusqu'aux colonnes d'Hercule. On dit que Socrate et Méthon l'astronome ne se promettaient rien de bon de cette entreprise.

Athènes était dans cette disposition, lors-

Plut. in Alcib. p. 199. *In Nic. p.* 582. An. M. 3588. Av. J. C. 416.

Plut: in Alcib. in Nic. Diod. l. 12.

qu'il arriva des ambassadeurs des Ségestains qui venaient implorer leur secours contre ceux de Sélinonte, que Syracuse soutenait; et afin de leur être moins à charge, ils offraient de payer les troupes qu'on y enverrait. Les Athéniens, qui depuis long-temps n'attendaient qu'une occasion favorable pour se déclarer, accordèrent aux Ségestains les secours qu'ils demandaint, et nommèrent Alcibiade, Nicias et Lamachus pour commander la flotte, avec plein pouvoir d'ordonner des affaires de la Sicile, conformément aux intérêts de la république.

Nicias s'y oppose inutilement.

Nicias n'accepta le commandement que malgré lui; car, outre qu'il le fuyait à cause d'Alcibiade, il sentait très-bien les inconvéniens et les dangers d'un projet qui était tout à-la-fois et mal concerté, et à contre-temps.

Thucyd. l.6. p. 425. 418.

Cinq jours après, pour hâter l'exécution du décret et pourvoir à tout ce qui était nécessaire, il se tint une seconde assemblée. Nicias, qui avait eu tout le loisir de faire de mûres réflexions sur l'affaire proposée, et qui en sentait de plus en plus les dangers et les inconvéniens, se crut obligé, en cette occasion, de parler avec quelque force contre un projet dont il prévoyait que les suites pouvaient être très-funestes pour la république. Il dit : « qu'il était très-étonnant » qu'une affaire de l'importance dont était » celle-ci, eût été presque aussitôt décidée » que mise en délibération. Que, sans rien » examiner, ni rien approfondir, on en » croyait, sur leur parole, des étrangers à qui

les

» les promesses les plus magnifiques ne coû-
» taient rien, et qui avaient intérêt de tout
» promettre, pour se tirer du péril où ils
» étaient. Quelle utilité, après tout, peut-il
» en revenir à la république ? Est-ce que nous
» n'avons pas assez d'ennemis près de nous,
» sans en aller chercher si loin ? Est-il de vo-
» tre sagesse de hasarder ce que vous possé-
» dez, sur l'espérance d'un avantage incer-
» tain ? de songer à faire de nouvelles conquê-
» tes, avant d'avoir assuré les anciennes ? de
» ne vous occuper que de votre agrandisse-
» ment, et de négliger absolument le soin
» de votre propre sûreté ? Pouvez-vous comp-
» ter sur une trêve que vous savez ne tenir
» à rien ; à laquelle vous ne pouvez vous dissi-
» muler qu'on a déjà donné plusieurs attein-
» tes, et que le moindre échec reçu de notre
» part, peut changer tout d'un coup en une
» guerre déclarée ? Vous n'ignorez pas quelle
» a toujours été, et quelle est encore la dis-
» position des Lacédémoniens à notre égard.
» Ils abhorrent notre gouvernement, comme
» contraire au leur ; ils voient, avec douleur
» et dépit, l'empire de la Grèce entre nos
» mains ; ils regardent notre gloire comme
» un sujet de honte et de confusion pour
» eux ; et il n'y a rien qu'ils ne soient prêts à
» faire pour humilier et abaisser une puis-
» sance qui leur fait ombrage, et les tient
» toujours dans la crainte. Voilà quels sont
» nos véritables ennemis ; voilà contre qui
» nous devons être en garde. Sera-t-il temps
» de faire ces réflexions, lorsqu'après avoir
» partagé nos troupes, et pendant que nous

» serons occupés ailleurs, et hors d'état de
» leur résister, toutes les forces du Pélopon-
» nèse viendront fondre sur nous ? A peine
» commençons-nous à respirer des maux in-
» finis que la guerre et la peste nous ont cau-
» sés ; et voilà que , sans nécessité, nous nous
» jetons nous-mêmes dans un péril encore
» plus grand. Si nous voulons porter nos ar-
» mes au loin, ne serait-il pas plus expé-
» dient d'aller réduire les rebelles de Thrace,
» et d'autres encore, qui sont chancelans et
» mal assurés dans leur devoir, que de cou-
» rir au secours des Ségestains, qui nous doi-
» vent être assez indifférens ? Et nous con-
» vient-il d'entreprendre la vengeance de
» leurs injures, tandis que nous ne témoi-
» gnons aucun ressentiment des nôtres ? Lais-
» sons les Siciliens dans leurs îles, vider en-
» tre eux leurs querelles, sans nous y embar-
» rasser. Que les Ségestains se retirent sans
» nous, d'une guerre qu'ils ont entreprise
» sans nous. Que si quelqu'un de vos géné-
» raux vous conseille cette entreprise, par
» ambition ou par intérêt, pour faire parade
» de ses magnifiques équipages , ou pour
» trouver de quoi fournir à ses dépenses, ne
» soyez pas assez imprudens pour sacrifier
» les intérêts de la république aux siens, ou
» pour souffrir qu'il la ruine, en se ruinant
» lui-même. Cette entreprise est trop grande
» pour la remettre à la conduite d'un jeune
» homme. Souvenez-vous que c'est la pru-
» dence qui fait réussir les affaires, et non
» la passion.   Enfin, il conclut en déclarant
» que son avis était de remettre de nouveau

» l'affaire en délibération, pour prévenir les
» suites funestes d'un conseil précipité. »

Il était bien clair que Nicias en voulait à
Alcibiade, et que c'était son luxe énorme
qu'il avait attaqué. On juge bien que celui-
ci ne laissa pas le discours de Nicias sans ré-
plique.

« Ce n'est pas d'aujourd'hui, dit-il, que
» le mérite a excité la jalousie, et que la
» gloire a fait des envieux. On me fait un
» crime, j'ose le dire, de ce qui fait hon-
» neur à ma patrie, et de ce qui devrait m'at-
» tirer des louanges. L'éclat dans lequel je
» vis, les dépenses que je fais, surtout dans
» les assemblées publiques, outre qu'elles
» sont justes et légitimes, relèvent la gloire
» d'Athènes dans l'esprit des étrangers, et font
» voir qu'elle n'est point épuisée d'argent,
» comme nos ennemis se l'imaginent. Mais
» ce n'est point de quoi il s'agit maintenant.
» Qu'on juge de moi par mes actions, et non
» par d'injurieux préjugés. Est-ce un petit ser-
» vice que celui que j'ai rendu à la républi-
» que, en faisant entrer dans son alliance,
» en un seul jour, les Éléens, les Manti-
» néens, les Argiens, c'est-à-dire, les princi-
» pales forces du Péloponnèse ? Servez-vous
» donc de la jeunesse et de la folie d'Alci-
» biade, puisque ses ennemis la nomment
» ainsi, aussi-bien que de la sagesse et de
» l'expérience de Nicias, pour l'agrandisse-
» ment de votre empire, sans vous repentir,
» sur de vaines craintes, d'une entreprise pu-
» bliquement résolue, qui peut vous être
» d'une gloire et d'une utilité infinies. Les

» villes de Sicile , lasses du gouvernement in-
» juste et cruel de leurs princes, et encore
» plus de l'autorité tyrannique que Syracuse
» exerce sur elles, n'attendent qu'un mo-
» ment favorable pour éclater, et sont prê-
» tes à ouvrir leurs portes à quiconque s'of-
» frira pour rompre le joug sous lequel elles
» gémissent depuis long-temps. Quand les
» Ségestains, comme vos alliés, n'auraient
» pas droit à votre protection, la gloire d'A-
» thènes devrait vous engager à les soutenir.
» C'est en secourant les opprimés que les Etats
» s'agrandissent, et non en demeurant oisifs.
» Dans la conjoncture où vous vous trou-
» vez, harceler les uns, arrêter les autres,
» donner de l'occupation à tous, et porter
» au loin vos armes, c'est l'unique moyen
» d'abattre le courage de vos ennemis, et de
» montrer que vous ne les craignez point.
» Athènes n'est point née pour le repos, et
» ce n'est point par cette voie que nos ancê-
» tres l'ont portée au point de grandeur où
» nous la voyons. Au reste, que hasardez-
» vous dans l'entreprise dont il s'agit ? Si elle
» réussit, elle vous rendra maîtres de toute
» la Grèce ; et si le succès ne répond pas à
» vos désirs, votre flotte vous laissera la li-
» berté de vous retirer quand il vous plaira.
» Il est vrai que les Lacédémoniens peuvent
» entrer dans notre pays ; mais, outre que
» nous ne saurions l'empêcher, quand nous
» n'irions pas en Sicile, nous demeurerons
» toujours, malgré eux, maîtres de la mer ;
» et c'est ce qui ôte à nos ennemis toute
» espérance de pouvoir nous vaincre. Que

» les raisons de Nicias ne vous touchent donc
» point ; elles ne tendent qu'à semer la divi-
» sion entre les jeunes gens et les vieillards ,
» qui ne peuvent rien les uns sans les au-
» tres, puisque c'est de la prudence et du
» courage, du conseil et de l'exécution , que
» dépend le succès de toutes les entreprises.
» Celle-ci ne peut tourner qu'à votre gloire
» et à votre avantage. »

On voit sensiblement que Nicias avait toute
la raison pour lui ; mais comme l'éloquence
d'Alcibiade était plus vive et plus forte, et
que les Athéniens se trouvaient agréablement
flattés par ses discours, on persista dans le
premier avis. Nicias même se laissa entraî-
ner par force , à la vérité, et malgré lui ; mais
enfin il se rendit, et accepta le commandement dans une guerre dont il prévoyait toutes les suites funestes.

Nicias, n'osant plus combattre de front la
résolution du peuple, essaya d'en suspendre
l'exécution, en opposant beaucoup de difficultés, tirées surtout de la grandeur des dépenses nécessaires pour cette expédition. Il
représenta que, puisqu'on était déterminé à
la guerre, il fallait la faire d'une manière qui
répondît à la haute réputation d'Athènes.
Qu'une armée de mer ne suffisait pas contre
une puissance aussi formidable que celle des
Syracusains et de leurs alliés ; qu'il en fallait une de terre, composée d'une bonne infanterie et d'une bonne cavalerie. Qu'outre
la flotte qui devait les rendre maîtres de la
mer, il fallait avoir un grand nombre de vaisseaux pour porter continuellement des vivres

à l'armée ; qu'il était nécessaire de porter avec soi beaucoup d'argent, sans s'attendre à celui des Ségestains, qui, peut-être, n'était prêt qu'en paroles, et pourrait bien manquer. Enfin, il déclara qu'il était déterminé à ne point partir, s'il n'était muni de tout ce qui était nécessaire, parce qu'il ne voulait point faire dépendre le salut de toute l'armée, du caprice ou de la mauvaise foi des alliés.

Diod l. 15. p. 13 |

Il avait prétendu, par ce discours, ralentir l'ardeur du peuple ; mais il ne fit que l'augmenter. On donna sur-le-champ aux généraux un plein pouvoir de lever autant de troupes, et d'équiper autant de galères qu'ils le jugeraient à propos ; et l'on travailla au sitôt à l'exécution, tant à Athènes qu'ailleurs, avec une activité et un empressement qui ne se peuvent exprimer.

An. M. 3589. Av. J. C. 415. Thucyd. l. 6. p. 428. Plut. in Alcibiad. Mutilation des statues de Mercure.

Quand tout fut prêt pour le départ de la flotte, il arriva plusieurs signes tristes et de mauvais augure, qui jetèrent du trouble et de l'inquiétude dans les esprits. L'inquiétude fut encore augmentée par un autre accident. Toutes les statues de Mercure se trouvèrent mutilées en une nuit, sans qu'on pût découvrir l'auteur de ce coup hardi. On ne peut s'empêcher de prendre un événement si extraordinaire, non-seulement comme un sinistre présage, mais encore comme un complot de factieux qui avaient de mauvais desseins. Des jeunes gens furent accusés d'avoir

Alcibiade accusé.

déjà fait quelque chose de semblable dans une partie de débauche, ayant à leur tête Alcibiade. Son luxe, son libertinage, son irréligion donnaient beaucoup de vraisemblance à cette accusation, et son dénonciateur ne craignit point de le nommer. La constance d'Alcibiade fut ébranlée par ce coup ; mais voyant que les soldats et les matelots déclaraient que, si on lui faisait le moindre tort, ils se retireraient sur-le-champ, il reprit courage, et se présenta au jour marqué. Il eut beau demander qu'on lui fît son procès, s'il était coupable, ses ennemis, sous prétexte que le départ de la flotte pressait, firent surseoir le jugement. La flotte partit en effet. On n'en avait jamais vu sortir d'Athènes une plus nombreuse, ni si bien équipée, ni si magnifique. Elle se rendit d'abord à Egine, et de là à Corcyre, où l'armée des alliés s'assemblait avec le reste des navires.

Cette nouvelle ayant été portée de tous côtés à Syracuse, on n'en voulut rien croire d'abord, tant la chose paraissait hors de toute vraisemblance. Mais, comme elle se confirmait de jour à autre, on songea sérieusement aux préparatifs de la guerre. *Alarme de Syracuse. Thucyd. l.6. p. 433. 445.*

Cependant la flotte, partagée en trois escadres, chacune sous son général, mit à la voile, et partit de Corcyre pour se rendre à Tarente ; mais ayant été assez mal reçue par les Tarentins, elle cingla vers Rhége. C'est là qu'on délibéra sur la manière de conduire cette guerre. On proposa différens avis, et on se débattit long-temps. Mais enfin on revint à celui d'Alcibiade, et la flotte fit voile vers la Sicile, où Alcibiade se rendit maître de Catane par surprise. Ce fut là le premier et le dernier exploit qu'il fit en Sicile, car il fut d'abord rappelé par les Athéniens pour être jugé sur l'accusation qu'on avait intentée *La flotte arrive en Sicile. Thucyd. l 6. p. 446. 450. Plut. in Alcib. p.202.*

contre lui. On lui envoya le vaisseau de Salamine (c'était un vaisseau sacré, destiné pour emmener les coupables), avec ordre au commandant de ne point amener par force Alcibiade, de peur de quelque tumulte dans l'armée, mais de lui ordonner seulement qu'il vînt se présenter à Athènes, pour adoucir le peuple.

Alcibiade obéit sur-le-champ, et partit sur sa galère ; mais dès qu'il fut arrivé à Thurium, et qu'il eut mis pied à terre, il disparut, et éluda toutes les poursuites de ceux qui le cherchèrent. Comme on lui demandait s'il ne se fiait pas à sa patrie sur le jugement qu'elle devait rendre à son sujet : *Je ne me fierais pas à ma mère même*, dit-il, *dans la crainte que, par mégarde, elle ne prît une fève noire pour une blanche.* Alcibiade fut condamné à mort par contumace. Tous ses biens furent confisqués, et il fut enjoint à tous les prêtres et à toutes les prêtresses de le maudire. Parmi ces dernières, il s'en trouva une, nommée Théano, qui eut seule le courage de s'opposer à ce décret, disant *qu'elle était prêtresse pour bénir, et non pas pour maudire.* Quelque temps après, comme on lui porta la nouvelle que les Athéniens l'avaient condamné à mort : *Je leur ferai bien voir*, dit-il, *que je suis en vie.*

Joseph
contre Appi.
Diod. l. 13.
p. 137.

Ce fut à peu près dans ce temps-là qu'arriva à Athènes l'affaire de Diagore le médien, qui y enseignait l'athéisme. On lui intenta un procès sur sa mauvaise doctrine, et il fut condamné à mort. Mais il prit promptement

la fuite, et évita ainsi le supplice. Les Athéniens eurent tant d'horreur pour les principes
impies qu'il débitait, qu'ils mirent sa tête à
prix, et promirent de donner un talent à
celui qui le leur livrerait mort ou vif. Qu'il est
beau de voir un peuple entier se réunir pour
maintenir les droits de la Divinité.

Depuis le départ d'Alcibiade, toute l'auto- *Thucyd. p.*
rité se trouva entre les mains de Nicias La- *452. 453.*
machus, son collègue, quoique homme de *Plut. in Nic.*
courage et d'expérience, était sans crédit, à
cause de son extrême pauvreté, qui le rendit
méprisable aux troupes. Tout se ressentit du
caractère de timidité et de lenteur de Nicias.
Il mit le siége devant Hybla, qui n'était qu'une
petite ville; et, l'ayant levé peu de jours après,
il tomba lui-même dans un très-grand mépris. Enfin il se retira à Catane, après avoir
ruiné Hyccara, petit bourg, d'où l'on dit
qu'était la courtisane Laïs, qui fut vendue et
menée dans le Péloponnèse.

Cependant Alcibiade, étant parti de Thu- *Plut. in Alc.*
rium, arriva à Argos. Il envoya demander
aux Spartiates la permission de demeurer
chez eux, sous leur protection et sauvegarde,
et il leur offrit ses services. Les Spartiates le
reçurent à bras ouverts. Quand il fut arrivé
à Sparte, il charma et enchanta tous les habitans, en se conformant en tout à leur manière de vivre. Ceux qui voyaient qu'il se
rasait jusqu'à la peau, qu'il se baignait dans
l'eau froide, qu'il mangeait d'un gâteau fort
pesant et fort grossier, qu'il s'accommodait
à merveille de leur sauce noire, ne pouvaient
s'imaginer que ce même homme eût jamais

eu chez lui de cuisinier, qu'il eût connu de parfumeur, qu'il eût porté de fines étoffes de Milet; en un mot, qu'il eût vécu jusque là dans les délices et dans la bonne chère. Cette souplesse était le caractère dominant d'Alcibiade. Véritable caméléon, il ne lui coûtait rien de prendre toutes sortes de couleurs,et de formés, pour se concilier ceux avec qui il avait à vivre. Il saisissait d'abord toutes leurs manières, il entrait dans tous leurs goûts. Avec les uns, il avait toutes les grâces de la jeunesse la plus gaie; avec d'autres, tout le sérieux de l'âge le plus grave. A Sparte, il était laborieux, frugal et austère; en Ionie, il n'aimait que la joie, la paresse et la volupté; en Thrace, il était toujours à cheval, ou passait les journées à boire; et lorsqu'il était avec le satrape Tissapherne, il surpassait en luxe et en dépense toute la magnificence des Perses.

Dix-huitième et dix-neuvième année. Description de Syracuse.

Syracuse était une grande ville, fondée par Archias le corinthien. Sa situation avantageuse, la commodité de son double port, ses fortifications, la multitude et la richesse de ses citoyens, la rendirent une des plus grandes, des plus belles et des plus puissantes villes grecques. Lorsque les Athéniens l'assiégèrent, elle était composée de trois parties, qui sont l'île, l'Acradine, Tyque. On y ajouta depuis, Néapolis et Epipole.

Nicias, après quelques actions, forme le siége de Syracuse.

Sur la fin de l'été, Nicias eut nouvelle que les Syracusains, ayant repris courage, se disposaient à venir l'attaquer les premiers. Déjà leur cavalerie s'avançait avec insolence pour l'insulter jusque dans son camp, et lui

demandait, avec de grandes risées, s'il était
donc venu en Sicile pour s'établir à Catane.
De si piquans reproches le réveillèrent enfin
un peu : il résolut de faire voile vers Syracuse. L'entreprise était hardie et périlleuse,
ne pouvant tenter, sans un extrême danger,
le débarquement en présence d'un ennemi
qui les attendait de pied ferme, pour les attaquer à la descente avec toutes ses forces.
Pour se tirer d'embarras, et pour se mettre
en état de s'emparer sans obstacle d'un poste
avantageux qui lui avait été désigné, Nicias
usa de stratagème. Il fit donner un faux avis
aux ennemis que, moyennant un complot
qui devait éclater un certain jour, ils pourraient s'emparer de son camp, et se rendre
maîtres de toutes les armes et de tous les bagages. Les Syracusains, sur cette assurance,
marchèrent vers Catane, et se vinrent camper sur les terres de Léonte. Dès que les Athéniens en eurent avis, ils s'embarquèrent, et
tirèrent, sur le soir, vers Syracuse. Ils arrivèrent au point du jour dans le grand port,
et prirent terre près Olympie, à l'endroit
qu'on leur avait enseigné, et s'y retranchè-
rent. Les Syracusains, se voyant honteusement trompés, s'en retournèrent à Syracuse;
et, pleins de dépit, ils se mirent en bataille
quelques jours après devant les murailles de
la ville. Nicias sortit de ses retranchemens,
et l'on en vint aux mains. La victoire fut long-
temps en balance; mais enfin, après une longue résistance, les Syracusains furent obligés
de plier. On ne put les poursuivre fort loin,
parce que leur cavalerie, qui était entière, et

Thucyd. l.6.
p. 453, 461.
Plut. in
Nic. p. 533.
Diod. l. 13.
p. 137.

6.

qui n'avait point été battue, couvrit leur retraite. Ils rentrèrent en bon ordre dans la ville,
après avoir jeté des troupes dans le temple
d'Olympie, pour en empêcher le pillage.

Après le combat, les Athéniens, qui ne
se trouvaient pas encore en état d'attaquer
Syracuse, se retirèrent sur leur flotte, à
Naxe et à Catane, pour y prendre leurs quartiers d'hiver, dans le dessein de revenir au
commencement du printemps, pour former
le siége. Ils avaient besoin pour cela d'argent, de vivres et surtout de cavalerie qui
leur manquait absolument. Ils envoyèrent à
Athènes pour y solliciter tous ces secours,
et presser leur départ.

A Syracuse, on ne perdit point espérance.
On élut pour général Hermocrate, qui était
celui de tous les Syracusains qui se distinguait le plus par sa valeur, son bon sens et
son expérience, et on lui en associa deux
autres : après quoi l'on dépêcha à Corinthe
et à Lacédémone, tant pour renouveler l'alliance, que pour les engager à faire diversion, afin d'obliger les Athéniens, s'il se pouvait, de rappeler leurs troupes de Sicile, ou
de les empêcher au moins d'y envoyer du
renfort. Leur principale application fut de
fortifier Syracuse, et de la mettre en état de
soutenir un long siége.

*Thucyd. l.6.
p 471. 482.* Les ambassadeurs de Syracuse, étant arrivés chez les Corinthiens, leur demandèrent
du secours comme à leurs fondateurs, ce qui
leur fut aussitôt accordé, avec une ambassade vers les Lacédémoniens, pour les faire
déclarer en leur faveur. Alcibiade appuya

leur demande de tout son crédit et de toute
son éloquence, à laquelle son ressentiment
contre Athènes ajouta une nouvelle force. Il
conseilla et persuada aux Lacédémoniens
d'envoyer Gylippe pour général en Sicile, et
d'attaquer de leur côté les Athéniens, pour
faire une puissante diversion. En troisième
lieu, il les porta à fortifier Décélie dans l'Attique ; ce qui acheva de perdre et de ruiner
la ville d'Athènes : car ce fort rendit les Lacédémoniens maîtres de la campagne, de
sorte que les Athéniens ne pouvaient plus
jouir de leurs mines d'argent de Laurium, ni
des revenus de leurs terres, ni être secou-
rus par leurs voisins ; Décélie étant devenue
l'asile de tous les mécontens, et de tous les
partisans de Sparte.

Nicias, ayant reçu d'Athènes et des Ségestains quelque secours d'argent et de troupes,
vint mettre le siége devant Syracuse. Il en-
vironna la ville du côté de la terre, d'une bonne contrevallation, qui coupait aux assiégés
toute communication avec les troupes du dehors. Les assiégés firent plusieurs sorties et
plusieurs attaques, qui leur réussirent toujours mal, et dans lesquelles ils eurent toujours le dessous. Lamachus, un des généraux
athéniens, ayant été tué dans une action, Nicias se trouva seul à la tête des troupes d'A-
thènes, et dirigea seul les opérations. Il fit
faire un mur de contrevallation contre les
assiégés, et un autre mur de circonvallation
contre les troupes syracusaines du dehors,
et contre celles des alliés qui pouvaient venir
au secours de la ville.

Plut. in
Alcib. p.2o3.
in Nic. 534.
Diod. l. 13.
p. 138

An. M. 35go.
Av. J.C. 414.

Depuis ce jour, Nicias conçut de grandes
espérances ; car plusieurs peuples de Sicile,
qui jusque là n'avaient point encore pris
de parti, vinrent se joindre à lui, et de tous
côtés il lui arrivait des vaisseaux chargés de
provisions pour son armée; chacun s'empres-
sant de se déclarer en sa faveur, parce que
ses affaires avaient pris le dessus, et qu'il
avait eu en tout un bonheur extraordinaire.
Déjà même les Syracusains, se trouvant blo-
qués par terre et par mer, et se voyant sans
ressource, n'étant point en état de résister
par eux-mêmes aux ennemis, et n'espérant
plus de secours de leurs alliés, lui faisaient
des propositions d'accommodement, et étaient
tous résolus de se rendre. On convoque l'assemblée pour régler les articles de la capitulation qu'on devait présenter à Nicias ; et
plusieurs étaient d'avis qu'on hâtât la conclusion de cette affaire avant que la ville fût
entièrement enfermée.

Ce fut dans ce moment-là même, et dans
l'extrémité la plus pressante, qu'un officier,
nommé Gongyle, arriva de Corinthe, sur
une galère à trois rangs de rames, et déclara
à haute voix, que Gylippe arriverait inces-
samment, et qu'il était suivi de plusieurs autres galères qui venaient à leur secours.

Nicias, devenu, contre son naturel, plein
de confiance en ses forces, et enflé de ses
heureux succès, ne prit aucune précaution
pour l'empêcher d'aborder; et surtout, depuis
qu'il eut appris que le général lacédémonien
avait fort peu de vaisseaux avec lui, il le traitait de corsaire et de pirate, qui ne méritait

pas qu'on s'en mît en peine. Nous verrons bientôt quelles furent les suites funestes de cette négligence.

Cependant Gylippe arrive, descend de sa galère avec ses troupes, prend en passant un fort, et marche, en ordre de bataille, droit aux Athéniens. Ceux-ci, surpris de cette arrivée plus qu'on ne le peut dire, se rangèrent en bataille sur leurs retranchemens, à la hâte, et avec peu d'ordre. Pour lui, mettant bas les armes, il leur envoya dire par un héraut, qu'il leur donnait cinq jours pour sortir de la Sicile. Nicias ne daigna pas faire la moindre réponse à une telle proposition. Quelques-uns des soldats, se mettant à rire, demandèrent au héraut : *Si la présence d'une cape lacédémonienne et d'un méchant bâton, pouvait apporter quelque changement à l'état présent de la ville.* On se prépara au combat de part et d'autre.

Gylippe emporta d'assaut le fort de Lab-dale, où il fit main-basse sur tout ce qui y était. Le même jour une galère athénienne fut prise en entrant dans le port. Et quelque temps après, malgré la vigilance de Nicias, la flotte de Corinthe entra dans le port de Syracuse, et releva extrêmement le courage des habitans. Peu de jours après, Gylippe gagna encore contre les Athéniens une bataille qui abattit l'ennemi, et rendit les Syracusains supérieurs. Nicias, voyant que ses forces diminuaient tous les jours, et que celles des ennemis augmentaient, commença de nouveau à perdre courage; et non content d'envoyer aux Athéniens des gens pour

Il bat les Athéniens.

leur représenter l'état des choses, il leur écrivit lui-même très-fortement. Je rapporterai ici sa lettre en entier, parce qu'elle expose très-nettement l'état où étaient les affaires à Syracuse, et que d'ailleurs elle peut servir de modèle pour ces sortes de relations.

« Athéniens, je vous ai déjà informés, par
» plusieurs dépêches, de ce qui se passait ici;
» mais il est nécessaire que vous sachiez l'é-
» tat présent des affaires, pour y donner or-
» dre. Après que nous avons remporté l'a-
» vantage dans plusieurs combats, et que nous
» avons presque achevé notre contrevalla-
» tion, Gylippe est entré dans Syracuse avec
» des troupes de Lacédémone et de Sicile,
» et ayant été battu la première fois, a été
» victorieux la seconde, par le moyen de sa
» cavalerie et de ses gens de trait. Nous de-
» meurons donc renfermés dans nos retran-
» chemens, sans oser rien entreprendre, ni
» pouvoir achever notre contrevallation, à
» cause des forces supérieures des ennemis :
» car une partie de nos soldats sont occupés
» à garder nos forts, de sorte que nous ne
» pouvons pas nous servir de toutes nos trou-
» pes dans un combat. D'ailleurs, comme les
» Syracusains ont coupé nos lignes par un
» mur à l'endroit où elles n'étaient pas ache-
» vées, nous ne pouvons plus envelopper la
» place, à moins que nous ne forcions leurs
» retranchemens; et d'assiégeans, nous som-
» mes devenus assiégés, sans oser nous écar-
» ter, dans la crainte de leur cavalerie.

» Non contens de ces avantages, ils font
» venir de nouveaux secours du Péloponnè-

» se, et ont envoyé Gylippe pour obliger les
» villes neutres de la Sicile à se déclarer, et
» les autres à leur envoyer des hommes et
» des vaisseaux pour nous attaquer par mer
» et par terre. Je dis par mer, ce qui peut pa-
» raître étonnant, mais qui n'est que trop
» vrai; car notre flotte, considérable aupara-
» vant par le bon état des galères, et par ce-
» lui des équipages, manque maintenant par
» ces deux endroits - là mêmes, et est infini-
» ment affaiblie. Les galères font eau de tous
» côtés, parce qu'on ne peut les tirer à sec
» pour les radouber, à cause de la crainte où
» nous sommes que celles des ennemis, qui
» sont en plus grand nombre et en meil-
» leur état que les nôtres, ne viennent tout
» d'un coup nous attaquer, comme elles pa-
» raissent à chaque moment disposées à le
» faire. D'ailleurs, nous nous trouvons dans
» une indispensable nécessité d'en envoyer
» plusieurs de côté et d'autre pour escorter
» les convois qu'il faut faire venir de bien
» loin, et faire passer à la vue des ennemis ;
» de sorte que, pour peu qu'on se relâchât
» de ces soins, nous affamerions notre armée.

» Pour l'équipage, il dépérit tous les jours
» à vue d'œil, parce que plusieurs, s'écar-
» tant pour la maraude, ou pour aller cher-
» cher du bois et de l'eau, sont surpris et
» tués par la cavalerie. Les esclaves, tentés
» par le voisinage du camp des ennemis, dé-
» sertent et s'y rendent en grand nombre.
» Les étrangers, qu'on a levés par force, se
» dissipent ; et ceux qu'on a enrôlés pour de
» l'argent, qui pensaient venir au pillage plu-

» têt qu'au combat, trouvant tout le contrai-
» re, vont se rendre aux ennemis qui sont pro-
» che, ou se cachent dans la Sicile; ce qu'ils
» peuvent faire aisément, parce que l'île est
» fort grande. Beaucoup de citoyens, exer-
» cés depuis long-temps et habiles dans la
» manœuvre, ayant gagné les capitaines des
» galères, ont substitué à leur place des hom-
» mes qui sont sans expérience et incapables
» de servir, et par là ont ruiné toute la dis-
» cipline. J'écris à des personnes qui con-
» naissent la marine, et qui savent que quand
» le bon ordre est ainsi négligé, tout va en
» dépérissant, et que la flotte se ruine.

» Mais ce qu'il y a de plus fâcheux, c'est
» qu'avec toute mon autorité de général, je
» ne puis empêcher ce désordre ; car vous
» savez, messieurs, que vous êtes d'un ca-
» ractère à ne pas vous laisser aisément gou-
» verner; et d'ailleurs, je ne sais où prendre
» des matelots, au lieu qu'il en vient de tous
» côtés à nos ennemis. Nos alliés de Sicile
» sont hors d'état de nous aider : et si les vil-
» les d'Italie, d'où nous tirons notre subsis-
» tance, apprenant l'extrémité où nous som-
» mes réduits, et que vous ne songez point
» à nous envoyer du secours, se joignent aux
» Syracusains, nous sommes absolument per-
» dus, sans que l'ennemi ait besoin de nous
» livrer aucun combat.

» Je pourrais vous mander des choses plus
» agréables, mais non plus utiles, ni plus pro-
» pres à vous mettre au fait des affaires pré-
» sentes, sur lesquelles vous avez à délibérer.
» Je sais que vous n'aimez à entendre que

» des nouvelles qui vous fassent plaisir; mais
» je sais aussi que lorsque les affaires tour-
» nent autrement que vous ne l'avez espéré,
» vous vous en prenez à ceux qui vous ont
» trompés; et c'est ce qui m'a déterminé à
» vous écrire avec la dernière sincérité, et
» sans vous rien dissimuler. Du reste, vous
» n'avez jusqu'ici aucun sujet de vous plain-
» dre ni des officiers, ni des troupes, qui se
» sont fort bien acquittés de leur devoir.

» Mais maintenant que la Sicile réunit tou-
» tes ses forces contre nous, et qu'elle at-
» tend du Péloponnèse une nouvelle armée,
» posez pour fondement de vos délibérations,
» que les troupes que nous avons ne sont
» point suffisantes, et qu'ainsi il faut ou nous
» rappeler, ou envoyer ici une armée de terre
» et de mer aussi nombreuse que la premiè-
» re, et de l'argent à proportion. Il faut se
» disposer aussi à m'envoyer un successeur,
» ne pouvant plus porter le poids du com-
» mandement, à cause de ma néphrétique. Je
» crois avoir mérité cette grâce par les bons
» services que je vous ai souvent rendus,
» tant que la santé me l'a permis, dans tous
» les commandemens que j'ai eus.

» Au reste, quelque résolution que vous
» preniez, ce que je vous demande, mes-
» sieurs, c'est que vous l'exécutiez prompte-
» ment, sans délai, et dès le commence-
» ment du printemps. Les ressources que
» nos ennemis trouvent dans la Sicile sont
» toutes prêtes; celles qu'ils attendent du Pé-
» loponnèse peuvent tarder davantage. Mais
» songez que si vous ne vous évertuez, les

» Lacédémoniens ne manqueront pas, com-
» me cela est déjà arrivé, de vous surpren-
» dre et de vous prévenir. »

La lecture de cette lettre toucha extrêmement les Athéniens, et fit sur eux toute l'impression que Nicias en pouvait attendre. On
ne jugea pas à propos de lui donner un successeur, on lui donna seulement deux officiers qui étaient avec lui ; savoir, Ménandre
et Euthydème, pour le soulager, en attendant qu'on envoyât d'autres généraux. Eu-
rymédon et Démosthène furent choisis pour
remplacer Lamachus et Alcibiade. Le premier partit sur-le-champ avec dix galères et
quelque argent, environ le solstice d'hiver,
pour assurer Nicias d'un prompt secours ;
tandis que l'autre levait des troupes et des
contributions pour faire voile au commencement du printemps.

Cependant, Gylippe engagea les Syracusains à équiper une flotte la plus nombreuse
qu'ils pourraient, et à hasarder un combat
naval, tandis qu'il attaquerait lui-même les
ennemis par terre. Cet avis fut goûté et suivi. Les deux armées navales en vinrent aux
mains. Les Syracusains furent battus, mais
Gylippe battit par terre les Athéniens, prit
sur eux trois flottes, et leur ôta par là la facilité des convois.

Quelque temps après, les Syracusains ten-
tèrent un second combat naval. Le désavantage qu'ils avaient eu dans le premier, les
précautionna, et leur servit pour celui-ci. En
effet, il tourna entièrement à leur avantage.
Les Athéniens furent battus, perdirent beau-

coup de monde, et sept galères. Cette perte jeta Nicias dans une grande consternation. Pendant qu'il s'occupait de ses malheurs, on vit arriver la flotte de Démosthène, dans un appareil magnifique, et qui devait jeter la terreur parmi les ennemis. C'était le lendemain du combat. Elle était composée de soixante-treize galères, et portait plus de huit mille hommes de bonnes troupes. Ce secours releva le courage des Athéniens, et alarma les Syracusains au delà de ce qu'on peut dire. Ils ne voyaient ni fin ni trève à leurs maux : tout ce qu'ils avaient fait et souffert jusque là devenait inutile, et il fallait recommencer sur nouveaux frais.

Arrivée de Démosthène.

Démosthène, s'étant bien informé de l'état des choses, crut qu'il ne fallait pas perdre le temps comme avait fait Nicias. Il se flattait d'emporter la place d'emblée, en profitant de l'alarme que sa venue y avait jetée, et de terminer ainsi promptement la guerre, sinon son dessein était de lever le siège, sans fatiguer davantage les troupes, et pour ne point épuiser la ville d'Athènes par des dépenses inutiles. Il donna donc de nuit un assaut à la ville. D'abord, il eut quelque avantage; mais il fut arrêté tout court par les Béotiens, qui repoussèrent vivement les Athéniens, leur tuèrent plus de deux mille hommes, et prirent une grande quantité d'armes.

Il donne un assaut à la ville, qui lui réussit mal.

Après un échec si considérable, les généraux athéniens étaient bien embarrassés à résoudre ce qu'ils devaient faire, dans le découragement et le désespoir de l'armée, qui dépérissait tous les jours. Le seul bon parti

Combat naval; les Athéniens sont battus.
Thucyd. l. 7. p. 518. 520.
Plut. in

qui se présentait, aurait été de lever le siége, et de se retirer à petit bruit. C'était l'avis de Démosthène; Nicias pensait de même : mais connaissant le caractère et le naturel des Athéniens, il aimait mieux périr glorieusement par la main des ennemis, s'il le fallait, que de subir une honteuse condamnation de la part de ses concitoyens. Ils se déterminèrent donc à tenter l'événement d'un combat naval. L'action fut des plus rudes et des plus sanglantes. Mais enfin, après une longue résistance, la flotte des Athéniens prit la fuite, et fut poussée par les ennemis contre le rivage.

Les Athéniens, frustrés de l'unique ressource qui leur restât, et vaincus sur mer, contre leur attente, perdirent absolument courage, et ne songèrent plus qu'à la retraite. Mais ayant différé mal à propos et sur un faux avis leur départ, l'ennemi eut tout le temps de se mettre en état de traverser leur marche, et de les faire périr, ce qui arriva en effet. L'armée marchait en deux corps de bataille; le premier commandé par Nicias, et l'autre par Démosthène, avec le bagage au milieu.

Les Syracusains, ayant fait une diligence extraordinaire, vinrent tomber sur Démosthène, qui s'était écarté de Nicias. Après une résistance des plus vives, il se rendit à discrétion, ayant stipulé que lui et ses troupes aurait la vie sauve. Nicias eut le lendemain le même sort que son collègue. Le nombre des morts fut très-grand, et celui des prisonniers encore plus.

Les vainqueurs entrèrent en triomphe dans Syracuse, après avoir remporté, par leur force et leur valeur, une victoire très-signalée et très-complète. Le lendemain on convoqua l'assemblée pour délibérer sur ce qu'il fallait faire des prisonniers. Il fut arrêté, contre la foi des traités, que tous les Athéniens de condition libre, et les Siciliens qui avaient pris leur parti, seraient mis en prison dans les carrières; que les esclaves et les alliés seraient vendus publiquement; que les deux généraux athéniens, après avoir été battus de verges, seraient mis à mort. Ce dernier article révolta extrêmement tout ce qu'il y avait de gens sages et modérés à Syracuse. Ils en témoignèrent publiquement leur mécontentement; mais ils ne furent point écoutés. Les prisonniers furent envoyés dans les carrières, et les deux généraux battus de verges et exécutés. Par une conduite si cruelle, Syracuse flétrit la gloire de sa victoire, et se déshonora pour toujours.

La nouvelle de la défaite de l'armée ayant été portée à Athènes, on n'en voulut rien croire d'abord; et l'on était si éloigné d'y ajouter foi, qu'on condamna au supplice celui qui le premier l'avait répandue. Mais quand on l'eut avérée, la consternation fut générale parmi les Athéniens. Jamais ils ne s'étaient vus dans un pareil état. On se trouvait sans cavalerie, sans infanterie, sans argent, sans galères, sans matelots; en un mot, dans la dernière disette. Les Athéniens ne se laissèrent point abattre, et ne perdirent point courage. On résolut d'amasser de l'argent de tous côtés, et de faire venir du bois pour construire des vaisseaux. On retrancha toutes les dépenses superflues, et l'on établit un nouveau conseil de vieillards pour agiter les affaires avant de les proposer au peuple. Enfin l'on n'omit rien de tout ce qui pouvait être utile dans la conjoncture présente.

Jugement qu'on doit porter de Nicias. Le mauvais succès de Nicias dans son expédition de Syracuse, n'est pas, aux yeux des connaisseurs, une raison pour lui refuser les justes louanges qu'il mérite d'ailleurs. Et on ne peut voir sans indignation, que dans un monument public, où l'on inscrivait les noms des chefs qui étaient morts pour la patrie, le sien fût omis. On est moins surpris de cet injuste procédé, quand on sait que les Athéniens mesuraient la capacité de leurs généraux sur leur bonheur. A Athènes, un général n'était point estimé grand et habile, s'il ne remportait autant de victoires, et aussi promptement que la vivacité de leur imagination les leur faisait désirer.

Sans le dernier revers de fortune, Nicias avait plus de droit qu'un autre à leur estime et à leur reconnaissance. Car jusque là il avait toujours été heureux dans toutes ses expéditions, et il semble que la fortune le conduisait par la main. Il devait sans doute ce bonheur dont il avait joui jusqu'alors, à son habileté, à sa prudence et à son courage; vertus qu'il possédait à un degré éminent. Nonobstant ce tribut de louanges que l'on doit à la vertu et à la mémoire de ce grand homme, nous ne pouvons nous empêcher d'avouer que ses timides prévoyances

et

et sa lenteur naturelle , n'ont pas peu contribué à la mauvaise réussite de cette expédition. Le séjour assez long qu'il fit à Catane, donna tout le temps aux Syracusains de se préparer à une bonne défense : première faute.

Le mépris qu'il fit de l'arrivée de Gylippe, qu'il traitait de corsaire et de pirate, qui ne méritait pas qu'on s'en mît en peine, est d'autant plus inexcusable dans ce général, que dans le moment même de l'arrivée du Lacédémonien, on réglait à Syracuse les articles de la capitulation qu'on devait lui présenter. Que si Nicias eût envoyé le plus petit détachement pour s'opposer à l'approche de Gylippe, il eût été maître de Syracuse, et tout était fini : deuxième faute, dont les suites furent la perte de l'armée des Athéniens, et la ruine de la puissance et de la gloire d'Athènes. Cette négligence de Nicias montre qu'un bon général doit bien se donner de garde de relâcher ses soins et sa vigilance dans les bons succès, la moindre négligence étant capable de tout ruiner.

CHAPITRE II.

Ce chapitre renferme l'histoire des huit dernières années de la guerre du Péloponnèse, qui concourent avec les huit dernières années du règne de Darius Nothus.

XIX-XXV années de la guerre.

Suite de la défaite des Athéniens.
An. M. 3591.
Av. J C. 4i3.
Thucyd. l 8
p. 553. 558.

La défaite des Athéniens devant Syracuse, causa de grands mouvemens dans toute la Grèce. Ils se virent abandonnés de presque tous leurs alliés, qui profitèrent d'une conjoncture si favorable pour secouer le joug de la dépendance, et se mettre en liberté. Les Lacédémoniens conçurent de grandes espérances. La suite nous apprendra qu'elles ne furent pas vaines. Ils mirent cependant en œuvre Alcibiade, qui, irrité contre sa patrie pour les mauvais traitemens qu'il en avait reçus, les servait avec plus de sincérité et de zèle. Il fit révolter l'île de Chio, et plusieurs villes d'Ionie, qui se déclarèrent toutes pour Sparte. La gloire d'Alcibiade ne fut pas sans envieux. Agis, qui était déjà son ennemi, pour une injure personnelle, ne pouvait souffrir la gloire qu'il acquérait. Les plus puissans et les plus ambitieux des Spartiates, animés des mêmes sentimens de jalousie, le regardaient de mauvais œil ; et enfin, ils firent tant, qu'ils obligèrent les magistrats d'écrire en Ionie de le faire mourir. Alcibiade, averti secrètement de cet ordre, se tint sur ses gardes, et évita tous les piéges qu'on lui tendait. Pour plus grande sûreté, il se jeta entre les bras de Tissapherne, satrape du roi des Perses. Ce seigneur le reçut avec beaucoup de bonté et d'humanité.

Les Athéniens, qui se trouvaient fort mal de s'être attiré la haine d'Alcibiade, n'étaient pas à se repentir de la condamnation qu'ils avaient prononcée contre lui. Alcibiade aussi, de son côté, qui n'ignorait pas tout ce qui se passait chez eux, envoya secrètement à Samos pour sonder les sentimens de l'armée, et pour leur faire entendre qu'il n'était pas éloigné de retourner à Athènes, pourvu qu'on voulût rétablir l'aristocratie. Il promit aux Athéniens de leur procurer, non-seulement l'amitié de Tissapherne, mais même celle du roi. L'armée fut d'abord étonnée de cette proposition, et la ville d'Athènes le fut encore plus. Mais Pysandre, qui était chargé de la commission, s'avançant parmi la foule, leur demanda s'ils savaient quelque autre moyen de sauver la république du triste état où elle était réduite ; et comme ils avouaient que non, il ajouta qu'il s'agissait de sauver l'Etat, et pour cela de parvenir à l'amitié du roi et de Tissapherne. Quoique ce changement déplût fort au peuple, il y consentit à la fin, dans l'espérance de rétablir un jour la démocratie, comme Pysandre le promettait, et ordonna qu'il irait, suivi de dix députés, traiter avec Alcibiade et Tissapherne.

Pysandre, de retour à Athènes, trouva les choses bien avancées pour le changement qu'il avait proposé en partant, et il y mit bientôt la dernière main. Pour donner une forme à ce nouveau gouvernement, il fit nommer dix commissaires avec un pouvoir absolu, qui devaient pourtant, dans un temps marqué, rendre compte au peuple de ce qu'ils auraient fait. Quand ce temps fut expiré, ils convoquèrent l'assemblée. Il fut arrêté qu'on

Etablissement des quatre cents à Athènes.

formerait un nouveau conseil qui serait maître des affaires, et qui élirait de nouveaux
magistrats. Pour cet effet, on établit cinq
présidens qui nommèrent cent hommes dont
ils faisaient partie, et chacun d'eux en choisit et en associa trois à sa volonté, ce qui
faisait en tout quatre cents, auxquels on donna un pouvoir absolu. Mais, pour amuser le
peuple et le consoler par une ombre de gouvernement populaire, pendant qu'ils établis-
saient une véritable oligarchie, il fut dit que
ces quatre cents appelleraient au conseil cinq
mille citoyens, quand ils le jugeraient à propos. Le conseil et les assemblées du peuple se
tenaient à l'ordinaire, mais rien ne se faisait
pourtant que par l'ordre des quatre cents.
C'est ainsi que le peuple d'Athènes fut dépouillé de la liberté dont il jouissait depuis
près de cent ans qu'il avait aboli la tyrannie
des Pisistratides.

Après que ce décret fut passé sans contra-
diction, et que l'assemblée fut séparée, les
quatre cents, armés de poignards, et accom-
pagnés de cent vingt jeunes gens, dont ils
se servaient lorsqu'il fallait faire quelque exécution, entrèrent dans le sénat, et contrai-
gnirent les sénateurs de se retirer, après leur
avoir payé ce qui leur était dû de leurs ap-
pointemens. Ils nommèrent ensuite de nouveaux magistrats tirés de leur corps, obser-
vant, dans ce choix, les cérémonies ordinaires. Ils ne jugèrent pas à propos de rappeler les bannis, pour n'être pas obligés de
rappeler Alcibiade, dont ils redoutaient l'esprit de domination, et qui se serait bientôt

rendu maître du peuple. Usant tyranniquement de leur pouvoir, ils tuaient les uns, bannissaient les autres, et confisquaient impunément leurs biens. Tous ceux qui osaient s'opposer à ce changement, ou même s'en plaindre, étaient égorgés sous quelque faux prétexte; et on aurait été mal reçu à demander justice des meurtriers. Les quatre cents, aussitôt après leur établissement, envoyèrent dix députés à Samos pour le faire agréer à l'armée.

On y avait déjà appris tout ce qui s'était passé à Athènes, et sur cette nouvelle, les soldats étaient entrés en fureur. Ils déposèrent sur-le-champ plusieurs des chefs qui leur étaient suspects, et en mirent d'autres en leur place, dont Thrasyle et Thrasybule étaient les plus accrédités. Alcibiade fut rappelé et choisi par toute l'armée pour généralissime. Ils voulaient, dès le moment même, faire voile vers le Pyrée, et aller attaquer les tyrans; mais il s'y opposa, représentant qu'il fallait auparavant qu'il eût une entrevue avec Tissapherne; et que, puisqu'on l'avait élu général, on pouvait se reposer sur lui des soins de la guerre.

Thucyd. l. 8. p. 595. 604. Plut. in. Alcib. p. 105. Diod. l. 163.

A son retour de Milet à Samos, il y trouva les esprits encore plus échauffés qu'auparavant. Les députés des quatre cents y étaient arrivés pendant son absence, et avaient entrepris en vain de justifier, devant les soldats, le changement qui s'était fait à Athènes. Leur discours, qui fut souvent interrompu par des cris tumultueux, ne servit qu'à les irriter de plus en plus; et ils demandaient avec instance que, sur-le-champ, on les menât contre les tyrans. Mais Alcibiade, en homme d'Etat et en grand politique, se crut obligé de s'opposer à la fureur aveugle qui allait les précipiter dans un danger évident de se perdre, et qui aurait entraîné infailliblement leur ruine entière. Cette sage fermeté sauva la ville d'Athènes. Il empêcha qu'on ne maltraitât les députés, et les renvoya, en disant qu'il ne s'opposait pas à ce que les cinq mille citoyens eussent la souveraine autorité dans la république; mais qu'il fallait déposer les quatre cents, et rétablir le sénat.

Thucyd. p. 607. 614. Plut. in Alcibiad. p. 206. 210. Diod p. 171. 172.

Le retour infructueux des députés qu'on avait envoyés à Samos, et la réponse d'Alcibiade, excitèrent de nouveaux troubles dans la ville, et portèrent un coup mortel à l'autorité des quatre cents. Le tumulte augmenta encore infiniment, quand on eut appris que les ennemis, après avoir battu la flotte que les quatre cents avaient envoyée au secours de l'Eubée, s'étaient rendus maîtres de l'île. Cette nouvelle répandit la terreur et le découragement dans Athènes; car, ni la défaite de la Sicile, ni aucune autre des précédentes, n'était aussi considérable que la perte de cette île, d'où elle recevait de grands secours, et d'où elle tirait presque toutes ses provisions.

On n'hésita plus dans Athènes à déposer les quatre cents, comme auteurs des troubles et des divisions qui la déchiraient. Alcibiade fut rappelé d'un commun consentement, et on le pressa d'accourir promptement au secours

de la ville ; mais lui, jugeant que s'il retournait sur-le-champ à Athènes, il ne devrait
son rappel qu'à la compassion et à la faveur
du peuple, il voulut le mériter par quelque
exploit considérable, et rendre ainsi son retour glorieux et triomphant. C'est pourquoi,
étant parti de Samos avec un petit nombre
de vaisseaux, il croisait autour des îles de
Cos et de Cnide ; et ayant aperçu que Mindare, général de Sparte, naviguait vers l'Hellespont avec toute sa flotte, et que les Athéniens le poursuivaient, il tourna de ce côté-
là avec une extrême diligence pour secourir
les Athéniens ; et heureusement il arriva avec
ses dix-huit vaisseaux dans le temps que les
deux flottes étaient engagées, vis-à-vis d'A-
byde, dans un combat qui dura jusqu'à la
nuit, et dans lequel chacune était battue
d'un côté, pendant qu'elle avait l'avantage
de l'autre. Son armée redoubla le courage
des Spartiates, qui le croyaient encore ami,
et abattit celui des Athéniens. Mais Alcibiade,
arborant sur son bord amiral les enseignes
athéniennes, fondit sur les Lacédémoniens,
qui étaient les plus forts et qui poursuivaient
vivement l'ennemi, les mit en fuite, les poussa contre terre ; et, animé par ses succès, il
brisa leurs vaisseaux, et fit un grand carnage des soldats qui s'étaient jetés à l'eau pour
se sauver à la nage, quoique Pharnabaze
n'oubliât rien pour les secourir, et qu'à la
tête de ses troupes, il se fût avancé sur le
rivage, pour favoriser leur fuite, et pour
sauver leurs vaisseaux. Enfin les Athéniens,
s'étant rendus maîtres de trente de leurs na-

vires , et ayant repris ceux qu'ils avaient per-
dus , érigèrent un trophée.

An. M. 3596.
Av. J.C. 408. Alcibiade , enflé de ce grand succès , eut
l'ambition de vouloir paraître devant Tissa-
pherne dans ce triomphant appareil , et de
lui faire des présens fort riches , tant en son
nom , qu'au nom des Athéniens. Il alla le trouver avec un train magnifique , mais il n'en
reçut pas l'accueil favorable qu'il avait attendu. Tissapherne, qui se voyait accusé par les
Lacédémoniens , et qui craignait que le roi
ne le punît enfin de n'avoir pas exécuté ses
ordres , trouva qu'Alcibiade s'offrait à lui
fort à propos , le fit arrêter , et l'envoya prisonnier à Sardes.

Trente jours après , Alcibiade , ayant trouvé moyen d'avoir un cheval , échappa à ses
gardes , s'enfuit à Clazomène , et , pour se
venger de Tissapherne , il sema le bruit que
c'était lui qui l'avait relâché. De Clazomène
il se rendit à la flotte des Athéniens, où Thé-
ramène le joignit , avec vingt vaisseaux de
Macédoine , et Thrasybule avec vingt autres
de Thaso ; il fit voile à Parium , dans la Pro-
pontide. Tous ces vaisseaux , au nombre de
quatre-vingt-six , y étant arrivés , il en partit
la nuit , et arriva le lendemain matin à Proconnèse , petite île vis-à-vis Cyzique. Il apprit là que Mindare était à Cyzique avec Pharnabaze, qui y avait son armée de terre. Il se
reposa tout le jour à Proconnèse. Le lendemain il harangua ses soldats. Sa grande attention avait été que les ennemis ne pussent
être avertis de son approche. Par bonheur
pour lui, une grosse pluie , accompagnée de

furieux tonnerres, et suivie d'une épaisse obscurité, lui servit si bien à cacher son entreprise, que non-seulement les ennemis ne
s'aperçurent point qu'il approchait, mais que
les Athéniens mêmes, qu'il avait fait embarquer avec précipitation, ne sentirent pas
qu'on avait levé l'ancre, et qu'ils étaient
partis.

Alcibiade, craignant que les ennemis ne ga-
gnassent la rade, lorsqu'ils verraient le grand
nombre de vaisseaux qui le suivait, en prit
seulement quarante, et leur offrit la bataille.
Les ennemis, trompés par ce stratagème,
méprisant son petit nombre, s'avancèrent et
engagèrent le combat. Dès qu'ils virent arriver les autres vaisseaux athéniens, ils perdirent courage et prirent la fuite ; Alcibiade se
détache alors avec vingt des meilleurs vaisseaux, s'approche du rivage, met pied à terre,
poursuit vivement les fuyards, et en tue un
fort grand nombre. Mindare et Pharnabaze
s'opposent inutilement à ses efforts : il tue le
premier qui combattait avec une valeur surprenante, et met l'autre en fuite. Par ces
deux victoires, il rendit les Athéniens maî- Ses con-
tres de Cyzique, leur assura la domination quêtes.
de l'Hellespont, et chassa tous les Spartiates
de cette mer. Ce général, profitant de ses victoires, alla sur-le-champ assiéger Chalcédoine, et força Pharnabaze, général persan,
de faire un traité avec les Athéniens, qui portait que Pharnabaze leur compterait une certaine somme ; que Chalcédoine rentrerait
dans l'obéissance et la dépendance des Athéniens, et leur payerait tribut. Byzance et plu-

sieurs autres villes se soumirent et subirent la même loi.

Alcibiade, qui souhaitait avec une passion démesurée de revoir sa patrie, ou plutôt de se faire voir à ses concitoyens, après tant de victoires qu'il avait remportées sur leurs ennemis, reprit le chemin d'Athènes, où il fut reçu au milieu des cris et des acclamations de joie. Tous s'empressaient autour de lui, le caressaient, le bénissaient et le couronnaient à l'envi. Cet accueil favorable n'empêcha pas Alcibiade de demander une assemblée pour se justifier ; sentant bien la nécessité qu'il y avait pour sa sûreté qu'il fût absous dans les formes. Il comparut donc, et après avoir déploré ses malheurs, dont il n'accusa que fort légèrement le peuple, et qu'il rejeta sur sa mauvaise fortune, et sur quelque démon envieux de sa prospérité, il les entretint des desseins de leurs ennemis, et les exhorta à ne concevoir que de grandes espérances. Les Athéniens, ravis de l'entendre, lui décernèrent des couronnes d'or, et le nommèrent général sur terre et sur mer, sans donner de bornes à sa puissance ; lui rendirent tous ses biens, et ordonnèrent aux prêtres et aux prêtresses de l'absoudre des malédictions qu'ils avaient prononcées contre lui, par ordre du peuple. Un seul, nommé Théodore, le principal d'entre eux, eut le courage de répondre : *Pour moi, je ne l'ai point maudit, s'il n'a point fait de mal à la ville ;* insinuant par cette parole hardie, que les malédictions étant conditionnelles, ne pouvaient ni tomber sur la tête des innocens , ni être détournées de celle des coupables.

Toutes choses lui ayant réussi selon ses désirs , et les cent vaisseaux qu'il devait commander étant prêts, il différa son départ pour célébrer les grands mystères. Son principal dessein était d'effacer des esprits, par cet acte public et extérieur de religion, les soupçons d'impiété que la mutilation des statues, et la profanation des mystères y avaient fait naître. Ensuite il mit à la voile , et dirigea sa course vers l'île d'Andros, qui s'était révoltée.

Les Lacédémoniens justement alarmés du retour et des succès d'Alcibiade, comprirent qu'un tel ennemi demandait qu'on lui opposât un habile général, capable de lui tenir tête. Dans ce dessein , ils choisirent Lysandre, et lui donnèrent le commandement de la flotte. Lysandre , contre le caractère ordinaire des Spartiates, était souple, pliant, plein de complaisance pour les grands, toujours disposé à leur faire sa cour. Dès qu'il eut appris que Cyrus , fils de Darius, était arrivé à Sardes, il partit d'Ephèse, où il était , pour aller le saluer, et se plaindre de Tissapherne; ce qui fit plaisir à Cyrus, qui regardait ce satrape comme un fort méchant homme. Par cette démarche et ses manières flatteuses et insinuantes, Lysandre gagna parfaitement l'amitié et les bonnes grâces du jeune prince.

Quoique la flotte des Athéniens eût été fort affaiblie par la désertion des matelots, le général lacédémonien n'osait hasarder contre eux un combat naval, redoutant surtout

6

Alcibiade, qui était homme d'exécution, qui avait un plus grand nombre de vaisseaux, et qui n'avait jamais été vaincu, ni sur terre, ni sur mer. Mais Alcibiade étant parti de Samos, Antiochus son lieutenant, contre la défense expresse de son général, vint attaquer Lysandre, qui le battit, et prit quinze galères sur les Athéniens. Alcibiade, à son retour, pour réparer cet échec, alla présenter la bataille au Lacédémonien, jusque dans le port d'Ephèse; mais celui-ci, content de sa victoire, ne jugea pas à propos de l'accepter. Ainsi il se retira sans avoir rien fait. Les ennemis d'Alcibiade ne manquèrent pas de l'accuser, et de lui imputer le mauvais succès de son lieutenant. Les Athéniens, peuple léger et inconstant, ajoutèrent foi à ces accusations; et comme ils n'attendaient de lui que de grandes actions, ils lui faisaient un crime de ce que la rapidité de ses victoires ne répondait pas à la vivacité de leur imagination. Alcibiade fut donc déposé, et l'on nomma à sa place dix généraux.

A Sparte, on donna aussi un successeur à Lysandre. Ce fut Callicratidas, homme d'une probité et d'une justice à l'épreuve de tout, et en même-temps, d'une noblesse et d'une grandeur d'ame véritablement spartaines. Il ne le cédait point à Lysandre, pour le courage et la science militaire; mais il l'emportait infiniment sur lui du côté des mœurs. Dans un pressant besoin d'argent pour faire subsister l'armée, un particulier vint lui offrir cinquante mille écus, pour obtenir de lui une grâce injuste; mais ce grand homme

les refusa. « Je les accepterais, lui dit Cléan-
» dre, l'un de ses officiers, si j'étais Calli-
» cratidas. Et moi de même, répliqua le gé-
» néral, si j'étais Cléandre. »

Callicratidas remporta plusieurs victoires sur les Athéniens ; mais enfin il fut vaincu dans un combat naval près des îles Arginu-ses, après s'être battu avec un courage in-croyable, avoir coulé à fond plusieurs de leurs vaisseaux, et en avoir mis un plus grand nombre hors de combat. Son vaisseau ayant été accroché par ceux des Athéniens, de ma-nière à ne pouvoir se dégager, il fut bientôt rempli d'ennemis; et après un horrible car-nage il tomba mort, plutôt accablé par le nombre, que vaincu. Plutarque égale Calli-cratidas, pour sa justice, sa magnanimité et son courage, à tous ceux qui, dans la Grèce, s'étaient rendus les plus dignes d'admiration.

Ses victoires
Sa défaite.

Xénoph.
Hellen. l. 1.
Diod. l. 13.

Sa mort.
Plut. in Lys.
p. 436.

La nouvelle de cette victoire causa une grande joie à Athènes ; mais quand on eut appris que les morts avaient été laissés sans sépulture, le peuple entra dans une grande fureur, et fit tomber tout le poids de son in-dignation sur six des généraux qu'il croyait coupables de cette faute. De tous les séna-teurs, dont le plus grand nombre connais-sait l'innocence et la justice de la cause de ces généraux, il n'y eut que Socrate qui, dans cette perfidie générale, demeura ferme et inébranlable; se croyant obligé, quoique seul, de rendre hommage à l'innocence opprimée. Et parmi les citoyens, il ne s'en trouva que deux qui prirent leur défense : voilà jusqu'où la justice peut être abandonnée.

Courage de
Socrate.

Vingt-septiè-
me année.
*Xénoph.
Hellen. l. 2.
p. 454.
Plut. in Lys.
p. 436. 437.
Lysandre.*

Après la défaite de Callicratidas auprès des Arginuses, les alliés de Sparte, appuyés du crédit de Cyrus, envoyèrent une ambassade à Lacédémone, pour demander qu'on donnât encore le commandement de la flotte à Lysandre, avec promesse de servir avec un nouveau zèle et un nouveau courage s'il les commandait; ce qui leur fut accordé avec plaisir. Tous ceux qui, dans les villes, avaient le plus de part au gouvernement, le virent arriver avec une extrême joie, se promettant de grands avantages de sa complaisance et de

Ses vices.

son indulgence; car Lysandre était un homme profondément corrompu, et qui se faisait gloire de n'avoir nul principe sur la vertu et sur les devoirs les plus sacrés. Il ne faisait aucun scrupule d'employer la ruse, le mensonge, la fourberie et le parjure. Il se moquait ouvertement de ceux qui lui représentaient que c'était une chose indigne des descendans d'Hercule, que d'employer le dol et la fraude : car, disait-il, *partout où la peau du lion ne peut atteindre, il faut y coudre la peau du renard.* Au sujet du parjure, il avait coutume de dire, *qu'on amusait les enfans avec des osselets, et les hommes avec des sermens;* montrant, par une irréligion si marquée, qu'il faisait encore moins de cas des Dieux que des hommes; en un mot, c'était un homme chez qui l'utile était le seul beau et le seul honnête.

*Xénoph.
Hellen. l. 2.
p. 454.*

Au commencement de la vingt-septième année de la guerre, Lysandre fit voile du côté de l'Hellespont, mit le siége devant Lampsaque, la prit d'assaut, et l'abandonna au pillage. La flotte des Athéniens, qui le suivait de près, vint le joindre dans l'Hellespont, et mouilla à un lieu appelé *Ægos potamos* (1), où ils s'arrêtèrent vis-à-vis des ennemis qui étaient encore à l'ancre devant Lampsaque. Le lendemain, dès que le soleil fut levé, les Athéniens commencèrent à voguer contre eux, avec toute leur flotte, et à les défier. Lysandre, qui roulait un autre dessein dans son esprit, se tint en repos, et ne fit aucun mouvement. Sur le soir, les Athéniens s'en étant retournés, il ne permit à ses soldats de descendre à terre, qu'après s'être assuré que les ennemis étaient débarqués. On fit pendant cinq jours la même manœuvre.

Le cinquième jour, Lysandre ayant appris, par le signal que lui donnèrent les galères qu'il avait dépêchées pour aller observer les ennemis, qu'ils étaient descendus, partit avec toute sa flotte. Il tombe sur eux, enlève les galères vides, choque, brise celles qui se remplissent, fait un massacre horrible des soldats qui se présentent pour entrer dans les vaisseaux, et taille en pièces ceux qui prennent la fuite. Lysandre fit trois mille prisonniers, prit tous les généraux, et se rendit maître de la flotte ennemie. Il eut la gloire de terminer, dans l'espace d'une heure, une guerre qui avait duré vingt-sept ans. Il envoya aussitôt porter cette agréable nouvelle à Lacédémone. Les prisonniers ayant été condamnés à mort par le conseil de guerre, furent tous égorgés. Après cette expédition, Lysandre alla par toutes les villes maritimes,

(1) La rivière de la Chèvre.

ordonnant à tous les Athéniens qui s'y trouvaient, de se retirer au plus tôt à Athènes, sans leur permettre de prendre une autre route, et cela sous peine de mort, après un terme marqué. Ce qu'il faisait en habile politique, pour affamer Athènes plus promptement, et la mettre hors d'état de pouvoir soutenir un long siége.

Consternation des Athéniens.

Quand on apprit à Athènes la défaite entière de l'armée, la consternation fut générale. On n'entendit qu'un cri de douleur et de désespoir dans toute la ville. Ils croyaient déjà voir l'ennemi aux portes. Ils se représentaient les maux d'un long siége, la ruine et l'incendie de leur ville, les insultes d'un fier vainqueur, et la honteuse servitude à laquelle ils allaient être réduits, plus triste pour eux et plus insupportable que la mort même. Le lendemain, on convoqua l'assemblée, et il fut résolu qu'on boucherait tous les ports, excepté un seul; qu'on réparerait les brèches, et qu'on ferait la garde pour se préparer à un siége. En effet, Agis et Pausanias, les deux rois de Lacédémone, s'approchèrent d'Athènes avec toutes leurs troupes. Lysandre, bientôt après, entra dans le Pyrée, avec une flotte de cent cinquante voiles, et empêcha qu'aucun navire n'y entrât et n'en sortît.

An. M. 3600.
Av. J.-C. 404.
Xénoph.
Hellen. l. 2.
p. 458. 462.
Plut. in Lys.

Athènes assiégée.

Les Athéniens, assiégés par terre et par mer, sans vivres et sans vaisseaux, sans espérance de secours, et sans aucune ressource, rétablirent tous ceux qui avaient été flétris par quelque décret, sans parler néanmoins de capituler, quoique plusieurs mourussent

déjà de faim. Cependant les maux augmentaient, et la famine se faisait sentir de jour
en jour plus cruellement. Dans cette extrémité, on se détermina à envoyer à Sparte
pour traiter d'accommodement. Les députés
avaient plein pouvoir d'accorder tout ce qu'on
leur demanderait, et d'accepter les conditions qu'on leur proposerait, quelles qu'elles
fussent. Les Corinthiens et ceux de Thèbes
étaient d'avis qu'on détruisît absolument la
ville, sans plus parler de traité. Mais les Lacédémoniens, préférant la gloire et la sûreté
de la Grèce à leur propre grandeur, répondirent, qu'il ne leur serait jamais reproché
d'avoir détruit une ville qui avait rendu à
toute la Grèce de si grands services. La paix
fut conclue à ces conditions :

« Qu'on démolirait les fortifications du Py-
» rée, avec la longue muraille qui joignait
» le port à la ville ; que les Athéniens livre-
» raient toutes leurs galères, à la réserve de
» douze ; qu'ils abandonneraient toutes les
» villes dont ils s'étaient emparés, et se con-
» tenteraient de leurs terres et de leur pays ;
» qu'ils rappelleraient les bannis, et qu'ils
» feraient ligue offensive et défensive avec les
» Lacédémoniens, et les suivraient partout
» où ils les voudraient mener. » Le traité fut
ratifié à Athènes, et Lysandre entra dans la
ville. C'était le jour même où les Athéniens
avaient autrefois gagné la bataille navale de
Salamine. Le général lacédémonien fit démolir les murailles au son des flûtes et des
trompettes, avec toutes les marques extérieures d'une joie et d'une allégresse extraordinai-

res, comme si toute la Grèce eût recouvré ce jour-là sa liberté. Ainsi fut terminée la guerre du Péloponnèse, après avoir duré l'espace de vingt-sept ans.

Change la forme du gouvernement.

Lysandre, sans donner aux Athéniens le temps de se reconnaître, changea toute la forme du gouvernement, établit dans la ville trente archontes, ou plutôt trente tyrans, mit une bonne garnison dans la citadelle, et y laissa pour gouverneur le Spartiate Callibius. Ensuite il cingla vers Samos, qu'il pressa si vivement qu'il l'obligea de capituler. Après cette expédition, il songea à retourner à Sparte avec les galères des Lacédémoniens, celles du Pyrée, et les éperons des autres qu'il avait prises.

Avarice de Gylippe.

Il avait envoyé Gylippe, qui avait commandé l'armée en Sicile, pour porter à Sparte l'argent qui était le fruit de ses glorieuses campagnes. Cet argent, sans compter les couronnes d'or qui étaient sans nombre, montait à quinze cents talens. Gylippe, porteur d'une somme si considérable, ne put résister à la tentation de s'en approprier quelque partie. Il décousit les sacs par le fond, et après en avoir tiré trois cents talens, il les recousit fort proprement, et se crut bien en sûreté. Mais quand il fut arrivé à Sparte, les bordereaux qu'on avait mis dans chaque sac le décelèrent. Pour éviter le supplice, il se bannit lui-même de Sparte, emportant partout la honte d'avoir terni, par une si basse et si sordide avarice, la gloire de toutes ses belles actions.

Sur ce fâcheux exemple, les plus sages et

les plus sensés des Spartiates, craignant cet- Décret de
te force impérieuse de l'argent, représentèrent Sparte sur l'usage qu'on
vivement aux éphores qu'il était de leur de- doit faire de
voir de chasser de Sparte tout cet or et tout l'or et de l'ar-
cet argent, et de le charger de malédictions gent.
et d'anathèmes, comme une peste fatale qui
ravageait tous les Etats où il était introduit.
Les éphores, sur-le-champ, firent un décret
pour proscrire cet or et cet argent, et ordonnèrent qu'on continuerait à ne se servir que
de la monnaie reçue, c'est-à-dire de la monnaie de fer. Il n'y avait que ce parti à prendre, dès qu'on ne voulait pas donner un cours
libre aux espèces d'or et d'argent ; mais les
politiques en trouvèrent un troisième, qui
fut de garder cet argent pour s'en servir pour
les seules affaires d'Etat, et que tout particulier qui s'en trouverait saisi, serait mis à
mort sur l'heure.

Ce fut vers la fin de la guerre du Pélopon- An. M. 3600.
nèse que mourut, après un règne de dix- Av. J.C. 404.
neuf ans, Darius Nothus. Il donna la couronne à Arsace son aîné, malgré les sollici-
tations de Parysatis sa femme, qui le pressait de déclarer Cyrus son successeur. Il
laissa à ce jeune prince le gouvernement des
provinces qu'il avait déjà, sans y rien ajouter
de nouveau.

FIN DU SECOND VOLUME.

TABLE
DU SECOND VOLUME.

LIVRE CINQUIÈME.

COMMENCEMENT DE L'EMPIRE DES PERSES.

LIVRE SIXIÈME.

MOEURS ET COUTUMES DES ASSYRIENS, DES
BABYLONIENS, DES MÈDES ET DES PERSES.

LIVRE SEPTIÈME.

LIVRE HUITIÈME.

HISTOIRE DES PERSES ET DES GRECS.

LIVRE NEUVIÈME.

SUITE DE L'HISTOIRE DES PERSES ET DES GRECS

LIVRE DIXIÈME.

SUITE DE L'HISTOIRE DES PERSES ET DES GRECS, ET DE LA GUERRE DU PÉLOPONNÈSE SOUS LES RÈGNES DE XERXÈS SECOND, DE SOGDIEN, ET DE DARIUS NOTHUS.

FIN DE LA TABLE DU SECOND VOLUME.

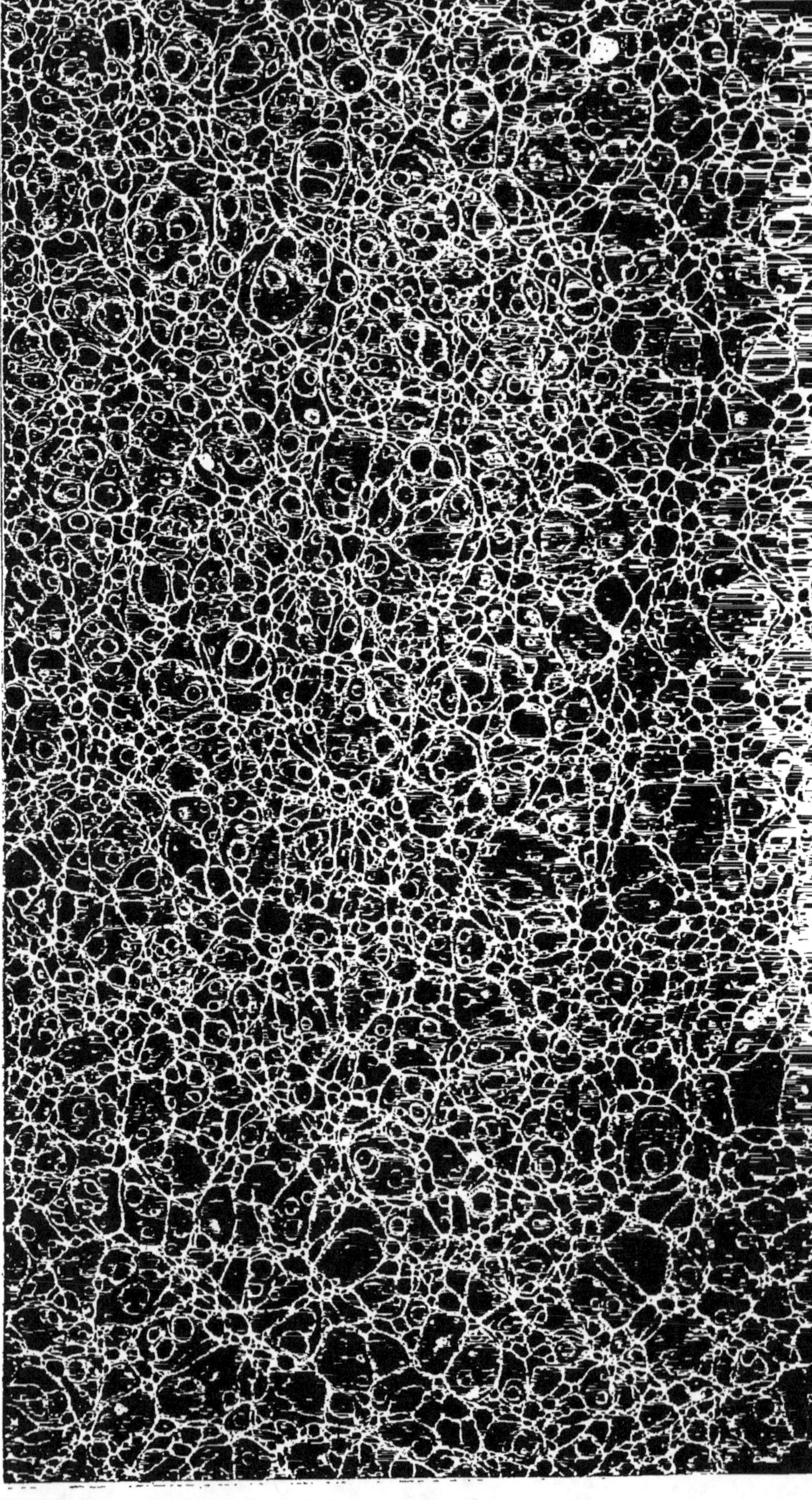

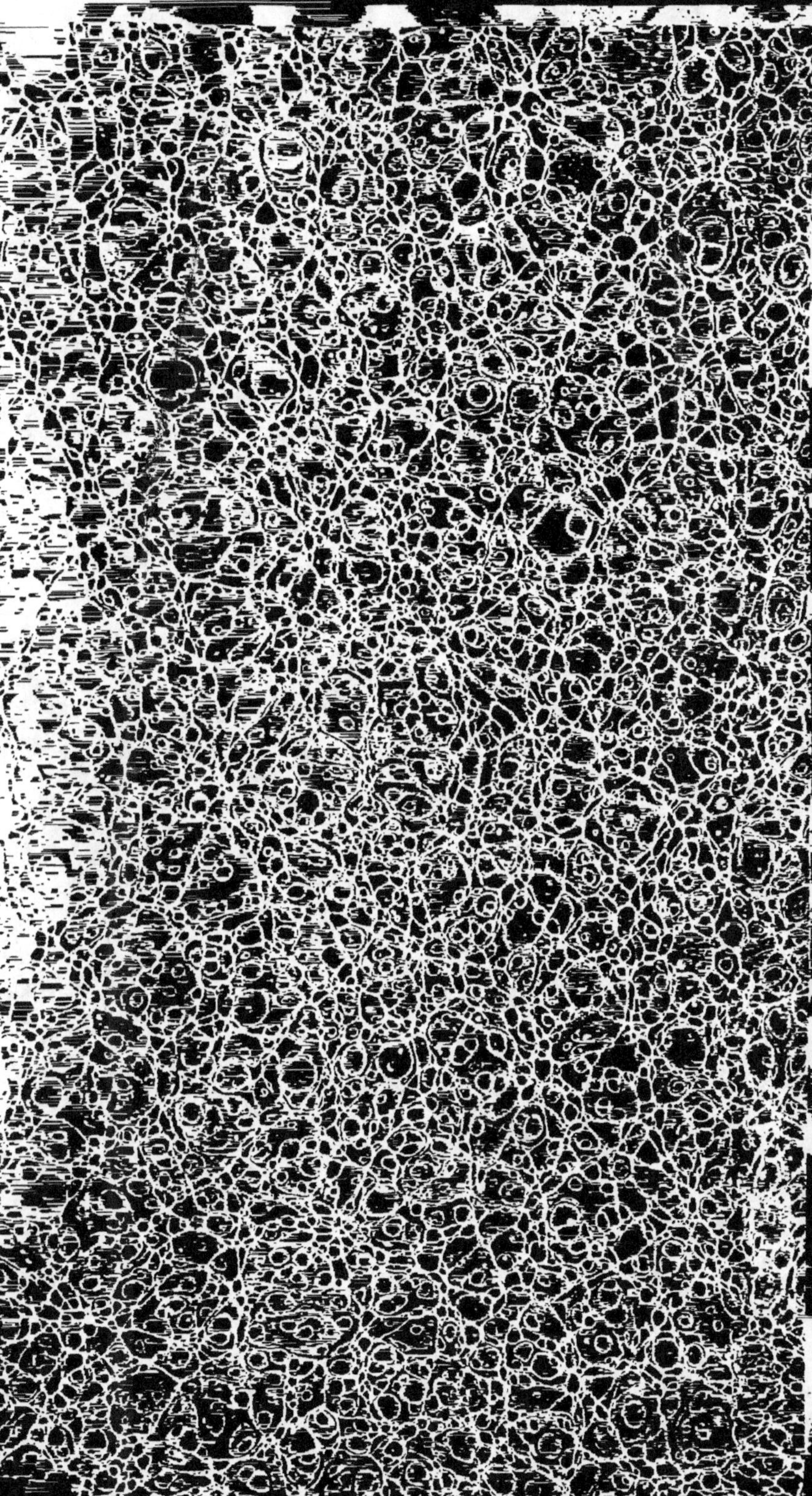

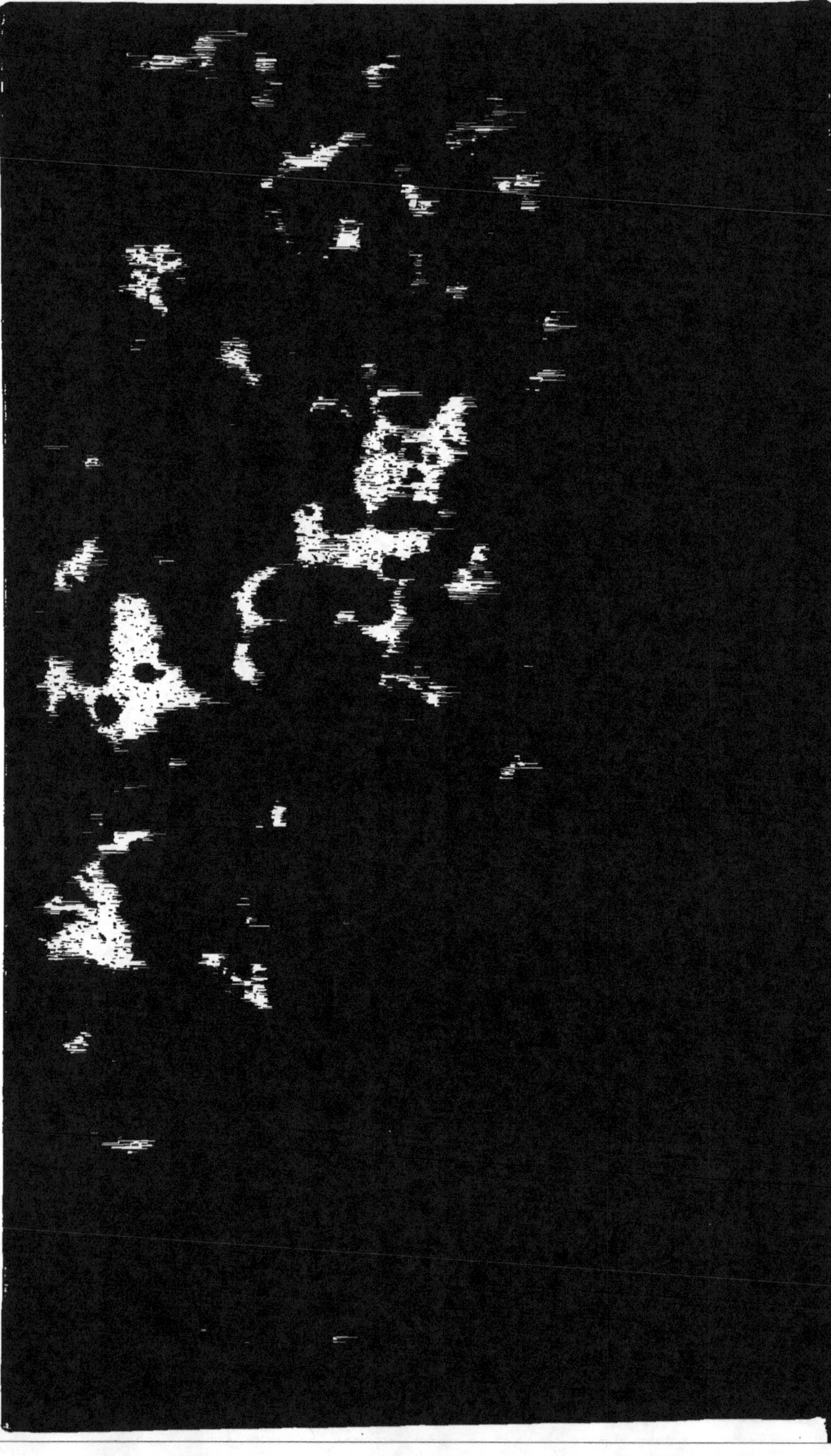